U0153786

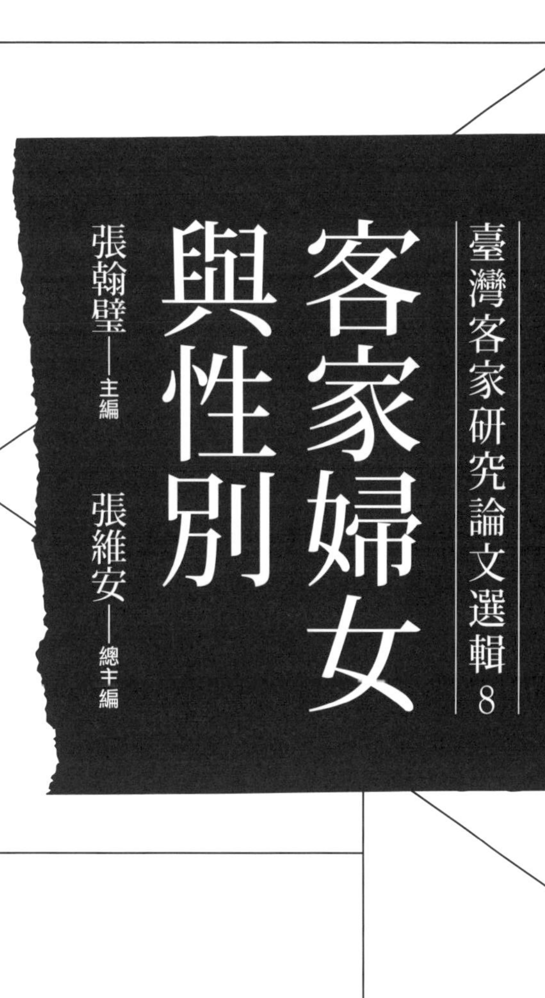
臺灣客家研究論文選輯8
客家婦女與性別
張翰璧——主編
張維安——總主編

編者及作者介紹

主編

張翰璧

父親是戰後被移民來的「外省人」，母親是百年前移來的福建人後代，自己則是在臺灣湖口出生的女性。前後簡單的兩代身分中，有省籍意識、祖籍地、出生地、性別等可供作為認同的社會要素。但是，最實在的身分是大學「教師」。

自 1987 年畢業於臺大社會系後，進入清華大學成為第一屆社會人類學研究所的學生。三年後，因為想學德文、看得懂每天閱讀的社會學家的原文手稿，負笈歐陸德國的 Bielefeld 大學社會學學院。第一位指導老師研究伊斯蘭教，第二位指導老師則是傳統神學訓練，後來進入博士班遇到研讀經濟社會學的優雅和藹教授。他們的生命經驗和研究態度都對我有極大影響。

2003 年進入客家學院後，運用之前在中研院累積的東南亞研究的基礎，使得後來的研究集中在東南亞客家、客家女性、客家族群產業等議題。最近幾年的研究集中在東南亞（主要在馬來西亞）和台三線的客家聚落，希望可以透過學科和跨地域的比較研究，建構族群空間的概念。

作者群

邱詩婷 屏東教育大學教育學系碩士班畢業，現任高雄市國小教師。研究興趣：長期關注性別、族群議題，帶領孩子用擁有柔軟的心，同理與包容島嶼土地每項事物，在不一樣中找到尊重，在不完美中找回希望。

陳枝烈 國立高雄師範大學教育學博士，國立屏東大學教育學系教授退休。曾任國立屏東教育大學教育學系系主任、教育學院院長、總務長、主任秘書；屏東縣原住民族部落大學校長、排灣族大武山部落學校校長。學術專長為多元文化教育、原住民族文化與教育。

簡美玲 2002 年獲得國立清華大學人類學博士學位，曾任教慈濟大學人類發展學系與人類學研究所。2005 年起在國立交通大學人文社會學系教書至今。作為人類學工作者，通過課堂教學，以及書房、田野之間的移動，以村落民族誌的田野與書寫，開展對中國國家周邊之西南、華南，與臺灣村落社會的族群、區域，與親屬、語言、情感、地方社會研究的理論興趣。

李文玫 輔仁大學心理所博士、國立政治大學社會學碩士，以「助人的教育工作者」作為自我認同。現任龍華科技大學觀光休閒系助理教授兼客家文化產業研究中心執行長，同時主持「講客電台」節目，推廣心理學、性別與客家知識。研究領域為性別研究、客家文化與客家女性、文化心理學、生涯教育、生命敘說等。

丁興祥 美國加州大學戴維斯分校博士，曾任輔仁大學應用心理系系主任，現為輔仁大學心理學系退休教授。學術專長為社會心理學、人格心理學、創造心理學、心理傳記學、生命史、自我之發展與轉化、傑出創造人才研究、創造發展之社會文化脈絡。

姜惠文 輔仁大學生活應用科學系兒童與家庭組、臺北市立教育大學兒童發展研究所畢業。曾任新竹縣新豐國小代理教師、新竹市建功國小代理教師，現任雲林縣文安國小附設幼兒園教保員。學術專長或興趣為客家父親的家庭概念及其子女教養信念之研究、客家文化及語言的傳承、父職角色。

陳銀螢 美國威斯康辛大學麥迪遜校區兒童與家庭研究博士，現任臺北市立大學幼兒教育學系副教授。曾任國立空中大學兼任副教授講授親職教育、中國文化大學青少年兒童福利系暨兒童福利研究所、幼教學程副教授等職。專長領域為親子關係與兒童發展、家庭教育方案、兒童社會情緒發展。

鄭惠美 輔仁大學織品服裝研究所碩士，現任實踐大學服裝設計學系專任副教授。研究興趣為服飾文化研究、刺繡與纏花、客家服飾繡品收藏研究；專長為服裝設計與製作、電腦輔助設計與打版。

李廣均 美國德州大學奧斯汀校區社會學博士，目前擔任國立中央大學法律與政府研究所暨通識中心副教授；開授課程包括社會學的想像、多元文化、移民與社會：1949 專題、社會科學研究方法，近年研究興趣主要關注眷村保存、1949 移民等相關議題。

呂欣怡 美國華盛頓大學（University of Washington）人類學博士。曾任國立交通大學客家文化學院人文社會系助理教授，現任國立臺灣大學人類學系副教授。學術專長為環境人類學、社區研究、漢人社會。

張亭婷 新竹竹東人，國立中興大學歷史系、國立中央大學客家社會文化研究所畢業。在校求學時研究興趣為多元族群文化認同、性別研究等，目前經營一家小小熱血咖啡館，在日常生活中實踐文化與觀察人群互動，持續關注各式社會文化議題。

張翰璧 德國 Bielefeld 大學社會學博士，曾任國立中央大學客家語文暨社會科學學系副教授，現任國立中央大學客家語文暨社會科學學系教授。學術專長為族群與多元文化、性別與客家婦女、族群經濟、東南亞客家研究。

學術研究與客家發展：
《臺灣客家研究論文選輯》主題叢書序

張維安

客家族群的發展，打從其浮現初期就和客家族群的論述有密切的關係。特別是從「自在的客家」發展到「自為的客家」過程中，客家族群意識的凝聚與確定，顯示出客家族群相關論述扮演了重要的角色，尤其是立足於客家研究而來的客家族群論述所帶來的影響。有客語語言家族的「客觀」存在（自在的客家），還不能說客家族群已經誕生，也就是說客家族群還未主觀的、有意識的存在（自為的客家）。兩者之間的差異與轉換，主要是族群意識與族群論述。

族群意識的誕生，可能來自客語語言家族經過與他族的接觸經驗、人群界線的劃分，以及漫長的族群形塑過程。不過人群分類的「科學」根據和「歷史」解釋，卻需要綿密的客家族群論述為基礎。從客家族群形成的過程來看，客家研究扮演了非常關鍵的角色，甚至可以說「沒有客家研究就沒有客家族群」。

歷史上，羅香林的《客家源流考》（1950）、《客家研究導論》（1933）和《客家史料彙編》（1965）為客家選定作為中原漢族的身分，提供了安身立命的論述基礎。更早的時期，徐旭曾的〈豐湖雜記〉（1808）、林達泉的〈客說〉（1866）、賴際熙的《[民國] 赤溪縣志》（1867）、溫仲和所纂的《廣東省嘉應州志》（1868），以及黃釗的《石窟一徵》（1870）等，提供了羅香林論述的基礎觀察。當然還有一些外國傳教士之論述也發揮很大的作用，例如

Ernest John Eitel（1873）的 *An Outline History of the Hakkas*。關於西方傳教士的客家論述與華南客家族群的浮現方面，施添福與林正慧等已有精彩的研究。客家研究奠定了客家族群存在的樣貌。

客家研究與客家族群的浮現與發展關係，是多層次的。從民間學者到學院教授，從族譜記載到生物基因，從文化圖騰到語言發音，豐富了客家族群文化的內涵，增進了客家族群的意識與認同。其中語言學家對南方漢語中客語分類的認定與命名，使得客語人群的身影逐漸清晰。近年來臺灣客家研究的興起對臺灣、東南亞或中國客家文化的發展與認同都有清楚的影響。

基於客家相關的學術研究對客家發展的重要性，客家委員會從設立以來便相當重視客家知識體系的發展，設立客家學術發展委員會指導推動客家學術研究與發展之業務，厚植客家研究的基礎。客家研究如果要成為一門學問，不只是要有研究計畫，必需有課程規劃、教科書、專業期刊、客家研究學會、學術研討會、嚴格審查的專書、有主題的叢書與論文集彙編。《臺灣客家研究論文選輯》主題叢書的出版計畫，具有此一脈絡的意義。

《臺灣客家研究論文選輯》主題叢書的出版構想，源於客家委員會的客家學術發展委員會，目標是將分散於各學術期刊的優質論文，依主題性質加以挑選、整理、編輯，重新編印出版，嘉惠對客家議題有興趣的讀者，深化客家議題的討論，增益客家社會建構的能量。論文來源以學術期刊論文為主，作者無限制，中英文皆可，主要是論文議題要與「臺灣客家」相關，跨區域比較也可。以主題或次領域為臺灣客家研究系列叢書編輯的原則，能讓國內外客家研究學者乃至一般讀者，迅速掌握過去學術界對該主題的研究累積，通過認識臺灣「客家研究」的各種面向，理解臺灣客家社會文化的諸多特質，作為國家與客家族群發展知識基礎。叢書，除了彙整臺灣客家研究的各主題（特色），也望能促進學、政雙方，乃至臺灣民間社會共同省思臺灣客家的未來。

由於各篇論文原來所刊登的期刊，各有其所要求的格式。為了尊重原期刊的特性，本叢書各輯的論文仍保留原有的格式性質，例如註解的方式各篇並未一致，又因版面重新編輯，原有的頁數已經有所改變，這是需要跟讀者特別說明的。

《臺灣客家研究論文選輯》主題叢書之問世，特別要感謝客家委員會李永得主任委員的支持，客家學術發展委員會召集人蕭新煌教授的指導，各分冊主編的教授師長，一次又一次的來交通大學開會，從書本的命名到封面的討論，看見大家的投入和付出，非常感激。交通大學國際客家研究中心博士後研究員劉瑞超博士、交通大學出版社程惠芳小姐和專任助理陳韻婷協助規劃與執行，克服重重困難，誠摯表示感謝。

張維安

于國立交通學客家文化學院人文社會學系

2018-6-7

目錄

《客家婦女與性別》導論

張翰璧

一、客家與客家婦女

客家研究作為學術領域上的重要分類，在過去十幾年間有快速的成果累積，許多研究者帶著不同關懷，進入不同領域探究「客家」概念、「客家文化」特質與內涵。這種以「團體」為單位的研究方法，避免不了客家婦女／性別的研究取徑。強調客家婦女／性別研究，有幾個原因，其一是來自客家研究的過去基礎。自 19 世紀國外的人種學家、傳教士和文學家，在描述客家文化特徵時，都從「美德」的角度，大量描述客家婦女的勞動特質，這樣的研究主軸一直持續到現在，只是研究的場景從華南逐漸聚焦到臺灣。其二是族群研究在臺灣的發展，客家研究在 2003 年於大學成立研究所以前，許多客家的學者與文史工作者已經長期耕耘客家文化的研究，在強調祖譜、臺灣在地歷史、語言等研究。這個階段的客家婦女是「客家文化」的一部分，也是社會科學方法論上的一個「變項」。上述兩種研究取向一直延續到現在，研究產出也從未間斷。

本叢書以客家婦女／性別作為主軸，希望在過去研究的基礎上，鼓勵客家文化研究者，除了將客家女性視為族群文化的「載體」外，更進一步思考客家女性作為族群文化「主體」的研究取向。將客家女性作為族群文化「主體」的研究取向，是將「性別」帶入客家研究，一方面以「女性／性別」為研究核心，凸顯完整的族群研究，從女性／性別研究的觀點，建構客家文化的內涵，而不是化約式地將客家女性視為受壓迫的一群人，必須要有更多制度性、結構性的討論。更進一步，將客家研究與現代性的議題關聯起來，分析社會變遷中社會制度如何調整兩性關係、社會經驗、家族制度等文化，從具體的「個人」分析族群文化的變遷。另一方面，希望鼓勵「男性」觀點的族群文化研究，將男性具體地放回到討論的社會脈絡中，而不是族群刻板印象中的「看不見的手」（父權制度、大男人主義的刻板印象）。將整體性別和階級、 族群、時間／空間的交錯關係進行脈絡性的分析，才能具體探討客家文化如何建置性別角色的認同機制與是否有不同於其他族群的結構性差異。

二、客家婦女研究的跨學科性與多元面貌

（一）制度、敘事與生命史

本書所選的九篇文章，大致可分成四類。第一類的三篇文章，分別是邱詩婷、陳枝烈（2010）的〈客家族群性別制度之研究：以屏東縣竹田聚落為例〉、簡美玲（2015）〈性別化敘事裡的祖先與家族：以北臺灣兩個客家菁英家族為例〉、李文玫、丁興祥（2008）〈剪斷肚臍帶，要做大人樣：一位客家女性生命處境中的「困」與「尋」〉，三篇文章大致延續客家婦女以往的研究基調，從家族的角度切入，分析客家文化的性別文化，後面兩篇更強調個人生命史的觀點。

邱詩婷、陳枝烈的文章，主要還是在現有的客家（漢人）家族制度（文章標題用「性別制度」）中的性別文化（繼承制度、婚姻制度）與家務分工。本文採用 Connell 性別關係體系中的四個結構：權力關係、生產關係、情感關係、符號關係，分析客家族群不同世代如何形塑性別文化、如何看待性別制度的規範。分析的資料是立基於深度訪談資料，全文的討論與分析緊扣「性別制度與

變遷」兩個主軸線，結論大致與既有的客家婦女研究類似，不同的是累積了一些六堆的訪談資料，讓讀者可以讀到日常生活中，不同世代對於繼承、婚姻與家務分工的不同看法。邱詩婷與陳枝烈的訪談中，受訪者在回答相關問題，不論是財產繼承權或是婚姻制度，在態度上均有所鬆動，不若老一輩人的理所當然。可惜的是，年輕一輩在面對行為抉擇時，是否會採取與態度一致的決定，則是未知。而這種態度下的行為決策過程，才是世代間族群文化變遷的重要轉折。在分析婚姻制度和性別分工，作者也觀察到世代差異所產生的改變。

基本上，本文處理的是一個長久以來客家研究假設的文化框架：性別文化（尤其是建立在漢人家族制度上的性別文化）以及自 19 世紀以來客家婦女研究的基調（勞動即美德），從制度架構和外部研究觀點而言，上述論述主軸有其文化性和經驗性的基礎。但是，如果放在個人層次上，思考漢人文化制度下對於客家女性的規訓以及現代化過程中客家女性在啟蒙過程中的轉變，客家婦女的圖像會呈現多元的差異性。

簡美玲（2015）〈性別化敘事裡的祖先與家族：以北臺灣兩個客家菁英家族為例〉一文，即是以性別、口說與日常三條軸線，嘗試由此對以男性為主所可能形成的客家社會與文化的論述或知識體系，進行反省與對話。簡美玲書寫的策略，仍是將家族作為一個想像共同體的基礎，在此基礎上呈現女性角度的客家社會（家族）。運用的資料包括文獻（史料及文字資料）、物（如家族的收藏物或家族照片），與民族誌口述訪談（尤其是年長女性的生命史）三類，主要的受訪對象來自於頭份陳春龍家族（9 位）、新埔陳朝綱家族（13 位）。主要的訪談內容集中在女性結婚後與娘家／夫家的日常生活互動與實踐。第一個提問是媳婦如何進入家族的場域？也就是媳婦如何以一個外來的女性身分，進入家族的內裡，甚至拉扯家族想像的方式。第二個提問是女兒在家族是什麼位置？在傳統父系為主的漢人家族結構中，嫁出去的女兒被視為非家族的人，但是這並不能代表女兒的角色就這樣被排除，這部分的探討以族譜的具體實踐作為訪談的重點。

「家族」作為一種傳承與教育的互動空間，同時具有想像和實踐的在生產過程，不同性別與身分也產生不同的家族想像。「家族」想像與再現，是透過不同層次的實質經驗、行動網絡與精神意涵的空間媒介，並從各式日常生活的人際交流與家戶教育來持續傳承與變遷。相對於男性的「家族」想像，兩個客家家族的女性對於祖先與家族之想像的敘事內容，大多聚焦在日常生活、人際交流、婆媳互動與小孩教養的實際經驗，這和男性對於家族想像有所差異：男性多從文字資料或概念性的家族故事，述說「我們是什麼樣的家族」，而女性則從日常經驗與記憶裡構築對於祖先與家族的想像與觀點。

本文最主要的貢獻在於開創了性別化的家族史研究。透過客家女性民族誌訪談資料的收集與分析，我們看到她們如何透過家戶內日常生活的敘事與實踐，展現其身為北臺灣兩個地方社會的客家菁英家族成員，及對於家族的想像。同時也通過口語敘事，口語與書寫互相角力的敘事（女性與男性的敘事），提供對於這套知識體系開展一個對話或解構的可能。文中值得關注的是，作者似乎將男性等同於書寫敘事、女性等同於口語敘事。這樣的知識系統建構的預設，放在本文受訪者生活的年代與社會位置是合理的假設，卻可能無法標示為不同階層、時代的客家家族／家庭的知識體系建構，或是應該更進一步說明「客家家族知識體系」的內涵。時間、客家或是女性群體本身的多元性，不斷重新建構與結構化「何為客家？」、「何謂家族？」、「何謂客家女性？」，並考驗著「客家文化」的實際意義。

客家婦女在「出」娘家與「進」婆家所帶來的生命經驗轉變，與客家男性成為「家族／家庭文化的維持者」有著密不可分的關係，各自因為婚姻關係所擔負起的集體期待，促使家庭／家族文化在社會變遷中相對穩定的存在。族群認同需要他者，族群文化則不必然需要他者的存在，而是一種生活方式的實踐和日常的口語敘事。客家族群除了是一種「系譜書寫」或「共享歷史」的男性觀點與架構外，更有日常生活中女性觀點的文化再生產，從飲食、語言、祭祀、及生活態度等細節，填充客家族群文化的內容，並用日常口述累積客家文化。換言之，男性在「建構」客家的同時，女性在「製作」客家（張翰璧 2007：13）。

基本上，個人生命史、家庭私領域、家族公領域、族群文化、社會規範、國家法律架構起我們對於「社會的想像」和「生命實踐」。生活中的行動者會在不同的實踐層次，找到生命的出口，甚至作為反轉生命的支點。相對於簡美玲對於菁英家族女性長者的口述分析，李文玫、丁興祥（2008）〈剪斷肚臍帶，要做大人樣：一位客家女性生命處境中的「困」與「尋」〉一文中的主角，呈現的是另一種客家女性的敘事與自我轉化的經驗。單一且深入的生命史訪談是本文的資料基礎，故事主角的社會位置是「弱勢中的弱勢：既是客家、又是女性、又是農村勞動階層」，加上婚姻中「媳婦角色」的雙重文化規訓。雙重文化規訓，指的是他者（娘家、婆家、丈夫等）的角色期待，一方面是女性在社會化過程中內化的行為標準，一種作者形容的「文化氛圍」，「隨著婚姻制度而來的『媳婦角色』的文化規訓，卻讓我有被束縛與不自在之感，那是一種無形且無法清楚言說的約束感，無關乎婆婆或妯娌的好相處與否，在於那種文化氛圍中對女性的規訓」。

作為弱勢中的弱勢，過去的年輕客家女性只能經由工作取得短暫的自主性，經由經濟上的獨立並資助家庭開支，換取某種程度的主體性。只是這種自主性稍縱即逝，婚姻成為下一個生命轉折的賭注，弱勢者幾乎很難透過「婚姻」向上流動，反而因為「媳婦」的身分，走進對於娘家和夫家而言，都是「他者」的中間位置（in-between），而恰恰是這種中間位置所產生的無歸屬感，促使受訪者反思、建構自己的主體性。

基本上，上述三篇文章反映出過去客家婦女研究的主軸，將婦女放在家族制度的脈絡中分析。邱詩婷、陳枝烈企圖從變遷的角度，分析客家文化中性別文化的改變，只是改變似乎只在「態度」上，如何由態度轉變成行為，需要更多的研究來支撐。簡美玲的文章則是則是指出祖先與家族之敘事與想像上的性別差異，提出「女性的日常口述知識」如何與男性知識系統對話的問題。這類的研究可以開啟女性對於家族的想像與其身分認同等的研究，進一步說明是否影響到女性對於公共事務的參與方式。第三篇李文玫、丁興祥的文章，從微觀的個人生命史，分析弱勢女性的生命轉折，弱勢來自於階級和性別的交織，也來自性別文化和婚姻制度產生的規範強制性。三篇文章著墨較多的是「女性」，而非「客家」。

（二）客家與男性

第四篇文章從客家男性的觀點切入，探討年輕一代的客家男性，如何在客家傳統影響下扮演父親的角色，又如何參與學齡期子女教養。在分析客家父母的教育態度時，姜惠文、陳銀螢引用曾逸昌（2005）的觀點上，指出多數客家父母從務實的觀點出發，希望子女學有一技之長，或是能夠當老師、公務或在公營機構上班，勤奮讀書成為重要的途徑。作者在「瞭解了客家的民族特性與傳統精神後，我們便可以去探究客家父親如何在這樣的潛移默化中，透過教養子女去延續或者轉化了這些客家特性。」

相對與以往親子關係的嚴肅性，文中受訪的三位年輕父親希望可以建立較活潑的親子互動關係。「我們可以發現年輕一代客家父親從過往成長經驗中都感受到，自己和原生家庭的父親，彼此在溝通、聊心情這個部分是不足夠的，甚至有遺憾，傳統的客家父親，很少會當面鼓勵孩子，或是很少在子女面前給予稱讚，大多以表情式行爲來表達，在家人互動中感情是壓抑且內斂的。而年輕一代的客家父親則認爲對子女言語的鼓勵是重要的，而且也是自己希望有改變的地方。」在建立父親的形象或是教養態度時，年輕一代的客家男性會不自覺地融合自己父親的形象以及成長過程的經驗。

與上面三篇討論客家女性相同，本篇文章在研究客家男性的家庭觀和親子教養態度時，對於「客家文化」的內涵多是存而不論，並且沿襲著「宗族制度」、「大男人主義」、「硬頸刻苦」等特質，女性則是和「勞動」劃上等號。文中許多關於客家傳統精神中「節儉」、「祭祀祖先」、「孝順」、「講究倫理、輩分」及「禮貌與規矩的建立」等特質的訪談稿內容分析，更像是臺灣社會中的父親所分享的價值，而非客家族群所獨有。因此，作者也在文後說明：「客家父親包含於臺灣父親中」。值得我們進一步思考的是，客家文化特質在父職或是男性的教養態度上和其他族群有何不同？差異性的基礎是因為族群性（客／閩／原、客／閩、客／原）的不同，還是受到世代影響？比較研究和以「兩性」作為分析架構的文化社會研究還有待更多的累積。

（三）婦女作為客家文化的載體

第五篇和第六篇文章，討論的是客家婦女在服飾和命名上所呈現出的「客家」。博物館中有關族群文化的展示，大多圍繞在服飾、舞蹈、飲食等生活面向，而這些文化的載體多為女性。鄭惠美（2007）〈臺灣南北地區客家婦女大襟衫比較研究：以清末民初至光復初期之傳世實物分析為例〉一文，從材質、色彩、鈕子造型與裁剪結構，比較臺灣早期（從清末民初至光復初期）之南、北客家婦女大襟衫之形式。鄭惠美發現，臺灣南、北客家婦女大襟衫的形式在外型輪廓上雖然類同，但是其中存在許多細部的差異。

服飾文化作為族群文化物質表徵，其風格容易受到外在環境的影響，客家婦女大襟衫服飾製作細節的南北差異，主要受到兩個因素的影響，一是移出地的不同，南部客家的祖籍的多來自廣東嘉應州（鎮平、平遠、興寧、長樂）等縣，北部地區客家原鄉祖居地除了部分來自嘉應州之外，有許多來自沿海的惠、潮兩州，客家族群內部的多元性增加。第二個因素似乎和在臺灣的居住地及其周邊的族群互動有關，南部客家在清代初期，經歷嚴重的閩、粵械鬥，族群關係呈緊張對立的狀態，不易產生服飾文化交流。北部客家族的文化受到閩籍人士的影響，在裝飾風格上則趨近以於閩籍婦女的裝飾形式，而有較多花俏的鑲緄或牙子紋飾。

根據資料與訪談內容，鄭惠美指出臺灣南、北客家婦女服飾，「從以前祖先傳留下來就是這樣，並沒有改變！」不同的是六堆客家婦女將傳統的「中長大襟衫」傳承為客家標誌的「藍衫」，而北部客家婦女以原始的短大襟衫原型，納入鄰近族群的裝飾形式，而產生單純與繁複並存的大襟衫裝飾風貌。衣飾文化的差別反映祖籍地來源、族群接觸的不同，但都還是維持客家文化的原型，亦即勤勞節儉、物盡其用的精簡樸實精神，作者認為這樣的精神是蘊藏在衣襟、袖口裡面，就像客家婦女堅毅勤勉、刻苦沉靜的性格歷久不變。「大襟衫」的原型之於客家服飾，一如「堅毅勤勉、刻苦沈靜」的原型之於客家婦女的特質，在這篇文章中有了極致的等同性。

李廣均（2007）的〈為何客家婦女，不再以「妹」字命名：一些觀察與想法〉，是最早對於客家女性名字的社會學思考，這樣的社會學思考的靈感是來自於楊國鑫的一篇短文（1988：22），從母親的名字可以判斷自己的族群身分，「假如你要判斷一個人他是否爲客家人，可以問他的母親叫什麼名字，或看他的身分證母親欄，其母親的名字爲XX妹，你問他是否爲客家人，他會告訴你他是客家人沒有錯。」名字的決定和使用，具有高度的文化意涵和社會意義，過去以「妹」字命名，不僅是客家人的命名習慣，也是客家婦女的命名特徵。本文希望從社會學的角度，觀察客家文化在面對社會變遷過程中，顯現在命名上的轉變，這種轉變可能是受到文化接觸的影響，也或是社會融合的指標。命名文化的改變是否可以視為族群文化變遷的指標？如果可以，是甚麼因素促使族群文化變遷？

本文雖然並沒有針對「不再以『妹』字命名」的現象提出強而有力的分析，但是卻提出新的研究取徑，希望解答下列問題：現代化過程與族群接觸對客家「傳統文化」的影響為何？前者指的是女性角色的改變，後者與族群通婚有密切的關係。當世俗化和都市化促使傳統族群文化逐漸式微的同時，族群團體要如何再現族群的生活經驗和文化？這個問題不但是客家女性在命名時家長的決定，也是當代所有文化團體所面對的挑戰。

（四）客家婦女的經濟和文化再生產

最後的兩篇文章討論的是客家婦女所扮演的經濟再生產和文化再生產的角色。呂欣怡（2011）的〈客家微型創業婦女的勞動初探：以橫山鄉為例〉，談的是客家婦女與勞動，但是這裡的勞動不是受僱階級，而是自僱階級的商業活動。本文的分析資料來自於 16 位設籍於橫山的女性小商家，訪談內容含括創業動機與歷程、工作內容、經濟收入、心理成就感以及工作與家庭的關聯性。微型創業，更精準地說，應該是在地性的微型創業，通常是已婚婦女選擇的經濟活動。一方面可以兼顧家庭照顧，一方面可以取得經濟利益，背後是性別文化和市場邏輯交織的結構。

橫山客家婦女的創業類型，主要是鑲嵌於在地的社區特性，分成餐飲／雜貨業兩類，銷售對象為觀光客和在地居民。地方產業轉型為觀光業，造就了社區婦女利用族群資本，利用店面和攤販形式經營自己的生意。這樣商業活動的發展，使得客家婦女的收入增加，是否會反轉家庭中的性別規範？本文的研究顯示，收入的增加似乎並未反轉傳統客家村落的性別分工，依然維持內外兼顧的角色。

研究發現，強調客家婦女在婚後應有獨立收入的觀念，並非現代化之後才出現的，而是橫山地區客家女性的傳統思維，所有受訪者強調的觀念是：女人應該要有工作，不能只待在家裡依靠先生撫養。仔細閱讀文本的訪談資料，可以發現所謂的「工作」，指的是帶有微薄經濟收入的勞動，年老婦女嘴中的「客家人不能閒」，成為這個地區上一代客家婦女從小習慣的工作模式。之所以強調「這個地區」、「上一代」、「客家婦女」，要說明的是區域、世代、族群、性別等變項，必須經由比較研究，才能較肯定地將勞動視為客家婦女的文化特質。家庭以外的「工作」，對於女性具有多重的意義。過去的「勞動」和現在的「職業」都是提升女性主體性和心理成就感的重要活動，不但賦予女性更多的決策權力，也拓展了女性的社會網絡。

客家婦女議題之外，本文還提出「經濟資本增加，是否必然導致女性的賦權」的問題。要回答上述的問題，需要重新定義「賦權」的意義或是擴充其內涵。除了經濟資本（收入）的增加，社會資本（社會網絡）的開展、文化資本（在地知識）的深化，乃至於個人主體性的建立，均可視為賦權的基礎及指標，不必然立即反映在家務上的分工和決策過程。事實上，從文中創業婦女的訪談資料中，可以看到傳統的勞動概念，清楚的呈現在受訪客家婦女的工作倫理中。

最後一篇論文，張亭婷、張翰璧（2008）〈東南亞女性婚姻移民與客家文化傳承：越南籍與印尼籍女性的飲食烹調策略〉，討論的是「新客家婦女」，是近 2、30 年來自印尼（多數來自西加里曼丹的山口洋）的客家女性、越南的婚姻移民（多數不是客家族群）。本文希望經由女性婚姻移民在私領域家庭範疇中的日常生活經驗，分析身處客家社群中的女性婚姻移民如何在日常細緻的文化實作行為上，對客家文化的發展過程產生影響。

同樣是跨國婚姻，與印尼配偶的通婚是「跨國界而未跨族群」（絕大多數是印尼裔客家人），娶越南配偶的則是「跨國界又跨族群」（多數為越南的京族）。作為跨文化疆界的行動者，這些外籍配偶的原生文化會和客家文化不斷互動，而女性又是家庭事務與親子教養的執行者，女性所承載的社會價值觀就成為文化再生產的重要資源。外籍配偶會將其社會價值觀編織在生活實踐中，傳遞給下一代，這一代的外籍配偶將會是下一代臺灣與個別族群文化的主要傳遞者，不但影響家庭的文化生活，也會創造出不同的國族與族群認同（張翰璧 2007：5）。

當女性婚姻移民作為家庭飲食的主要準備者時，準備三餐看似如此一般的日常飲食文化實踐的背後，是什麼力量，又是如何影響著客家飲食文化的傳承？本文主要分析新移民的飲食策略，透過日常生活中的飲食文化面向來探討女性婚姻移民如何藉由在客家庄中的文化實作與客家文化進行各種互動，包括了協商、順從、抗拒等等，最終又傳承了什麼樣的客家飲食文化內涵。畢竟，這一代客庄中婚姻移民的飲食文化，會被她們孕育的客家小孩視為客家飲食。

即使是臺灣的客家女性所烹調出來的食物，也不必然完全複製上一代的口味，因為飲食文化會隨者時代和族群接觸而有所改變。因此，本文指出「傳承」並不意味著「複製」，臺灣客家食物的內涵勢必會隨著這一群數量不斷增多的外籍婚姻移民日積月累的飲食實作影響而有所改變，有些會是很細微的變化，有些會是明顯的變化。細微的變化，主要呈現在印尼籍婚姻移民的飲食實作上。完全創新元素的一面，則有可能發生在越南婚姻移民的飲食實作，因為她們的飲食文化幾乎是與客家文化完全不同的，倘若真的能夠成功的在夫家家庭餐桌上端出越南菜，那麼她們的下一代將會習得這類「曾經」是越南菜，「當下」卻成為客家日常飲食的一部分。當族群遇上婚姻、家庭與女性時，從日常生活中看似瑣碎的實作中，我們不但看到客家文化的傳遞與變遷，看到家庭關係衝突與和諧，也看到不同行動者在有限的機會空間中畫出的族群／國族邊界。

三、客家女性作為載／主體

從上述八篇文章的分析以及近年的客家婦女研究成果（許多是碩博士生的論文），可以看到以下幾個特性：

1. 客家婦女的研究成果多過客家男性，而對客家男性的研究議題多集中在教養態度與家務分工。
2. 客家婦女研究的跨學科發展，除了常見的歷史學、社會學、人類學的研究取徑，有越來越多其他學科的加入，例如服飾、戲曲、文學、電影理論、媒體研究等。
3. 相對於客家男性的研究成果，客家婦女的研究慢慢走向性別研究的發展，許多以女性為主角的專著出現。「勞動」、「剝削」等的論述基調，已經有所轉變，並以女性（生命史）的觀點討論「女性」和「客家」的關係。

這些特性顯示客家女性向客家性別研究的轉向，同時強調女性、男性的研究，並從性別挪移到「人」客家婦女從客家族群文化的載體，轉變成客家族群文化的主體。以女性和性別為中心的議題討論，讓我們看到「具體的人」，並從女性和男性的角度觀察客家文化中的性別建構，如何穿透家庭、家族、社區、社會組織和國家。這樣的討論有助於在地知識發展和實踐能量的累積，看到社會變遷，解決社會問題，也挑戰原有的知識體系。當我們看到族群如何影響到性別相關問題時，性別關係的調整也會為族群文化帶來新的內涵。

最後，上述的八篇文章主要是集結曾在期刊中出版的文章，尚有許多遺珠之憾，希望未來還有更多類似的叢書可以出版，以增加客家研究的能見度，讓更多的人可以讀到「客家」。

參考文獻

姜貞吟，2014，〈書評〉。《全球客家研究》2：351-362。

洪馨蘭，2016，〈書評〉。《全球客家研究》6：299-308。

張翰璧，2007，《東南亞女性移民與臺灣客家社會》。中研院：亞太區域研究專題中心。

曾逸昌，2005，《客家通論：蛻變中的客家人》。苗栗縣：曾逸昌。

簡美玲，2015，〈性別化敘事裡的祖先與家族：以北臺灣兩個客家菁英家族為例〉。《全球客家研究》4：63-112。

楊國鑫，1988，〈客家婦女名子「妹」字再探〉。《三台雜誌》17：57-58。

客家族群性別制度之研究：以屏東縣竹田聚落為例[*]

邱詩婷、陳枝烈

一、緒論

（一）研究動機

臺灣的客家族群承襲著客家文化所保有獨特的文化意象，不論是飲食、衣著、語言及祭祀等禮俗方面，在文學、山歌、民謠中常可窺知一二；例如知名的客家文學作品裡，如吳濁流的《亞細亞孤兒》、李喬《寒夜三部曲》、龍瑛宗《植有木瓜樹的小鎮》等，大量書寫有關人與土地的情感，人與環境變遷下的無奈與辛酸，襯托出客家族群天性樂觀、勤儉樸實及堅強不屈撓的硬頸精神，不僅傳達了客家人生活方式及態度與處事精神，人際間互動相處的真摯情感也完整呈現。

在傳統的客家村落中，男性往往比女性更有機會受教育、外出工作，游鑑明（1988）曾指出：臺灣客家族群中的男性，大半承襲長大後外出打拼、求功

---

* 本文原刊登於《屏東文獻》，2010，14 期，頁 80-115。因收錄於本專書，略做增刪，謹此說明。作者邱詩婷為國立屏東教育大學教育學系碩士；陳枝烈現任國立屏東教育大學教育學系教授。

名、求仕途的傳統觀念；而長期社會發展下的客家女性，亦延續了原鄉女子的宿命，成為族群中勞動生產者的先鋒部隊，更無機會接受教育，加上殖民政府一直居主導角色，教育機會有限，且學費昂貴。過去的客籍女子多從事擔任勞動生產的角色，對於家庭經濟和子女教育都得擔負著重責大任，客家女性刻苦耐勞的精神，形成客家文化的特色之一，例如客家諺語中「四頭四尾」——家頭家尾、田頭田尾、灶頭鍋尾、針頭線尾的意義，規範女性成為一個具有「美德」的婦女，成為一位盡責的「輔娘」，而男性的位置似乎在父權體制下，順理成章地享有優勢地位，不管在文學作品或是民謠裡，如李喬《寒夜三部曲》、鍾理和《笠山農場》等刻畫出在性別制度下客家男性與女性的形象，可以窺知性別之間的關係展現不對等的支配，如男性離開原鄉出外打拼或求功名成為一種趨勢，女性即成為勞動生產力的主要來源，負責撐起整個家。但，這樣的刻板印象雖寫實卻並非全貌，客家族群分布臺灣各地，隨著地域的不同性別關係難道全如同文學作品所呈現的風貌嗎？或者有著不一樣的發展呢？以客家的務實精神來重新體驗與覺察其性別制度中的關係，將如何詮釋其內涵？研究者觀今從事客家研究論文約有300篇，其中多數探討客家族群建築、語言、民謠、信仰、空間設計與文化產業等方面，近年性別研究領域才逐漸發展，此類論文約有20篇，大多探討客家女性角色與社會或族群關係（張典婉，2002；陳明惠，2005；余亭巧，2004；李竹君，2002），甚少提及族群中性別制度之傳承與轉變，甚為可惜。故本研究欲以性別的制度面為主軸，探討客家族群中的性別關係。將採 Connell 性別關係體系中主要的四個結構：權力關係、生產關係、情感關係、符號關係，分析客家族群不同世代如何形塑性別之間的文化關係、及如何看待性別制度的規範。

（二）研究目的與方法

基於以上研究動機，本研究的目的有四：

1. 探究存在於客家族群中的性別制度，及其如何影響男性與女性之間的性別關係。

2. 探討時代變遷下，影響客家族群中性別制度變化的因素。

3. 探究世代交替下，客家男性與女性如何解讀性別制度的轉變。

4. 分析客家族群中性別制度所展現的性別關係。

根據以上研究目的，設計本研究方法將採半結構式訪談法，再以多次訪談的方式進行，運用訪談法主要的原因是為了解受訪者對於族群間性別制度的想法與意義建構，從回憶過往到觀察所得之資料進行相關檢驗等，希冀能幫助受訪者看到自身的經驗脈絡進而能與自身的經驗脈絡作對話。

研究者主要的訪談時間約為 97 年 2 月底到 5 月間，在屏東縣竹田聚落進行，考量個別性與特殊性的不同經驗，並根據民國 57 年實施九年國教，與婦女研究自 1985 年引進後，對社會性別觀之改變為兩個分水嶺，以 30 歲以下、30-55 歲、55 歲以上三個年齡層，區分為年輕階層、中年階層、老年階層。在每個年齡層中，至少訪談兩個以上研究對象，男女各半。其間因研究疑義與問題，多次進入田野訪談耆老，希冀豐富及補足研究資料，故各年齡層實際訪談人數至少 3 人，以能充足研究資料為主。

本文之研究場域為屏東六堆最早開發的中堆——竹田鄉，也是南部最早大規模客家族群開墾之處，歷史淵源流長，也保存許多傳統客家習俗及人文古蹟。竹田鄉共有 11 個客家族群為主的村落，考慮到因地而異的風俗文化，也基於研究內容的豐富性，故以地域性劃分，訪談了西勢、竹田、美崙及泗洲村。其中泗洲村落雖為閩南人居多，但因受訪者為傳統南部客家人，精通客家文化及傳統性別文化等制度，成為研究參與者中唯一非居住在客家村為主之受訪者。以下為受訪者之基本資料。

研究參與者	居住村落	年齡	年齡階層
任先生	西勢村	23	年輕階層
常先生	西勢村	34	中年階層
秀梅阿姨	竹田村	52	中年階層
秀蘭阿姨	竹田村	60	老年階層
來發叔	竹田村	53	中年階層
永春伯	竹田村	60	老年階層
竹欣姐	竹田村	28	年輕階層
秋景伯	西勢村	60	老年階層
夏恩爺爺	美崙村	83	老年階層
秋菊奶奶	美崙村	98	老年階層
冬暖爺爺	泗洲村	80	老年階層

二、文獻探討

本文獻探討分為兩部分。首先，說明本研究所欲探討屏東地區客家族群的文化發展之歷史脈絡。第二部分進行性別制度與性別關係理論觀點分析。

客家族群是何時移民開墾臺灣最南端的下淡水溪（高屏溪）流域，仍是個尚未定奪的議題，不過被大家廣為接受的說法為伊能嘉矩的研究，他認為南臺灣的客家人本來是解甲歸田的官兵，在臺南府城的東門外種菜為生，約在 1690 至 1710 年間，先是遷移到屏東萬丹鄉的濫濫庄開基立足進而向北、東、南三方面前進，於康熙末年時，在屏東平原上，已建立「大庄十三，小庄六十四」的規模（邱彥貴，吳中杰，2001）。而隨著拓殖人數的增加，濫濫庄已容不下這些人，客家移民只好往當時未開發的叢林地帶開墾，其分為中路、南路、北路依序開拓，開發了竹田、內埔、萬巒與南州、佳冬等地。而在清康熙 60 年時（西元 1721 年），朱一貴起義事件，南部客家人為求自保便組織鄉團義民，捍衛家園，原先稱為「六隊」後改為「六堆」，依地理上位置分為：中堆、前堆、後堆、左堆、右堆以及先鋒堆，為現在的屏東地區萬巒、內埔、竹田、長治、麟洛、新埤、佳冬、高樹等八鄉，客籍人士約占屏東人口數的十分之二強，此外六堆客家人還移居恆春半島的滿州、車城、花東地區等地（劉還月，2000；曾喜城，2004、蕭新煌；黃世明，2000）。屏東客家族群散居在六堆地區為主，而其仍保有客家鮮明的文化特色，其中更以習字亭的保存及客家精神最為著名。

（一）Connell 性別關係之探討

性別關係及性別制度都是社會建構下的產物，性別之間存在許多關係，但一般多只關注在差異。性別關係主要為在特定社會文化及歷史脈絡下，性別角色及性別文化實踐於日常生活中所建構的關係。Connell（2004）認為，社會理論試圖以結構（structure）的概念，來說明關係中的限制與模式，但他認為社會關係中唯有廣泛持久的模式，才是社會理論中所說的結構。故他歸納性別關係的結構不能脫離實踐而獨立存在，因為個人與群體必須經由實踐來建構這些關係（劉泗翰譯，2004）。因此 Connell 將性別關係分為四個面向，說明性別關係中主要的四個結構：1. 權力關係：權力關係充斥在社會中，伴隨著人們生活卻難以察覺。權力有其特殊性，以性別的面向而言，「父權體制」為其運作之核心概念；游美惠（2002）指出：「父權體制」指的是以男性為中心的一套性別安排的支配體系，它盤根錯節地深入於日常生活的各個層面，男尊女卑的性別層級，不僅展現在家庭之中，也展現在社會制度的設計與結構的安排之上，甚至是日常生活的言行舉止或人際互動。因此透過機構運作的權力，以某個群體壓迫另一個群體形式之出現乃是性別結構研究中重要的一部分。2. 生產關係：劉梅君（1997）認為，談到文化中「性別化社會分工」就不能忽略「公領域 V.S 私領域」的二分對立，及在現行規範下，「母職」（motherhood）對女性生命的強制性，故女性所呈現出來的就業行為，乃為這些文化規範及制度下的產物。因此對性別角色的不同期待，決定了性別化分工，及學術生涯上的選擇；劃分男性「適合」擔任醫生、工程師、經理人等決策性的工作，而女性則「適合」任職護士、教師、社工員等照護性質的工作。3. 情感關係：Sheff（2005）提出，無論是異性關係、同性關係或雙性關係，多重關係的特點在於：互相承諾的情感關係，男女都擁有超過一人且多樣的浪漫愛、性關係及情感上的伴侶，強調是長期的親密關係，注重所有參與者間的坦誠、公開。故承諾在情感關係中扮演著重要的角色，另外人際之間情感的交流，關懷與認同皆是維持關係的要素。4. 符號關係：Connell（2004）將知識社會學的基本概念帶入性別的意義中。認為只要我們提到「一個男人」或「一個女人」，背後牽動了一個龐大的意義系統，其中包含了各種可能的意涵、暗示、弦外之音和隱喻，這些都是在我們的文化史上不斷累積而成的意義：這些字的「意義」，遠比男女兩性在生理上的分類豐富。例如在傳統客家用語裡，以「杓嬤」、「鍋嬤」、「耳公」、「指公」等，在器官及工具上都有男女之分，代表客家婦女隱而不顯、默默認真耕耘的精神，而男性則多代表顯露於外的器官或能登上檯面的器具；以「符號」象徵說明其社會規範下性別的關係，也以此符號維繫其關係。

（二）客家的性別制度

學者 Norbert Elias 認為，那些被我們稱為民族的社會群體在很大的程度上，是以他們的情感方式和他們在等待情感時所依據的模式來互相區別的（引自李松根，1991）。人類在性別化的過程中，依循著不同民族性、傳統文化規範及習俗，慢慢演變制約而成一套制度原則，雖然並沒有明文規定，卻深植內化於每個人的生活中。而杜芳琴（1998）在〈華夏族性別制度的形成及其特點〉，提出了一些看法：認為性別制度是由上層階級主動將性別建構、建立性別規範，並自上而下、由中心至邊陲地區向人民推行，但性別規範與制度並非一成不變地流傳與推廣，乃會隨社會變化而不斷揚棄的。可知古時傳統性別制度的建立是由上層階級或主流社會制定而往下向社會大眾推展的，並隨社會變遷而有所調整，非一成不變地流傳與沿襲。

每一個民族或社會在性別文化的形成或發展過程中，會慢慢的建立起一些制度化的性別文化，這類的性別文化對該社會或民族會造成一種約束力量，而且為該社會的成員所遵守（陳枝烈等，2006：176）。說明了制度化性別可能會隨著生活、政治、經濟或價值觀的改變而轉化，本身具變遷性。杜芳琴（1998：3）將性別制度定義為：係指有關兩性分工的制度、婚姻制度、繼承制度以及實現性別規範目標的教化制度等。以下就繼承關係、婚姻制度、性別分工說明性別制度的展現。

1. 繼承關係

畢恆達（1996）認為臺灣社會的財產繼承方式是「一種以男性為主軸的財產流通系統」。在父系傳承的性別角色期待下，兒子被視為家產或祖業的合理繼承人。兒子多半可以繼承實質財產或不動產，而女性多半以嫁妝的方式，獲得一些耐久性的消費財產為主。但對於女性而言，結婚是身分上角色轉換的儀式，也宣告與原生家庭父系祖先關係暫且脫離，而進入另一個家庭得以入祖譜，此為配偶入譜的觀念，也是名分繼承的一部分，而族群的差異也影響著名分繼承的形式。曾純純（2006）以客家女性為例說明：譜書是以家族男性成員為敘述主體，女性不上譜，或在丈夫名下，附書妻子，卻往往以「妣某孺人」尊稱，有姓無名，而女性之本姓，充其量只代表她們的父親，而非女性自身，顯示「夫為妻綱」的原則。鍾秀梅（1994）認為：客家婦女的地位是隱形的、模糊的，她們的姓名不被列入宗族的祖譜上，到死也只是個在父系的神祖牌位上寫上「X 孺人」罷了！雖是孺人的尊稱，客家婦女卻往往有姓而無名，成為父系體制家庭的附屬品，此規範代代相傳，是否隨著時間的演進而改變繼承的方式了呢？

2. 婚姻制度

郭玲惠（1995）認為我國傳統以來，鑑於農業社會的生活形態「男尊女卑」、「父、夫權優先」的觀念是根深蒂固地存在社會中，視婦女為附屬地位，並未承認婦女具有完全之獨立地位，而女性一旦進入婚姻，似乎就喪失自身的人格；也呈現了在婚姻制度中男性與女性不對等的期望與權力。

客家社會更嚴格遵行「同姓不婚」的原則。更有少數被認作同宗的相異姓氏，如「張、廖、簡」，「余、榛、徐」等，也是不准通婚姻的。另外，有某些姓氏，因為他們的祖先輩曾有結怨之仇而發誓此後互不通婚，相沿至後世，他們的子孫就一直不敢破例（劉佐泉，1991）。清代時臺灣客家曾有招婚契約書。招婚產生的原因，一般以女方因為無男性後代，為了傳承後裔，維繫祭祀永續不絕；或者男性繼承人年幼需要一位負責家庭勞動的男性，保障家庭與繼承人生活經濟不虞匱乏，同意寡媳招夫養老撫幼（陳瑛珣，2004）。招婚習俗是客家族群為了延續香火而發展的婚姻制度，屬變例婚姻的一種，婚姻的構成考量以家族利益為基礎，適應臺灣開發時期的社會而形成，此為婚姻制度隨時代與社會環境的變遷展現不同的風貌。

3. 性別分工

傳統農業社會裡「男主外，女主內」的觀念清楚區分性別在公私領域的支配權。在英國則是隨工業革命的進展，工作逐漸與家庭分離，而在公共領域（public sphere）所做的工作 —— 有酬的工作 —— 漸漸變得比在家庭領域（domestic sphere）所做的無償工作獲得更高的評價（俞智敏、陳光遠、陳素梅、張君玫譯，1996）。男性被視為具理性思考與判斷力，適合於公領域中從事被雇用的工作，而女性則具有感性的一面，「天生就適合於」家務與照護的工作。但張晉芬、林芳玫（2003）指出當公私領域的概念與性別結合的時候，也就是用人為的方式建立兩性差異的開始。說明勞務與性別之間的關係並非天生如此，而是社會結構建立的。

三、客家族群的性別制度

客家族群乃是以父系社會體制為主，客家文化中硬頸精神與宗族觀念等鮮明特徵，在繼承、婚姻、性別分工等面向影響鉅深。客家性別制度隨時代轉變，維繫與變遷的力量拉距著族群中不同年齡層性別文化觀，呈現的並非壁壘分明地對立思想，取而代之的，是在年輕族群裡看到客家傳統思想的架構下，發展屬於自己不同見解與自我意識之性別觀。

（一）繼承制度

在父系社會的認知裡，繼承制度是由男性所建立，女性必須依附父親或經由婚姻關係獲得社會上的身分，才能確立己身存在的位置，但在繼承制度上卻仍無法為自己發聲。本文分析竹田鄉客家族群之繼承制度，將繼承制度分為實質財產繼承與名分繼承兩方面來討論，並說明在性別關係在財產繼承中所扮演之角色與實際情況。

1. 實質財產

在此指的是不動產、金錢與田地等實質性能用金錢衡量的物品。實質財產的繼承乃是指財富轉移的部分。傳統社會中性別是決定財產繼承的重要因素，財產繼承僅限於兒子，而已婚女兒尤其不被列入繼承與分家的考量中（喻維欣，2003：257）。因此，在實質財產繼承中將討論：財產繼承權、財產分配的形式等面向，希冀對於客家族群繼承制度有更深一層的了解。

（1）男性擁有財產的繼承權

在客家社會裡，年長男性擁有財產分配的權力，由於客家社會受父權體制影響深遠，一般而言，都是由男性繼承家中的財產，女性則多無法擁有之。

訪談者：還是爸爸決定，那像客家在財產的分配裡面啊，會每個小孩都有嘛？

受訪者：他們主要是女兒是沒有。

訪談者：女兒是沒有，只有男生有？

受訪者：男生有。（竹欣姐28歲，970424）

訪談者：像傳統的客家人財產的繼承跟分配是以怎麼樣的形式爲主呢？

受訪者：我夫家！還是以男人爲主，男人才有得分，女人沒得分！（秀蘭阿姨60歲，970409）

各年齡層受訪者對於男性繼承家產視為理所當然，女性通常未能分到財產，也自願拋棄繼承，將財產繼承權讓渡給其他兄弟。在財產關係及相關的法則中，客家社會明顯否定了婦女的法律身分：她們至多作為男性身分的代理而「暫時」擁有發言權，一旦財產關係的重組過程結束，她們的法律身分迅即消失（鍾永豐，1994：118）。所以客家婦女在家族中或對族外的事務，通常沒有發言的空間與權力。

（2）長孫田制度

竹田地區客家族群仍保有「長孫田制」，所謂的長孫田，代表家族在分配家產的時候，會特別保留一份專屬於長孫所有，有些老人家稱他為「飲食田」，認為那是家中長輩之後被扶養所需的費用或是喪葬費用。客家家族的家，是由家長主持，家長不一定是由最年長的擔任，但大體上依然保持這種習慣為多，家長統率全家，代表這一家對外行事，有著絕對的權力，家屬必須聽從其指揮。一般來說，一個家庭的分家析產，大都在家長、祖父母、父母死後才來行之，也有生前就分家析產，那就必須抽出一部分作為贍養尊長們及喪葬之費用（黃炳鈞，1997）。

訪談者：那像繼承狀況有沒有什麼特殊的例子？

受訪者：有！客家人有一個很不好的習俗，客家長孫你有沒有聽過，長孫要分長孫田，你聽過嗎？譬如說我家生了三兄弟，最大的哥哥生了四個兒子，最大的就是長孫，長孫田要多分兩分地！

訪談者：就是跟您的這一代一起分？

受訪者：對啊！就像我的小孩，我哥哥的小孩，大哥的第一個小孩就是長孫嘛！客家的壞習俗就是他可以多分兩分地！（來發叔 53 歲，970423）

訪談者：那像客家人財產的分配啊！都是誰來決定的？

受訪者：客家人有時候會多分一份給長孫！一小份啦！不是跟兄弟一樣多，就是一小份啦，有點…就是…飲食田…

訪談者：飲食田是？

受訪者：就是要養他的人，他有多一小份！不是說像平分財產這樣切切切，就是說還有另外一個小份的！

訪談者：那都是給男孩子嗎？

受訪者：他們（年長男性）都是照輩分大的小的分這樣子，我們還有，下一代就沒有了。（秋菊奶奶 98 歲，970312）

由上述可知，長孫田制的繼承制度隨著時代的演進至今仍保留下來，受訪者表示，長孫田制是指長孫能與其他叔執輩一同繼承財產，雖然各地因風俗文化的不同，長孫繼承財產的多寡也不一，但此繼承制度仍代代沿襲流傳下來，各年齡層的受訪者對此制度皆認為不妥，有其詬病之處。

訪談者：那現在這種習俗還有嗎？

受訪者：還有喔！反正這種習俗，幾乎臺灣都有這樣的情形，我們這邊以前古老的習俗，長孫田兩分地！家裡沒有的就不要說了啦！家裡有的，比較古板的老人家，一定會分兩分地，結果這兩分地一分，感情就差很多了！現在還有啦！客家人還是有分長孫田的！

訪談者：還是保有這種制度啊？

受訪者：這種制度不好啦！（來發叔 53 歲，970423）

訪談者：就是沒有辦法分得很平均就是了？

受訪者：對啊！很多糾紛就是這樣來的啊！計較起來什麼能講耶！（秋菊奶奶 98 歲，970312）

由上述說明，客家族群仍保有長孫田的制度易引發家族間的紛爭，村裡的客家人表示，傳統家庭多沿襲此項繼承制度，將之視為長輩們流傳下來的習俗，未能思及此繼承之意義，及是否應隨時代變遷而修正。客家人認為此沿襲制度有其詬病之處，例如財產分配不均衍生出家族間的失和或產生糾紛等問題，這對一向重視家庭倫理與教育的客家族群而言，家族間情感因此而破壞，感到不值與遺憾；因此在年輕階層及中年階層就透露：不認同長孫田制的繼承，也不會沿襲此項制度，故長孫田制繼承至中年階層始有轉變，雖仍是以男性繼承為主，但財產分配不均的關係漸形成家族間情感關係分裂的來源，故年輕階層及中年階層不願承襲此制度。

2. 名分繼承

客家傳統社會裡，祠堂是生活的重心。不僅是供奉祖先牌位之處，客家族群的祖訓是「寧賣祖宗田，不忘祖宗言」，故祠堂也成為客家族群敬重祖先的精神指標。祠堂是宗族歷史與榮譽的象徵，是供奉祖先神主牌位和舉行祭典的聖地，又是宗族議事、執法的場所，可以說是宗族的標誌。祠堂的建造是宗族奠基立足的誓言，祠堂的興衰與昌敗是宗族實例的表徵（孔永松、李小平，1995：27）。祠堂為祭祀祖先的地方，因此在客家族群裡，每年重要節日祭祀活動都是家族親人齊聚一堂聯絡及維繫情感的時機，故祠堂的祭祀活動時至今日仍為客家族群所重視及延續的繼承制度：從性別角度觀之，大多是女性準備祭祀用之供品外，有些地方因宗族家訓的不同，男女生祭祀活動也可見不同的權力關係。

受訪者：就每年的……這樣子……掃墓節那邊什麼春節啊，就節日會回來，大家就一起去拜。

訪談者：一起祭拜這樣子，然後有分說什麼男孩子要站前面女孩子要站……

受訪者：有，他們男生像我弟弟和我爸爸我伯父他們我堂哥他們就站前面，女生就在後面旁邊。

訪談者：眞的喔，不能如果……

受訪者：女生不能先進去。

訪談者：不能先進去？

受訪者：都是男生先進去以後啊，就說女生站邊邊，然後一直站到很後面。（竹欣姐 28 歲，970424）

訪談者：那像我們剛剛說去祠堂祭祀嘛，女生可以去嗎？

受訪者：可以啊！可以啊！只是要站後面，男尊女卑就對了啦！可是現在已經比較沒有了啦！以前的長輩是說，女生要站比較後面，現在比較沒有了啦！（永春伯 60 歲，970412）

從上述的例子得知，有些地方的祠堂祭祀活動中仍顯現「男尊女卑」的性別觀念，認為男生才是繼承家業及家望聲譽的人選，女生則位居附屬的角色，並透過祭祀順序與規範的約束，表現出傳統客家宗族祠堂的祭祀活動中仍存在著男尊女卑觀念。

（二）婚姻制度

婚姻制度於性別關係中占重要的一環，透過婚姻的關係維繫家族延續力量，在傳統客家族群裡，女性角色被賦予許多「美德」的讚揚，建構出客家女性克勤克儉、溫良恭謙讓的形象與標竿。然而也是這些「美德」制約了客家婦女自身的發展，使她們一直扮演著社會賦予的「典型角色」，鮮少為自己發聲及擁有自主權。是故在此小節中，將探討客家族群婚姻制度的性別關係，從不同面向檢視傳統客家社會裡性別在婚姻制度中所扮演的角色及受到的規範。因此，將分為以下幾點討論之：

1. 姓氏禁忌

客家族群重視宗族規範紀律，更是嚴守著「同姓不婚」的原則，絕不和同姓結婚。[1] 既是血親，所以同姓不婚，這在遠古是基於優生學的考量，確實有其需要。但是到了現代，宗族擴大，雖然以父系戶籍法維持了宗族姓氏，可是同姓者必有共同血緣的觀念已經不合實際。另外，也由於客家族群自古不斷遷移，過著顛沛流離的生活，因此有些同宗族的姓氏後來因時代環境的改變而異姓，但由於都是同宗的緣故，必須告誡子孫勿與屬同宗族之人交往甚至結婚，是故代代相傳、沿襲此制度。

訪談者：那會說像您姓梁，不能跟哪些姓氏的人結婚嗎？

受訪者：不行！不能跟姓梁的結婚。

訪談者：除了同姓不行，還有其他姓氏嗎？

受訪者：是老一輩的會這樣說，漢人姓潘的、或姓劉的也不行。也有這樣的，那個姓有同一個堂名，不能結合在一起也有。不能姓梁還有姓周的，不能連結在一起啦！共堂號就沒有結婚啦！（冬暖爺爺 80 歲，970225）

受訪者：那時候很保守喔！同姓的不能結婚。

訪談者：那除了同姓不能結婚之外，您身邊有沒有例子就是不同姓氏之間卻不能結婚的？

受訪者：有喔！比方說：姓曾的跟姓邱的不能結婚，還有姓徐的跟姓涂的、余的、佘，那不能結婚！那都是同一家人，以前都是同一家人啊！不能結婚的！（夏恩爺爺 83 歲，970312）

上述說明在客家傳統社會裡，姓氏代表著宗族、堂號及祖先的發源，重視家庭倫理及宗族血緣精神，宗姓的觀念牢固而嚴明不容破壞，此制度便世世代

1 鐘理和所著《笠山農場》內文描寫主人翁乃身為知識分子的青年才俊，面對仕紳家庭與同姓不得結婚的制約，呈現客家社會中深受傳統禮俗及制度的制約。鐘鐵民發表〈笠山農場之後〉一文，說明：同姓是一家人，彼此是血緣關係，是姊妹孫叔，應該團結族親共同對外，這是漢族古老的傳統封建思想。

代流傳並承襲下來。宗姓是宗族共同體的標誌，使原本是內在的、難以從外不體察到的血緣關係透過姓氏的力量而外顯化，使人能從宗族中體察和辨識其間的血緣關係。姓氏作為血緣關係的象徵符號，成為人們辨別不同宗族的依據（孔永松、李小平，1995：61-62）。而另一方面，還有一種狀況下姓氏間不能通婚的例子：姓氏間曾發生糾紛或誤會，導致世仇的情形，因此告誡後代子孫，彼此姓氏不能結為親家也不許通婚。

訪談者：那奶奶您有說過什麼樣的姓不能結婚嗎？

受訪者：我們是跟姓宋啦，姓陳的啦都不行，姓陳是我們才有的！別人我不知道，那個是有一個恩怨的，那個時候男孩子女孩子談戀愛很辛苦，不像現在唷，那時候談戀愛是不行的，那個男生就被抓去打，男生家就很生氣啊，說我們以後不跟你們來往了！姓邱的不能跟姓陳的結婚！只有我們這一帶，恩怨的關係啦！（秋菊奶奶 98 歲，970312）

從上述受訪者得知，祖先世仇而互不通婚的事例仍然存在，至少在其生活的村落中仍謹守此原則並沿襲此制度，說明在客家社會裡，尊重宗族、族中長老的祖訓。無論是「同姓不婚」或「世仇互不通婚」的制度發展，都可見客家族群凝聚的力量外，此制度的觀念流傳並沒有隨著時代的改變而消逝：

訪談者：所以你是說同姓可以（結婚）？

受訪者：可以……現在可以……

訪談者：是你覺得可以還是你爸媽也覺得可以？

受訪者：我爸媽唷，多少還是會有不好的感覺吧，也沒有說很排斥啦！只是可能比較不好！

訪談者：那你有聽說過比如姓什麼的不能跟姓什麼的結婚嗎？

受訪者：沒有聽說耶，但我覺得沒什麼關係吧，可能是上一輩的……就是有一些紛爭什麼的……才會導致現在的一些觀念……

訪談者：所以到你這一代就比較不會介意囉？

受訪者：對阿……比較不會計較這個啦。但會考慮，盡量不要！（任先生 23 歲，970221）

年輕階層受訪者說明在時代的演變下，能了解關於「同姓不婚」、「世仇間不通婚」的觀念，較有自我主張與意識，會認為姓氏間宗族不婚的原則守舊，卻仍會在擇偶條件上多加注意及避免，是以說明客家族群仍受到傳統姓氏原則的規範，老年階層的受訪者選擇承襲此制度，而此觀念到中年階層有了些轉變，認為不一定需要嚴格遵行，而至年輕階層已有些不認同，卻還是會考慮長輩們的想法與意見。

2. 傳統女性應遵守的規範

臺灣傳統舊社會常言：「娶妻當娶客家妻」，認為傳統客家女性普遍有勤奮、刻苦、節儉及任勞任怨的性格。文學作品、書籍等常將客家女性形塑成大地之母的形象，在濃厚的家庭倫理觀念的制度下，客家女性還須具備謙卑、忍讓、顧家、順從等美德。也因此客家女性在傳統社會觀念要求下，在其成長過程備受禮俗的規範及美德的約束。

訪談者：所以你從小要必須分擔家務囉？

受訪者：對啊！因爲我們就是從小就開始家裏的事情都要做，而且他們都是很重男輕女，男生不用做，女生就是要做！像我們小時候洗衣服是我跟姊姊一起洗，小時候是在田裡洗衣服，我媽就說女孩子就是要會做事，要勤儉持家還要純樸一點，還是什麼的……女孩子人家就是要說話多做事才得人疼！

訪談者：就教導女生應該做這樣？

受訪者：對，她說至少你要會煮飯，這樣你也知道抓住先生的心啊！抓住他的胃，他就不會有外遇！（竹欣姐28歲，970424）

訪談者：那奶奶您二十歲就結婚了嘛！在結婚前父母有沒有跟你說一些結婚要注意的事情呢，像是要注意什麼規範嗎？

受訪者：以前的人很守規矩，不能跟同姓的結婚啊！我爸爸媽媽結婚前會到房間裡教我，要遵守什麼規矩，要認份做事，長輩說的話都要聽。不但要工作，還要照顧公婆咧！（秋菊奶奶98歲，970312）

由上述訪談資料可知，客家女姓深受傳統規範的影響，必須做一名值得人讚揚且具美德的婦女，成為丈夫的賢內助，也就是「輔娘」之意。林偉莉（2006）指出，客家俗諺有云：「好子過學堂、好女過家堂」，女子只能扮演「輔娘」的角色，挑起相夫教子的責任。儘管勞心勞力，早期大多數客家的女人並無獲得和男人相同的地位和尊重，客家社會依舊有重男輕女的觀念，以男性為一家之主，女子從小到大就被灌輸「四頭四尾」、相夫教子的世襲觀念，傳統客家婦女在家中不僅有傳宗接代的任務，還得身兼勞動力的一員，砍柴、撿柴、舂米樣樣都得來，不輸男人，她們對環境堅忍的適應性及刻苦耐勞的責任感，相對地也為人所稱道。因此在傳統的客家族群裡，對於女性的養育過程仍傾向於培養其具備未來成為賢妻良母的能力。故從年輕階層受訪者資料中，仍可看出年輕女性的成長歷程還是受到傳統美德規範的約束；而老年階層的受訪者在出嫁前，父母親到房間裡耳提面命地叮嚀與吩咐，都足以看出傳統客家族群對於女性必須遵從的美德深為重視。

訪談者：那秀梅阿姨談您的婚姻，就是在跟先生相處之中會不會受到一些客家族群的規範呢？比如說客家女生一定要勤儉持家等美德呢？

受訪者：不會耶！像我結婚到現在都很少在做粿！我都用買的，過年過節都用買的，從結婚到現在。我婆婆那時候也沒有要求我們，阿我現在娶了媳婦，我也沒有說要求我媳婦說幾點起床，沒有，睡到自然醒，年輕人好就好。但是有一些規矩爸媽還是會講一下啦！就是要勤儉啦、照顧好家庭啦！

訪談者：所以你也不會說……大家說客家女生要怎樣的，您不會受到這方面的限制？

受訪者：不會！不會！上班就上班，下班就……，應該說，有一點比較好的，我們客家人女孩比較保守啦！不會去說跟……下班以後去鬼混啊！去賭博啊，喝酒的！比較少，這個應該我們聚落都很少聽到！（秀梅阿姨 52 歲，970220）

客家女性受到社會變遷、時代進步的影響，對於傳統美德較不會要求及限制，因教育的普及化情況下，現今的客家女性自主權提高、也更能展現自我意識。像是中年階層的受訪者表示：自己已不像上一代女性被嚴格檢視要做到凡事親力親為，但長輩的叮嚀仍須注意及遵守，同時也表示不會拿此一套標準要求媳婦，給予年輕人空間與尊重其生活態度，可謂是客家女性在傳統觀念上的轉變，不再強調世代間「教養」出傳統客家女性的美德，但此現象應考慮不同家庭的生長背景因素而加以探討之。

3. 變例婚

變例婚之意為非明媒正娶，透過婚嫁儀式所結合之婚姻。在客家人的婚姻習俗中，自古以來通常離不開「明媒正娶、門當戶對、媒妁之言」，在以前因禮教的時空環境，不容許「自由戀愛」，終身大事由父母作主（周金水編著，2007：10）。故變例婚姻常指因時空背景環境下，無法進行婚姻中「男大當婚、女大當嫁」之時，所採取的變通方案。關於變例婚姻有許多種模式，常見的形式約有：童養媳文化、招贅婚及交換婚。而對於現今客家社會而言，經濟條件的改善及受教育程度提高，此類的婚姻曾聽說過或傳聞過，但已實屬少見。以下個別分析之：

（1）童養媳文化

長久以來一直是族群大遷移的客家族群，經濟狀況不佳，普遍貧窮，族人主要靠勞力農耕山林生活，勞力不足，解決勞力的方法就是靠生育，早期客家族群早婚是普遍現象，童養媳的習俗自然產生（周金水編著，2007：30）。童養媳的制度乃因生活環境條件不良的情況下，原生家庭基於扶養之困難及減輕生活負擔等種種因素而將親生女兒送走；扶養家庭則是為了節省聘金和婚禮的花費，並可增加勞動力等理由而收養她，成為童養媳。

訪談者：那夏恩爺爺您有聽過童養媳的事情嗎？就是女生小時候，
因爲家裡經濟不好還是怎麼了，就把女兒給人家當作小媳婦之類的？

受訪者：以前是有喔！以前還是有，現在比較少了，現在大家經濟比較好了，以前是苦，生活苦，有的女孩子養不起，就送給人家，有這樣，如果家裡面有男孩子的，以後就湊作對，也不是奴婢，奴婢是用錢買來的，叫做什麼……

訪談者：是叫童養媳嗎？

受訪者：恩，是童養媳，那是國語，叫做什麼……阿，叫「媳婦」！媳婦就是，客家話叫「薪臼」。

訪談者：夏恩爺爺我想請教您唷！您剛說「薪臼」是媳婦的意思嘛！那在那個時候就被抱去撫養，當童養媳，他生活情況怎麼樣呢？

受訪者：就是……客家人的話吼，抱的是一樣、給的也是一樣、結婚也是，不會輕視她，不會，你要輕視人家就不要……

訪談者：是因爲那時候生活困苦，多一個人就多一份力嗎？

受訪者：恩，恩，是啊！她來家裡後大家都像一家人啊！假如說抱了以後長大啦！男的也不要她、女的也不要他！那就分手，嫁出去！

訪談者：嫁出去？

受訪者：對，嫁出去，大部分是變成作媳婦啦！不然就當養女嫁出去啦！（夏恩爺爺 83 歲，970310）

從受訪者的資料得知，童養媳的文化基於環境困苦貧窮，無力撫養過多子女，就將女孩送給人家或賣給稍有錢的家庭當童養媳。林偉莉（2006）也表示：早期一些窮困的客家婦女在婚姻上更是缺乏自主性。臺灣早期許多家庭生活清苦，基於重男輕女的觀念，許多環境不好的家庭會將幼小的女兒賣給別人做養女或是童養媳，光復初期仍有這種情況，早期客家人稱呼養女為「花園女」（花囥女），而童養媳稱作「等郎妹」、「攬薪臼」、「小媳婦」。

（2）招贅婚

招贅婚通常指的是女方家無子嗣能繼承家業或延續香火，故招一名女婿來管理家業。贅夫（入贅）是在以前貧窮的家庭，無力扶養子女（或子女眾多）者，將其子女過繼給無子或需要子嗣者，以便承續香火（伙），被過繼者喪失本姓宗祠之奉祀，就是男子到女家去成婚，入籍於女家，有扶養女家父母長上的責任與義務，同時有繼承女方父母遺產的權力（周金水編著，2440：30）。而傳統社會中一般會認為，贅婿因無能力娶妻而入籍於女家，常會被看不起且社會地位不高，在傳統客家社會，招贅婚的情形仍存在著，傳統社會又是如何看待招贅婚的男子呢？

訪談者：那你有沒有聽過招贅呢？

受訪者：招，有啊！他家小孩多啊！經濟又不好，要討老婆沒有錢啊，有人家沒有男生只有一個女孩，就一個給人家招。有的會說「招」比較難聽，就說我沒有才能娶老婆，才給你招。現在也有的是這樣：我可以給你招，但是不管怎樣，你還是要讓我帶回家住。招算是比較不好聽啦！現代人都不願意給人家招了啦！

訪談者：那客家社會裡面對於招贅婚的男生觀感是怎樣呢？就是村裡對他的感覺？

受訪者：現在有的是，不講招的先討回來，不然人家會說你沒有才能才會被招贅啊！不好聽嘛！我就跟你商議好，生了男孩一個分給你，那你在我家待兩個月、六個月再搬去妳家住，啊之後，人家問起，就說：我那有被招贅，我是討回來的啊！

訪談者：哇！這樣是顧及男生的面子嗎？

受訪者：嘿！是雙方都有面子，男生會說：啊我就把她娶回來的，可是他們家沒有男丁，所以我就去他們家幫忙，現在都是這樣講了。比較好聽啦！（冬暖爺爺80歲，970308）

從各年齡層的受訪者資料得知，招贅婚仍是存在於現今社會，只是比例較少，也較為罕見，受訪者也表示身旁有招贅婚的例子。老年階層的受訪者認為：於傳統的客家社會裡，被招贅的男子容易被恥笑，認為他是無才能才需要入贅，雙方為顧及社會耳語，對外宣稱是用「討」回來的老婆，故先住男方家幾個月，再至女方家幫忙，所以不是被「招」來的女婿；老一輩的人認為可「兼顧」雙方的面子，代表此種婚姻形式並不被社會普遍接受與認同，仍舊無法平等對待此種婚姻組合；在Connell權力面向裡，權力關係又分為體制化權力及論述化權力。論述化權力多是貼近人們的生活，以說話、語言、寫作等方式將抽象概念具體化擴散出去，如同招贅婚在傳統社會受到輕蔑及不認同，展現性別間權力關係中論述化權力關係的風貌。

（3）交換婚

交換婚的變例婚姻制度在客家社會裡並不常見，李喬所寫的《寒夜》一書有提到此婚姻制度。[2]形式可異，不一定是將其送做堆，還有其他適應環境可變通的方式：

訪談者：伯伯那你有聽過交換婚嗎？就是以前經濟條件不好的情況下，比如說，我的兒子娶你家的女兒，而我家的女兒嫁去你家之類的嘛？

受訪者：我有聽過，那個是怎麼樣呢？就是有一户女孩子分給人家，送作堆啦，有的時候啊，女孩子分給人家再換一個回來。

訪談者：換一個回來？是交換嗎？

受訪者：不一樣，不是我的女孩子給你，你的女孩子給我。有可能是我的女孩子給你，他的女孩子再給我。不是對換啦！不是你的女孩子給我，我的女孩子給你，不是這樣的；不一定兩個人是交換的。

訪談者：喔！我懂了，所以等女孩子長大就跟自家的兒子送作堆了？

受訪者：嗯！嗯！那個我的大嫂就是這樣。小時候就來我們家了，他就叫我哥哥。

訪談者：都是小時候就送過來？

受訪者：嘿，對。

訪談者：長大送作堆也不會介意？

受訪者：很好啊！跟我們就像姊妹一樣呀！那是以前生活很苦才這樣啦！養別人家的女兒再跟自己的兒子送做堆。（冬暖爺爺 80 歲，970225）

生活在經濟條件甚差的社會環境下，勞動生產來源頗為重要，沒有錢辦隆重的婚禮，就改採彈性的方式，既能互相幫忙，也能為家中帶來勞力資源及延續香火，在重感情的傳統客家社會裡，此也是一種互助合作的表現。從老年階

2 李喬在《寒夜》提及的例子為：彭家二兒子討來姓黃的媳婦，彭家也想把小女兒嫁入黃家，是為交換婚；在貧困的社會裡，無力娶妻討媳的家庭，採取變通的方式：我有一個兒子，你有一個女兒，那我們就交換。

層受訪者的資料中，發現另一種交換婚的形式：交換收養別人家的女兒。此並非互換的方式，而是藉由你收養我家的女兒，我收養另一家的女兒之方式，扶養長大後可與家中男子結婚，一方面家貧無力討媳，另一方面彼此共同成長，感情自然深厚，顯示在貧苦生活環境中，客家族群衍生出適應環境需求的婚姻制度。

4. 女性入族譜的觀念

客家女性在家庭中扮著重要的角色。張典婉（2004）說明：客家女性為工作勞動的機器，盡量符合男性對女性的想像典型，又得兼具「輔娘」、「薪臼」角色，其合理化解釋因客家地處山區，必須外出打拚，所以女性不纏足，遵行「耕讀傳家」家訓，讓男子出外求功名，肩挑起「田頭地尾」、「灶頭鍋尾」、「家頭教尾」的「健婦」名號（張典婉，2004：113）。由此可知客家女性為家庭犧牲奮鬥、操持家務等辛勤付出，但在辛勞終生，於生命的盡頭女性卻不能入族譜供人緬懷與記憶。

訪談者：那伯伯像你們女孩子會寫進祖譜裡面來嗎？

受訪者：女孩子不會，女孩子不會寫入祖譜！女孩子沒有寫進去的。我沒有聽過女孩子有編上去的。

訪談者：那像這個「媽」是……？

受訪者：是配偶，配偶會寫進去！會用「媽」代表。你看阿，這裡什麼人有幾個孩子都紀錄得很清楚（翻祖譜）。（冬暖爺爺 80 歲，970308）

訪談者：那您還記得祖譜記載的都是男生的名字還是女生的名字呢？

受訪者：都是男生的啦！都有記載下來，第幾代第幾代這樣子！

訪談者：那您有印象有記載女生的名字嗎？

受訪者：沒有！沒有記載女生的名字！那個就是說你家有丁了！有人傳宗接代了！就是說香火就會傳下去了！以前很重男輕女，現在就是說像我太太姓林啊，過來的時候，假使到老的時候，回去的時候，都回去就對了啦，那他會寫一個就是說她的姓啦！（永春伯 60 歲，970412）

曾純純（2006）表示：族譜在慣例上只收錄男性後裔，女性不管已婚未婚，名字都不會被記入族譜，後來部分家族基於延續血緣的傳統觀念，配偶取得上譜的資格，也僅記載男性子孫及其母親與妻子，所有女性子孫則被排除在外，女性必須依靠婚姻或子嗣來取得家族成員的資格，否則其死後將無所歸屬。是故傳統客家女性必須透過婚姻關係，才能以配偶之名上譜，而且僅是有姓無名的「孺人」代稱。另一方面，也突顯女性地位的卑微，同是一家人卻因性別差異，有不同際遇。而隨著時代的演進，社會價值觀的改變，現今客家族群如何看待女性入族譜的觀念呢？

訪談者：那族譜中您有看過女性的名字嗎？

受訪者：沒有啊！女生不能寫進去，它都是用孺人代替！像我娘家的阿公叫張龍，他老婆好像就叫邱孺人，好像是用姓，是用本身的姓來代替！

訪談者：所以就用孺人代替？那秀梅阿姨依妳的想法覺得這樣的制度如何呢？

受訪者：應該這樣比較不好啦！這個就是通稱啦！沒名沒姓的，唉！可能以後會改吧！（秀梅阿姨 52 歲，970220）

訪談者：那像族譜上面是說……您剛才講到族譜是族譜都不會寫女孩子的名字，就只有把男孩子的名字……

受訪者：對啊！

訪談者：那如果你以後就是可以修族譜的話，或者是你會希望說女孩子的名字可以…

受訪者：把全部女生都填上去，為什麼不填？就是好像很瞧不起女生……（竹欣姐 28 歲，970424）

從上述受訪者的資料分析，在年輕階層、中年階層受訪者的觀念裡認為身為家中的一份子，女性應該入族譜，年輕階層男性表示：女性在原生家庭的地位不能被抹滅；但其出嫁後，子嗣屬於不同宗族，並不能隨妹妹入本家族譜。同樣的年齡層女性受訪者也表達其觀念：女性本應可入族譜，不公平對待同宗族子嗣是她不能接受的。年輕階層受訪者表現出強烈自主權，勇於表達想法與具體思維，較不受傳統社會性別制度的規範。反之，中年階層女性受訪者也表達對此制度的不滿與無奈，寄於未來能有機會改革，卻未表明自身想法，顯示其仍受傳統性別制度影響，已擁有反思其角色身分的能力，但對於闡述想法或改變顯得怯步。

（三）性別分工

性別分工在本節所要探討傳統客家社會文化對性別角色寄予不同期待下，衍生出性別化分工的情形。在舊傳統社會中「男主外，女主內」為家庭典範，然而在客家族群裡，女性不只要照護家庭、奉養公婆外，還必須要下田農耕，於內於外都展現超人的毅力與堅韌。以下將說明性別分工中，家務分工及家庭決策等議題。

1. 家務分工

家務分工（household division of labor）係指家中成員對家庭生存所需勞務的分配投入狀況。家中成員對這種不提供市場報酬的勞務投入多寡往往受他們資源、權力、性別態度及家庭結構等多種因素影響（喻維欣，2003：252）。家務分工代表著家庭資源事務能妥善分配及經營，實屬家庭成員每個人的責任。傳統客家婦女為勞動生產者的角色，不論是對家庭的付出以及工作的辛苦皆是任勞任怨、鮮少怨言。文學作品或傳播媒體對於客家女性形象的描寫均脫離不了勤儉質樸、堅忍刻苦等既定印象。在客家社會中，不僅透過家庭教育的方式，甚至運用社會、宗族的壓力，藉此傳遞女性順從的概念。在家從父，包括婚姻的自主權及勞動生產力皆非自己能夠作主（李竹君，2002）。另也在作品中，說明客家女性被「養成」兼具傳統美德之過程。然對客家男性的書寫還是停留在出外打拚、求仕途、求發達的既定印象裡，與家庭間的互動甚少描寫，故以下將探討現今客家社會裡家務分工的型態。

各年齡層受訪者表示：在家中，家務勞動並不需要分配，幾乎都是母親一手包辦，小孩子也會幫忙家事，但父親在家中幾乎是不做家事。產生此一不平衡現象的原因，有一部分是由於越來越多的女人在做家事、煮飯、照顧小孩之外，還有一份工作。另外的理由則是，女人的家務勞動遠比男人的傭傭工作要花上更多時數（俞智敏等譯，2005）。對於客家家庭而言，女性承攬家務似乎是本分，屬於其工作範圍的一部分，相對而言，夫妻之間在家庭事務的處理並沒有經過溝通與協調，家事成為女人的「天職」，展現不必言說的默契，從孩子們對於家事的「幫忙」而非用「付出」或「負責」，可窺知家事裡的責任隸屬於女性工作的範圍，就算妻子有工作，丈夫也顯然沒有與妻子分擔家事的表現，更明顯的說，他們不必為家事負責，展現性別之間權力關係的落差。

訪談者：那像家裡面的工作，比如說家事啊、家務類的，是誰在做比較多？

受訪者：都是女生在做啦！男生眞的比較少做家事啦，都是女生在做啦！

訪談者：那有人分配誰要去做什麼之類的嗎？

受訪者：沒有，就是都是母親在做，然後偶爾也會叫小孩子幫忙這樣子。男生眞的很少在做家事。（任先生 23 歲，970221）

訪談者：……你看到父母他們的……就是家庭裡面的那個……家務事啊，大概都是誰負責的啊？

受訪者：通常……洗衣服，煮菜都是媽媽做的比較多，爸爸幾乎不做。

訪談者：就是也沒有分配，就是家務事幾乎都是媽媽在做。

受訪者：但是我們就……就小孩就……會幫忙。（常先生 34 歲，970308）

訪談者：那奶奶嫁過來後，家務事都是她負責的嘛？

受訪者：那個時候多少都會分擔，忙的時候女人也要下田！男人就比較懶一點，家裡的事都不太會做……

訪談者：所以女生不只要忙家務事，還要下田工作囉？

受訪者：嘿呀！都要都要！（秋菊奶奶 98 歲，970312）

但現今女人也不該只被看成是照料家務的人，各年齡層受訪者對家務分工也著不同的見解。從年輕階層、中年階層受訪者分析，現代客家男性已具備家務分工的概念，一起工作也一起承擔家務，客家男性形象在世代間明顯改變。

訪談者：你以後組成家庭後，有想過如何經營或是分配家務工作嗎？

受訪者：我會分工合作啊！現在都是男女平等的，有什麼工作就大家一起做阿！不要說家事都是女生在做，小孩都是女生在照顧！（任先生 23 歲，970221）

訪談者：你如果是你的話，……就是你會希望妻子就是比如說處理家務就好了？你自己出去上班？或是你希望他（指丈夫）如何扮演好他（指丈夫）的角色？

受訪者：一起在分擔的，而不是只有老婆自己在做，工作還是一樣啊，老婆也是可以去工作啊！為甚麼一定要在家裏？家事也是要一起做的啊！（常先生 34 歲，970308）

從上一輩男性對家務勞動的漠視，在家庭中占優勢地位，也造成客家女性勞動生產力的「雙重剝削」。而今世代交替下，家務勞動的分工已有所改變。從上述已婚客家婦女說明丈夫在家中參與家務勞動的事宜及例子，說明隨著時代的演進，客家男性的形象已大大改變。受從訪談資料得知：客家男性知曉太太的付出與勞苦，故在家務事上他們也會「幫忙」，但對於外界誤解客家男人都只讓女性在田裡忙農事，提出澄清與解釋。在客家族群觀念裡，農耕與家務都是一起分擔，一般而言，認為「輕鬆」的工作交給太太做、「費力」的工作再交由男人負責，但家務的分配並沒有準則與標準，單就生理差異而分類並不恰當，「參與度」才是重要的關鍵。從世代間對家務分工的見解與分析而言，傳統社會中性別的權力關係發展已漸式微，其間落差逐漸縮小，客家族群間性別的符號關係（例如：客家男性大男人與客家女性傳統堅韌美德形象）也隨著時代的演變漸消弱，這與客家族群性別間的生產關係改變有密切的關連性。

2. 家庭決策者

陳靜慧（2005）認為：家庭決策為家庭中的討論、問題解決、衝突化解、危機管理期間的互動是誰最後的決定以及誰最終掌有控制權，越多成員願意經常遵循某一家庭成員的請求，後者擁有越多的控制和權力。家庭事務的處理應與家事一樣，是家庭中成員共同分擔與決策商計，而在客家傳統社會裡，關於家庭中重大的事件決策通常是以男性的意見為主：

訪談者：你在家中，父母親間的相處，關於一些重要的決定誰做決策比較多呢？

受訪者：我覺得是父親那邊……就是……男生比較那個……男生的權力比較大啦，女生很少主控……

訪談者：那爸爸做決定會跟媽媽商量嗎？

受訪者：商量唷……通常就是女生會直接同意，很少商量啦，男生可以自己做決定，通常不需要跟女生商量。（任先生23歲，970221）

訪談者：您跟先生相處二十多年來，您們婚姻裡相處的情形是怎樣？

受訪者：我們家是大事他決定，小事我決定！其實我們家的事都是他決定啦，他比較大男人，他有一個觀念就是他的事業啊，他的金錢啊，他不會給老婆主張。

訪談者：所以他都把自己管理得很好？

受訪者：怎麼講，出紕漏了，還是我們在擦屁股啊！（秀蘭阿姨60歲，970409）

父權體制社會下，傳統觀念裡乃以男性為尊、丈夫為天，女性成為無聲勞動者的角色，從上述各年齡層受訪者的資料可知，客家社會傳統觀念裡，男性為家中掌權者，家庭事務由其一手決定與規劃，女性為默默付出的執行者，甚至不會參與商議。且受訪者多表示傳統客家男性會有「大男人」的表現，認為家庭事務與決策是身為「大家長」的責任，甚至無須與相扶持的另一半商量，從客家文學作品中，我們也能窺之一二。[3] 關於家庭決策者權力的賦予，除了父系體制影響及性別角色期待外，另一方面，也與女性經濟能力有關。客家女性在傳統農耕時代於經濟上依賴丈夫生產的經濟來源，迫使她們必須「依附」丈夫而逐漸失去自主權。張典婉（2004：130）認為：現身在時代經濟衝擊中，目睹上一代客家女性面對家族社會制約的悲情，也面對在 50、60 年代，客家社群兩性觀逐漸崩解的過程，從時代生產結構影響農村社群的家庭行為模式，目睹工業社會對傳統客家價值的改變，尤其在兩性、婚姻、女性自身認知與對既有價值觀的挑戰最為劇烈。因此，說明工業化社會及教育普及後，挑戰了客家族群對於家庭決策的想法。

訪談者：那如果說像您以後結婚，你有想過想營造什麼樣的一個家庭嗎？

受訪者：我是覺得互相尊重，因爲每個人都不是十全十美，有事情就大家一起討論商量，不要跟我爸一樣，自己想做什麼就做什麼。

3 李喬所寫的《寒夜》一書中，彭家決定到番仔林開山安家，阿強伯打定主意後，就去勸老伴：「……老伴蘭妹是典型的客家婦人，性格堅毅，吃苦耐勞，打斷牙齒和血吞！丈夫敢作能做的，她沒有不敢不能。」短短一句道出傳統客家婦女的堅韌精神，也表露出對於家庭重大決策都聽取丈夫的意見與接受其帶領，毫無怨言！

訪談者：互相尊重喔！

受訪者：對，萬一對方有犯錯的話，我們就是換個角度去爲對方想，不要太執著自己。（竹欣姐 28 歲，970424）

訪談者：好，那如果你以後的就是組成的……組織家庭的話，以你現在的狀況你會想要用怎麼樣的模式跟你的太太相處？

受訪者：兩者溝通，以老婆爲主。

訪談者：那您覺得像父母這樣的相處，以你現在而言的看法，你覺得是好還是壞，你的想法如何？

受訪者：有待改進，就是不一定父親所有都是對的。（常先生 34 歲，970308）

年輕族群及中年階層對於家庭決策的觀念已不似傳統社會將男性尊為「天」，而是更注重夫妻間的相處與溝通，對於上一代「大男人」的作為覺得不妥並有待改進，說明這兩個年齡層對於未來家庭相處模式想以「尊重」取代上一輩「大男人」的現象。顯示隨著時代的演變，對於傳統客家社會裡男性家長掌握大權皆認為不妥甚至有些反感，重視家庭中夫妻相扶持的態度，積極表現出尊重另一半的想法。綜而言之，家庭決策權在中年年齡層觀念已有轉變，除去上一代男性掌握權威的現象，趨向於平等、溝通、齊心經營家庭的觀念。

四、結論

研究者經由訪談資料及分析的結果，發現性別無所不在，甚至形成了族群間性別制度規範，卻因習以為常而忽略其存在之意義與價值，隨著時代的演變，客家族群間的性別制度也產生變化。綜合研究結果，提出以下之研究結論。

（一）繼承制度

1. 客家族群財產繼承權以男性為主

客家男性擁有分配財產的權力，財產繼承權泰半也在男性手中。經由訪談資料發現：縱然《民法》規定男性、女性都擁有財產的繼承權，但女性大多選擇拋棄繼承，認為從女兒身分總會轉變為人媳，已與原生家庭做了切割，不應太過問娘家事務是其主因，權力關係劃分明顯，害怕引起家族爭端。另外，家中長子會多繼承一些財產，作為日後供養父母所需的費用。

2. 竹田聚落特有的長孫田制流傳面臨變革

竹田村仍保有長孫田制，係因農業社會裡，長輩分家析產後，會留一部分財產給長孫，作為之後供養長輩所需的費用，但因財產易分配不均而造成家族糾紛。年輕階層及中年階層受訪者都表示引以為鑑，皆認為長孫田制不合時宜，且家族間的情感有可能因此而破裂，故無繼續傳承此繼承制度的意願。

（二）婚姻制度

1.「同姓不婚」、「世仇不婚」等姓氏禁忌漸破除

「同姓不婚」的禁忌仍在客家族群流傳，老年階層的受訪者對此仍有忌諱，但對於年輕階層及中年階層的受訪者而言，只要不是血緣太過相近，或是屬同宗族，否則並不會特別避諱或遵守此性別制度，顯示時代變遷下，世代間對於「同姓不婚」的觀念已漸揚棄。

2. 客家女性「傳統美德」的精神續傳承，形式不若以往嚴謹

傳統客家女性從小被教導須具備良善的美德，在性別角色期望下，女性必須為家庭無私的奉獻，才能稱得上是一名「好輔娘」，較少擁有自主權甚至成為無聲的奉獻者。但隨教育的普及，客家女性自主性提高，雖仍會被賦予其兼具傳統美德的觀念，但標準已不若傳統客家女性般嚴格，不過從年輕階層及中年階層受訪者中仍可見客家女性傳統美德的精神存在，例如有些美德是良善

的，有其傳承的價值，如：勤儉、樸實等特質，故不能忽略家庭教育對女性的影響。此屬權力關係、情感關係與符號關係三面向。

3. 婚姻仍以嫁娶婚為主，變例婚已罕見

嫁娶婚為客家族群主要的婚姻形式，也是一般所謂的明媒正娶的婚姻關係，變例婚（童養媳、入贅婚、交換婚等）實因經濟貧困下所衍生出婚姻形式的變通方案，在經濟發達的現今，幾乎沒有這類婚姻形式的發生，甚至對年輕階層的受訪者而言，只是一個陌生的名詞，知其大概卻不解其內涵，顯示竹田聚落的變例婚為經濟不佳的農業社會裡，一種變通的婚姻方式；另一方面與姓氏可繼承母姓有關，如此便不須入贅婚，故其變例婚形式幾乎絕跡。

（三）性別分工

1. 客家族群家務分工不均，女性攬全責居多

從各年齡層的受訪資料顯示：「男主外、女主內」的傳統觀念根深蒂固，男性在家庭中幾乎不做家事，家務事都落在妻子身上，偶爾小孩子會「幫忙」，但男性卻很少分擔家務事，未曾將家庭事務當成「責任」看待，習以為常認為是女性的工作，家務分工不均。唯少部分客家男性會主動「幫忙」家務，女性仍是家庭事務主要的負責人，此具權力關係、生產關係，故客家族群之家務責任分工應建立。

2. 家庭決策者以男性為主

家庭重要的決策者是家中地位高人一等的象徵，傳統客家社會裡，「家」是一家之主——男人——的責任，男性必須負起家庭之興衰或是帶領家庭成員未來的方向，雖歷經時代變遷，客家族群中家庭決策的角色仍是以男性為主。但年輕階層的客家女性已漸重視自己發聲的權力。

參考文獻

余亭巧，2004，《客家女性的族群認同經驗：五位女性客家文化工作者的生命歷程》。國立花蓮師範學院多元教育研究所碩士論文。

李　竹，2002，《客家農村女性的勞動經驗與美德》。國立花蓮師範學院多元教育研究所碩士論文。

李松根譯，Elias.N. 著，1991，《社會學在搞什麼名堂？》。花蓮：中華民國社會發展學會。

李　喬，1997，《寒夜三部曲：寒夜》。臺北：遠景出版社。

杜芳琴，1998，〈華夏族性別制度的形成及其特點〉。《當代史學》1（1）。2007 年 9 月 22 日取自：http://rapecrisiscentre.org.hk/ced/gk/material5_2_2.doc

林偉莉，2006，〈追隨傳統客家婦女：堅毅簡樸的大地之母〉。《客家文化季刊》，夏季刊。

邱彥貴、吳中杰，2001，《臺灣客家地圖》。臺北：貓頭鷹出版社。

雨　青，1985，《客家人尋根》。臺北：武陵出版社。

俞智敏、陳光達、陳素梅、張君玫譯，Pamela Abbott and Claire Wallace 著。《女性主義觀點的社會學》。臺北：巨流出版社。

張典婉，2002，《臺灣文學中客家女性角色與社會發展》。世新大學社會發展研究所碩士論文。

______，2004，《臺灣的客家女性》。臺北：玉山社。

張晉芬、林芳玫，2003，〈性別社會學〉，載於瞿海源、王振寰主編，《社會學與臺灣社會》。臺北：巨流出版社。

畢恆達，1996，《找尋空間的女人》。臺北：張老師文化。

郭玲惠，1995，〈婦女婚姻暨家庭權益相關政策〉。《婦女政策白皮書》。臺北：中國國民黨中央婦女工作會。

陳明惠，2005，《美濃客家女性的性別角色與社會關係》。國立臺灣師範大學社會教育學系碩士班論文。

陳枝烈、王儷靜、達努巴克，2006，《原住民族性別教育規劃案成果報告書》。行政院原住民委員會委託專案研究計畫案。屏東：國立屏東教育大學教育系。

陳芬苓，2005，〈跨越父權／母權之分：原住民族群兩性關係之初探〉。《女學雜誌：婦女與性別研究》20：177-221。

陳瑛珣，2004，〈忍苦為家：清代臺灣客家招婚書中的女性地位〉。《第三屆客家學術研討會論文集》。屏東內埔：美和技術學院通識教育中心。

陳靜慧，2005，〈蹺蹺板的兩端：家庭中的權力與決策〉。《網路社會通訊期刊》48。

喻維欣，2003，〈家庭〉。載於王振寰、瞿海源主編，《社會學與臺灣社會》。高雄：麗文出版社。

曾純純，2007，〈從「孺人」到「女子入譜」：客家女性在族譜中角色的歷史變遷〉。2007 年 11 月 16 日引自：http://www.csu.edu.tw/csitshow/Hmanager/95data/431.doc

______，2007，〈從族譜文獻探討六堆客家移民與開發〉。《六堆歷史文化與前瞻學術研討會論文集》。屏東：屏東科技大學。

曾喜城，2004，《臺灣客家文化研究》。屏東：美和新故鄉出版部。

游美惠，2002，〈父權體制〉。《兩性平等教育季刊》17：111-113。

游鑑明，1988，〈日據時期臺灣的女子教育〉。《國立臺灣師範大學歷史研究專刊》20：95。

劉佐泉，1991，《[客家歷史] 與傳統文化》。河南：河南大學出版社。

劉泗翰譯，2004，Connel R. W. 著，《性／別：多元時代的性別角力》。臺北：書林出版社。

劉梅君，1997，〈性別與勞動〉。載於王雅各編，《性屬關係：性別與社會、建構》。臺北：心理出版社。

劉還月，2000，《臺灣的客家人》。臺北：常民出版社。

蕭新煌、黃世明，2000，〈臺灣地方社會與客家政治力：客家族群派系的類型、發表及限制〉。載於徐正光編，《歷史與經濟社會：第四屆國際客家學研討會論文集》，143-177。臺北：中央研究院民族學研究所。

鍾永豐，1994，〈淺談傳統客家女性的身分與地位〉。載於美濃愛鄉協進會編，《重返美濃》。高雄：晨星出版社。

鍾秀梅，1994，〈談客家女性〉。載於美濃愛鄉協進會編，《重返美濃》。高雄：晨星出版社。

Connell, R. W., 2002, "Studying men and masculinity." *Resources for feminist research, 29*(1/2), 43-56.

Sheff, E. A., 2005, *Gender, family, and sexuality: Exploring polyamorous community*. University of Colorado at Bould

性別化敘事裡的祖先與家族：以北臺灣兩個客家菁英家族為例 *

簡美玲

一、前言

客家族群性及其認同構成，長期以來攸關文字、話語，及非話語的身體、歷史、政治、文化、日常等諸多經驗間的論述。性別與親屬的材料本身，不僅是建構客家知識體系裡的檔案，同時也具反思性。本文以民族誌的口述訪談，來討論性別化敘事裡所再現的客家家族的內涵、意象與歷史，並進而對於客家知識體系的建構，進行對話。傳統史學通常反映社會上層以年長男性為主的史觀，而口述歷史則企圖廣納社會中下階層與非年長男性的多元敘事。在以家族作為一個可記憶之想像共同體為基底的理論觀點裡，本文以性別、口說與日常三條軸線，嘗試由此對以男性為主所可能形成的客家社會與文化的論述或知識體系，進行反省與對話。本文主要針對北臺灣昔稱竹塹地區的頭份陳家與新埔陳家，年紀在 60、70 歲以上的年長女性，進行口述史研究。但因為是在客庄家屋空間內進行的田野訪談，過程中即使有男性的現身，也隨其自然發生。有的是陪伴妻子的丈夫，有的則是陪伴年邁母親的兒子。在訪談內容的設計上，

---

* 本文原刊登於《全球客家研究》，2015，4 期，頁 63-112。因收錄於本專書，略做增刪，謹此說明。作者簡美玲現任國立交通大學客家文化學院人文社會學系教授。

本文由女性在不同生活階段所進行的日常生活著手，尤其關注日常經驗與女性對於家族事務、祖先想像之間的關聯。日常生活所具有之日復一日與無從察覺的特質，正是其最為特殊之處。探討日常生活此一特殊性的過程，將可逐步揭露身處於其中的主體性，如何在無意識的日常行動中展現。而這樣的實踐又如何反身地形成對話的動能，重組或再生產出新的文化意義。根據此一觀點，本文針對兩個陳家家族年長女性的訪談，以與其身體、情感經驗最為貼近的提問切入，試圖聆聽女性在不同生命階段裡，日復一日、無從察覺的日常生活行進中的主體性與某種自成體系的實踐邏輯與文化。

（一）記憶、想像與家族

雖然本文將盡量呈現女性聲音所再現的客家社會（家族），但書寫的底層，仍建立在記憶與家族作為一個想像共同體的理論基礎。因為性別之文化與意義的描述與書寫，仍攸關社會整體理想與屬性的書寫與理解。而且此點在客家與性別的研究，尤其可能需要更為謹慎地處理。Maurice Halbwachs（2002）在《論集體記憶》中指出：記憶是一種社會建構的概念，個人的記憶是建立在群體基礎與參與，因此不同群體即產生了不同的記憶。Halbwachs 以家庭、宗教群體與社會階級等，來闡述不同群體記憶背後的社會框架。他指出個人會用自己的方式來回憶家庭，但家庭或家族也相對提供了一個群體的框架。

> 家庭記憶就好像植根於許多不同的土壤一樣，是在家庭群體各個成員的意識中生發出來的。即使是當家庭成員都彼此生活在一起的時候，每個人也都是以他自己的方式來回憶家庭共同的過去，而當生活使他們相互遠離的時候，則更是如此。（Halbwachs 2002：95）

換言之，透過個人的記憶與想像，將可能連結家庭或家族等個人所歸屬之群體。這個記憶與想像的過程，是一個歷史的經驗與歷程。這有如 Benedict Anderson 在《想像的共同體：民族主義的起源與散布》一書所說的，民族是一種「想像的政治共同體」（1999：9-11）。若要區分不同共同體，就要從各自漫長歷史變遷中，找出他們「被想像的方式」。本文延續此理論關懷，以北臺灣客家家族的材料來討論家族如何成為一種共同體。除了透過親屬和婚姻，家族在逐漸開枝散葉後，通過不同支系族人的想像與實踐，如何成為一個可想像的共同體。

（二）口述歷史、日常生活與性別化的敘事

在以家族作為一個可記憶之想像共同體為基底的理論觀點裡，本文由家族內的女人和男人、[1] 口說與日常三條軸線串成，並進而由此對於前者所形成的論述或知識體系進行反省與對話。口述歷史逐漸受到正統史學的重視。它用來記錄當代重要人物的回憶，作為當時代與事件的證據。傳統史學通常反映的是社會上層以年長男性為主的歷史觀點，而口述歷史則廣納社會中下階層與非年長男性的多元敘事（王明珂 1996：153）。[2]

1 本文主要探討在宗族／家族與家庭體系內的女人及男人。連瑞枝與王崇名提醒，沒有宗族的女人與沒有宗族的人，與本文討論的關係為何？關於家族體系外的女人，如出家的，被出養的女人，她們的生命史經驗，是否展現有別與前者對於家族與祖先的敘述與想像。這是一個在亞洲南方，家族、親屬與性別研究裡值得深入探討的議題。本文的部分材料已有面對如養子的身分及其後代子嗣對於家族之認同所展現的相對邊緣性。有關家族體系外的女人與家族祖先的關聯，本文雖未涉及此，但片山剛（2002）探討廣東順德等地區對未出嫁女人身後的處理，或如李玉珍（2002）對於臺灣地區出家的比丘尼之母女關係與情感的探討，都涉及女性在宗族之外的文化集體性與個人的討論。這個現象既有的討論，指出亞洲南方父系文化的特性，及其區域性。並也面對女人結群與性別化社群與家族宗族之對話與協商。

2 然而不可否認的是，在進行口述歷史研究時，如何界定所謂的「當代重要人物」，如何定義該人物的「何種回憶」具有採訪、紀錄和研究的價值，仍常受限於研究機構挹注研究經費的方向，受訪者的自我認知、敘事意願、口述技巧，以及受訪者與採訪者之間的互動等因素所影響（王明珂 1996：156）。

再者以「日常生活」為焦點的研究取徑，也已受到許多民族誌研究者、文化研究者與歷史學家的重視。Michel de Certeau 在《日常生活的實踐》（*The Practice of Everyday Life*）——這本他為日常生活研究進行理論建構與方法界定的奠基之作裡，試圖將日常生活視為一種美學領域與文化理論，認為日常生活所具有之日復一日與無從察覺的特質，正是它最為特殊之處。De Certeau 認為探討日常生活此一特殊性的過程，將可逐步揭露身處於其中的主體，如何在無意識的日常行動中，展現某種自成系統的實踐邏輯與文化。而這樣的實踐又如何反身地形成反抗動能，重組或再生產出新的文化意義（1984：xi - xxiv）。

延續此一理論觀點，除了男性長者對家族及祖先的敘事，本文針對兩個陳家家族年長女性的訪談，便以與其身體、情感經驗最為貼近的提問切入，試圖聆聽女性在不同生命階段裡，那種日復一日、無從察覺的日常生活行進中，所展現的主體性與某種自成體系的實踐邏輯與文化。而在確立透過日常生活經驗的耙梳與探討，可以揭露女性的主體性與文化邏輯的理論觀點後，我們必須進一步追問，女性的敘事究竟展現何種有別於男性的特色？我們該如何針對女性敘事的特色進行歸納與分析？女性的敘事特色又可能揭示何種主體性與文化邏輯？首先，我們必須先釐清敘事與日常生活之間的關係。再來，我們必須探討「故事」（"story"）[3]——這種在女性口述資料中最為常見的敘事形式之特性，以及該特性所反映的主體性、集體性與歷史意識。最後，我們還必須探討敘事、故事、回憶等社會本質，以及該社會本質可否在一定程度上呈現該群體文化的特殊性。

---

3 故事，是一個指稱對於一系列事件進行重述的普通名詞，或是一個關於附著於某一正受到討論之情況的問題所進行的陳述。 故事可以作為敘事（narrative）的同義詞，但也可以單純指涉在敘事中所敘述的事件序列（Wikipedia 2011a、2011b）。

首先，在敘事與日常生活之間的關係此一主題上，Arthur Asa Berger 認為，日常生活那種每天重複一定要做的事情的規律性——有些是每日的重複，有些是週期性的重複，無論是何種重複，皆是一種重演。而此一重演便是文本，便是一種敘事。日常生活的敘事文本，實亦涉及到生活主體所重複投入的情感。日常生活的重複性，協助建立了我們心靈上的安全感和穩定感。此外我們的重演，會隨著年紀增長而有所不同，扮演的角色差異，也會影響每天該做的事情（Berger 2000：189- 190）。Berger 基本上認為日常生活本身即為一種文本、一種敘事形式。而在日常生活中仍充滿各種不同的敘事形式。

Berger 進一步指出，人的一生都被敘事包圍，從生到死都被記錄在敘事之中。只要具有創造性，連續性發展的故事，在他看來都是「敘事」。Berger 認為解說的人也就是講故事的人。當故事被講述時，講的人是主體，被講的故事成為客體。當然也並非故事都是由解說者所傳遞的，有些故事是透過人物表演出來的，或是透過對話而構成的，但都能看出事情發生的先後順序。在故事裡的每件事情都有意義，每一樣事物都有其作用，都與故事有關（Berger：1-10）。

當我們邀請受訪女性回憶其過往的日常生活經驗時，其講述本身便是一種主體性的展現，而其所解說的故事，不論是大是小，都是具有意義的敘事。而隨著不同生命階段的行進，女性生活角色的轉換也使其講述內容跟著變化。而誠如 Arthur Asa Berger 指出，敘事的創造具有多元形式。我們在面對女性口述資料時，敘事內容本身並非我們的唯一關注，其他如整體訪談的情境，像是訪談時是否有他人在場、他人代答，以及受訪者與訪談者之間所形成的「對話」，或是受訪者敘述時所進行的「表演」，包括口氣、用字遣詞等，都是我們關注與分析的範疇。

再來有關故事的敘事特性，以及其所可能反映的主體性、集體性與歷史意識。Allen 在〈口述歷史中的故事：關於歷史意識的線索〉（“Story in Oral

History: Clues to Historical Consciousness"）一文中清楚地指出，口述歷史不只有故事內容對於歷史學者有意義，其所被述說的形式同樣具有重要性（1992: 606-611）。創造有關生活經驗的故事是我們極為熟悉的活動。每天我們透過與家人朋友的互動交談持續進行這個活動。這些故事並不只是個人經驗的重建，它們在本質上是集體的。無論是在交談中或訪談中所講述的故事，講述者並不只有述說經驗本身，同時也重構了該經驗所展現的共享歷史意識（同上：606）。同樣地，在探討口述歷史資料的社會本質時，口述歷史中的故事是一個訪問者與受訪者、過去與現在、個人與社會的互動結果。受訪者多能理解自身在社會中的角色，也會揣測訪問者的心態和需求。「影響這些對『過去』的選擇與重建的，是訪問者與受訪者各自在過去記憶與經驗中的『心理構圖』（schemata），以及現實社會中個人與群體的利益抉擇」（王明珂 1996：155）。

〈二〇〇一，九月十一日，口述歷史敘事與記憶計畫：第一份報告〉（"The September 11, 2001, Oral History Narrative and Memory Project: A First Report"）的作者 Mary Marshall Clark（2002: 569-579）點出，在一個歷史事件已形成公眾輿論意見之後，很難判斷究竟是記憶，還是歷史主導人們重構他們的過去。針對受到「九一一事件」直接與間接影響的受訪者與受訪社群進行口述歷史的採集後，所得到的分析結果之一是，許多受訪者對於該事件的感受與反應，與主流意見相互違背。主流意見認為九一一事件的發生與後續，應以「復仇」為基調，但許多受訪者卻反對「復仇」，並深恐生化戰爭會波及雙方無辜的百姓。這份報告成功指出，口述歷史方法可以有效呈現不同個體面對社會集體意識與特定歷史事件時，所具有的多元理解、意見與感受。因此口述歷史中的故事，在內容與形式上，不但呈現經驗本身、經驗所根據的共享歷史意識，同時也是對於此一歷史意識的反省。

最後，有關何為敘事、故事、回憶等的社會本質，以及該社會本質可否在一定程度上呈現該群體文化的特殊性。根據臺灣在 1945 至 1994 年之間出版的自傳、口述歷史與人物傳記所作的歸納與分析，在同一個社會中，並非所有人都擁有「共同的社會記憶」。「所謂『共同社會記憶』是在各種社會利益團體的對立與競爭中，強化自身或本群體的記憶，或扭曲、抹煞敵對利益群體的記憶，如此在爭辯、妥協之中產生出反映社會現實的『記憶』」。自傳、人物傳記與口述歷史各代表著不同類型的社會記憶、不同的主觀意識，其中的「動機」差距需要深入地分析文本中的內涵及所傳達的社會記憶本質。因此，不論是自傳、人物傳記還是口述歷史，其所反映與傳達的不同社會記憶本質，不但呈顯了一個異質的社會內涵，也突出了多元的個體性格（王明珂 1996：166）。異質的社會、群體內涵以及多元的個體性格，可以透過口述故事中不斷重複出現、反覆受到強調的主題和面相來表現。如同 Babara Allen（1992：607）所說，故事濃縮並突出了重要且蘊含強大情緒的經驗。在一系列口述歷史中反覆出現的敘事與敘事主題則指出，個體或集體之講述者在面對歷史經驗時，其所認為的關鍵面相（key aspects）。這樣的關鍵面相同時具有個體性、集體性與歷史性。簡言之，敘事、故事、回憶在社會本質上有其共享的特性，如某段歷史時期、某一世代的共同經歷與價值，但在個體或集體講述者對於關鍵面相的的反思與回饋上，則會展現論述觀點的差異。

二、研究方法與兩個陳家的訪談對象

本文以比較研究的視域，結合文獻（史料及文字資料）、物（如家族的收藏物或家族照片），與民族誌口述訪談（生命史與家族史）三個面向，進行材料的蒐集與研究。並在之前對新埔陳朝綱、頭份陳春龍家族的研究基礎下，針對兩個陳家家族的年長女性進行口述歷史研究。本文在問題的擬定上，主要針對家族中女性所扮演的角色。第一個提問是媳婦如何進入家族的場域？也就是媳婦如何以一個外來的女性身分，進入家族的內裡，甚至拉扯家族想像的方式。而我們探討這個問題的具體場域為家戶內的教育。第二個提問是女兒在家族是什麼位置？在傳統父系為主的漢人家族結構中，嫁出去的女兒被視為非家族的人，但是這並不能代表女兒的角色就這樣被排除，因此我們好奇女兒和家族的關係。這部分的探討處以族譜的具體實踐，作為訪談的重點。從上述兩個核心問題作為出發的原點，我們以參加家族活動如祭祖、掃墓、閱讀祖譜的經驗等問題來作為訪談北臺灣兩個客家家族女性的重點。

以訪談人物的關係與性別來說，本文就頭份陳春龍家族訪談對象共 9 位。這一系列受訪者不同於之前以「陳鳳逑——陳雲生——陳春龍——陳展鴻——陳德秀／陳德垣」為主，本文的受訪者來自兩支家系（請見圖 1，橢圓實線部分表男性受訪者、橢圓虛線部分表夫妻皆為受訪者），陳春龍堂兄弟陳春杞家族的成員，包括陳政雄夫婦、陳玉琳夫婦與陳運昌先生，他們彼此為堂兄弟與叔姪關係。另外，在陳春龍支脈的部分，受訪者包括陳德垣的兒子陳渭琳與妻子何桂英（匿名）女士、陳渭琳妹妹陳素英（匿名）女士、陳渭琳弟弟陳寬琳，及屬於陳德秀派下的陳運棟妻子黃梅芳（匿名）女士。[4] 本文的訪談問題如前述，主要探討陳家女性在家戶內與家戶外場域中的日常生活實踐。

相對於我們在頭份陳家先是對同一支脈的人進行訪談，再擴展到另一家系，對新埔陳家所進行的訪談，其對象則屬於多支脈——主要以陳朝綱及其哥哥陳昌興家系下的多支脈為主。本文的訪談對象共有 13 位（請見圖 2，橢圓實線部分表男性受訪者、橢圓虛線部分表夫妻皆為受訪者、長方虛線部分表其妻子為受訪者），包含陳朝綱長子陳慶雲派下陳定國的妻子呂娟英（匿名）及

4 本文所有女性受訪者名字均匿名。男性的名字因為已出現在印製流通的家譜，故未予以匿名。

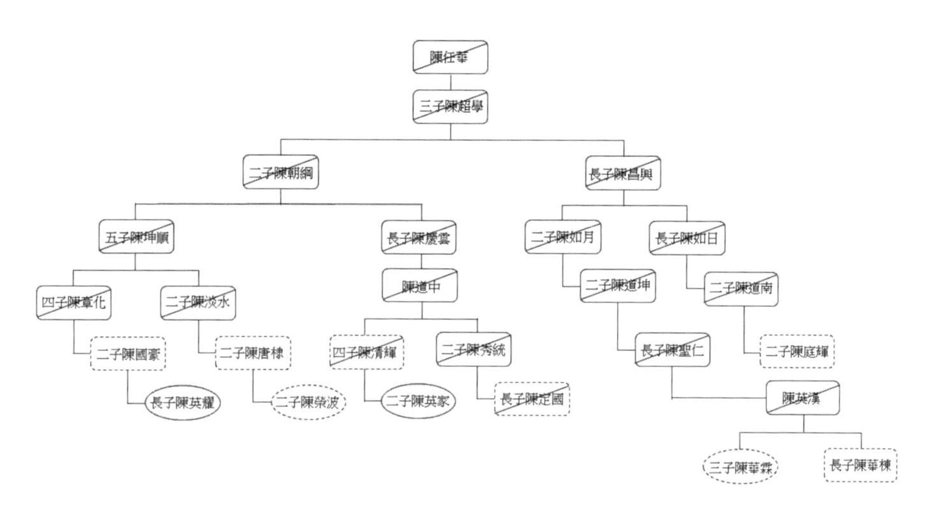

圖 1：頭份陳家受訪者系譜關係

其女兒陳婉珍（匿名），以及陳清輝的妻子范錦妹（匿名）及其兒子陳英家。陳朝綱五子陳坤順派下陳唐棣的妻子鄭秀娥（匿名），及其兒子陳榮波夫婦，以及陳國豪的妻子余采妹（匿名）及其兒子陳英耀。另外還有陳昌興長子陳如日派下陳庭輝的妻子詹碧珠（匿名）、二子陳如月派下陳華棟的妻子劉凰英（匿名）與陳華霖夫婦。

對於新埔陳家女性訪談的田野主要以仍居住在新埔的「家戶」為主。透過這種特定地方之家族內部的人際網絡展開，一方面讓我們能觀察到家族內人際關係的聯結方式，另一方面則彌補了之前所訪談新埔陳家的對象，主要是已經搬離新埔的族人。此外在新埔田野訪談的過程裡，對於我們的問題意識與研究都引起挑戰的是，雖然我們所希望訪問的對象是以客家家族的女性為主，但在實際進行客家街庄的訪談，中年後至老年的婦女在受訪時，大部分都是由男性角色陪同，如丈夫、兒子等等，並且男性仍是主要的言說者，尤其是談論到關於家族、家族活動等，男性為主的言說仍然較為活躍。

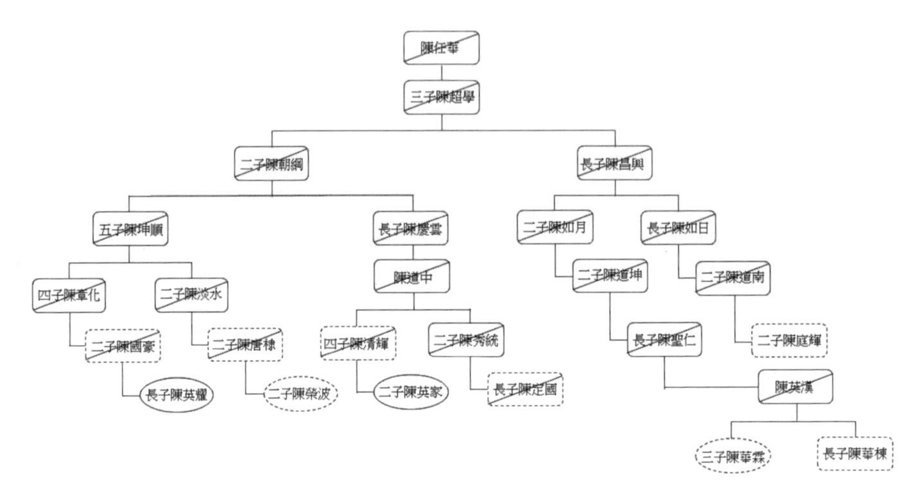

圖 2：新埔陳家受訪者系譜關係

透過兩個客家家族個人的生命史訪談資料，我們將用來探索她們對家族的述說、記憶與詮釋，並以此來理解這兩個家族教育觀點下的「人觀」，以及口語與文字如何承載家族的繫連價值與意念體系。最後本文以家族史的探索而涉及的客語社群年長男女兩性的生命史敘事材料，也將有可能探討兩性在家族史記憶與敘述，及其在公私領域裡的發聲及表述，是否有其不同的內涵與風格。

三、敘事裡的祖先與家族

民族誌口述訪談資料是本文進行客家家族史研究的重點材料。在面對充滿變動性的口述過程，我們在意的是：後代如何說自己家族的「故事」。這個「故事」可能交錯受訪者的親身經驗，與不同時期聽來的「史實」。從之前以客家家族年長男性為主的訪問，到本文偏重年長女性的訪談，這過程並不是想驗證受訪者說的事情是不是百分之百正確，而是理解他們為什麼選擇說這些，以及如何述說的過程。前述所關注的，固然跟訪談時的問題導引，與現場狀況有密切關係，但我們認為：問題的回答背後，蘊藏的是受訪者自身對問題的「想像」，而這個「想像」的歷程與結果，就是「故事」的本身。如 Halbwachs（2002：71）說到：

> 個體通過把自己置於群體的位置來進行回憶，但也可以確信，群體的記憶是通過個體記憶來實現的，並且在個體記憶之中，體現自身。

從同一家族不同受訪者說出故事的對比中，可看出特定家族在發展過程中，突出的家族特色與各種傳承方式，也突顯受訪者個人與家族之間的關聯。以下我們將從訪談脈絡與內容，來探討兩個說客語的陳家家族後代敘事裡的祖先形象，與對家族的想像。

（一）祖先的形象

後代子孫對於祖先的形象描述是不是有一種標準的說法呢？「標準」說法的建構是否關係到述說者的身分與「想像」過程？因為「想像」不是一種憑空，而是交雜各種親身經驗、轉述、集體記憶、家族共同活動等不同程度的參與。「想像」的歷程與成果是複雜的。當受訪者在記憶與描述事件與人物的同時，往往不是集中在某一事物場景本身，而是吸納更多的現實性，在這些現實中可能還包含著對該事物的概括理解，甚至是展現了受訪者所屬之群體，在某個特定時期的整體生活印象（Halbwachs 1992：104-107）。回到我們研究的兩個家族，各自家族在不同世代都有代表性人物，但頭份家的陳春龍與新埔陳家的陳朝綱則是各自最重要鮮明的家族祖先，後代子孫又是如何想像與記憶他們的形象呢？

首先，我們從頭份陳家的陳運棟夫婦訪談內容開始，這個例子的特殊性在於陳運棟（1933-）本身身分的多樣性：地方文史研究者、頭份陳家族譜主要撰寫者、校長、國大代表等，也是過往研究者採訪頭份陳家歷史發展的最主要受訪者。當我們說明本研究以比較觀點來看兩個家族的發展時，陳運棟首先提及的，卻是另一個陳家的歷史：

> 所以我們知道他文章裡的東西，有一點點樟腦，他（指新埔的陳朝綱）的區域和新竹有點河界，就是南庄和新竹，和新竹的五峰，三義是山的過去就新竹縣，所以和……，因爲樟腦在南庄比較多，新竹比較少，所以他的事業，我們說他和苗栗黃南球他們是有關聯。當然因爲這個山地產業的開發，必然是跟官府有關係，跟國家力量有關係，一定啊，那我就不曉得他跟國家力量怎麼搭上線？……這恐怕是他們子孫還不明白的。（摘自 [頭份] 陳運棟訪談稿）

對頭份陳家的陳運棟而言，新埔陳朝綱家族是「武」的，而自身的家族則是「文」的。這種對比在於他認為新埔陳家的後代，只有陳定國（漫畫家）的事業發展是跟文化教育有關。姑且不論這個評斷是否正確，這段談話顯示出三個意義。首先，一個文史研究者回應我們的研究問題，也直覺地用研究與評論的口吻，說明他從文獻中閱讀到關於陳朝綱的部分歷史；再者，陳朝綱家族過往的發展，對外來研究者來說，最鮮明的形象可能是其與國家力量的關聯與發展；最後，這過程中許多複雜的歷史內容，可能是自己家族的子孫都不清楚的。而陳運棟作為一個陳春龍家族的後代，且是家族歷史的書寫者，他又陳述什麼樣的歷史內容？

書院裡頭初一、十五要拜孔子，客家人拜孔子，河洛人拜魁斗。很奇怪喔，客家人的書院通通拜孔子。那就初一、十五那個學生嘛，要擺糖果要拜，然後輪流，大概 3 個人輪流作。那這個糖果就沒有帶回去喔，就留給老師喔。所以我小的時候糖果吃不完。眞的，都有這個東西嘛，初一、十五就來嘛。最多時我們向陽書院兩百多個學生耶，那一些迷你小學都幾十個阿，一班也有 80、90 個，是這樣。那還有晚上來唸耶，晚上就是說那時候要上日本的公學校，日本的小學，他白天去，下課就來，傍晚就來唸幾個小時，那個班也有。所以這些制度，一般講這個書院制度，都是皮毛，那就是我們後來這個走上……這個一般人說：我們是文化家族嘛。

所謂文化家族就我曾祖父後開始就有教育事業就出來，所以後來我祖父結婚以後才唸小學，頭份國小第六屆畢業生。他 20 歲喔，26、27 歲才，他唸六年嘛，他結婚以後才這樣，他 26 歲結婚嘛。畢業以後他留在頭份國小，教 1 年，那我曾祖父不要他在外面教書，要他回來自己的向陽書院。他在日本的學校待過，一直到昭和年間才復學，當然這些現在都很少人討論到，因爲資料很少。

那這個所以我們家就是你要說他這個起源，資金的累積，當然也是暴發户，我們蔗糖、稻米、雜糧，靠這個累積資本來讓家族發展。那麼到國民政府時代，還有一個很大的轉變就是三七五減租，像我們以薪水爲主的，後來都走到教書阿，後來走到公務生活，我們沒有種田，所以我們分到的田都是人家種的。三七五減租的時候，就放給他嘛，尤其是聯名的，他兄弟聯名還有一個叔父，喔這個田分多少，兩三甲，我們這裡則沒有田。所以我們這幾房——原來我們這一房是比較好——但後來呢，其他種田的比較好，因爲無緣無故

> 得到了幾甲田嘛，現在都給你都市計畫，所以他們有錢嘛。所以這整個我們講家族的發展，跟整個社會經濟的脈動息息相關。所以沒想到，我們也沒有濫伐濫開，那日本時代沒有，誰曉得他會徵收。四大公司70%，10年的食物債券，那所以像我們上甲地，拿來我們吃飯的米都不夠，什麼食物債券阿。
>
> 所以這個就是我們講，這個變遷當然家族成員，但是整個大社會的變遷有變化。像我們家，如果不是太平天國之亂後，白米內銷，內又蕃薯價買都買不到，那我們有十甲的蕃薯他源源不斷，當然強調的是信用，這個是一個機會嘛。然後接著清末的臺灣三寶，茶、樟腦、糖，這三樣，茶沒有、樟腦沒有，糖發展起來，這當然就作這個地理師的行業。至於陳朝綱發展就我了解，據我了解，他不是務農出身。至於他怎麼出身，我完全不知道，但是我們知道陳朝綱是靠清末三寶，茶、樟腦、糖，這三樣他應該都有，那你看看……。（摘自 [頭份] 陳運棟訪談稿）

以上是我們問及「向陽書院」的發展時，他一口氣述說的內容。說明因為書院與教育事業如何使頭份陳家成為一個「文化家族」的緣由，也強調整個家族的發展其實跟整個社會的政經發展是密切相關的，最後並再次提到陳朝綱家族崛起的方式。從這些內容的細節中，有兩點值得我們注意：一個家族的形象對外人與子孫而言會不會是有差異的呢？如同他提到「一般人」認為他們是文化家族；另外，他用「有吃不完糖果」的親身經驗，來說明當時「向陽書院」學生人數的眾多。這種描述著實迥異於以文字記載家族事蹟的書寫風格。[5] 家

5「從此，他（陳展鴻）坐館向陽書院，一方面教育地方子弟，一方面兼習日課堪輿之

族歷史事實的記憶與傳承方式，除了影響後來接收者的解讀外，在這不斷「擷取」說明與傳播的過程中，說話者的身分與述說方式，可能也產生了不同的家族或祖先的形象。

下面我們再次摘錄一段訪談過程中的對話，來說明「正確」的歷史內容與發言權之間的辨證關係。以頭份陳家來說，陳運棟因為長期研究自身家族發展的緣故，形成家族歷史對外發言與表述的代言人，我們在訪問過程中最常遇到的是受訪者都會提到類似「家族的歷史要問陳運棟，他比較知道……」的回答，這個現象也可以從我們試圖想訪問陳運棟的妻子黃梅芳（1936-）[6] 與其原生家庭問題時的第一次回應看出。

> [我們主要是想看說兩個家族，這是陳家嘛，那另一個家族，兩個家族是怎麼認識的？那會不會把您原本，在娘家的一些教育，一些觀念帶入陳家裡面。]
>
> 黃梅芳：這樣啊！
>
> [如果妳覺得太隱私的部分，就不用講沒關係，我們主要是大致……。]
>
> 黃梅芳：你講你講。（對著夫婿陳運棟說）

學，為人擇日堪風水，年少於他的兄弟輩……；以及年紀較大的子侄輩……，都曾在向陽書院讀過書。這一私塾最多的時候，據說曾收容過 200 餘名學生」（陳運棟 2006：30）。

6 約 76 歲，苗栗頭份客家人，24 歲嫁入陳家，與陳運棟先生育有二男一女。為黃祥獅先生的養女，生父溫月星曾任竹南農田水利會會長。臺北商業學校畢業後即回到生父所開設之臺灣新興工業公司擔任會計將近 20 年，之後取得幼稚園教師資格後，擔任幼稚園老師與園長多年，退休後在家中協助陳運棟先生整理文獻。

陳運棟：人家是問妳。

黃梅芳：這個事情你也可以代答。

陳運棟：不、不、不，你跟她談，我不在場比較好。

[不會，不會，一起在比較好。]

黃梅芳：這才奇怪，不好、不好，你是男主人，你當然要在場。

陳運棟：我想無所謂，妳要怎麼講都可以。

黃梅芳：不是，是說你在比較好。那麼多的事情，對不對，不要脫離事實才是我們眞正的嘛、純眞的嘛，脫離事實有什麼用。我們可以捏造，也可以阿，幹嘛要捏造，沒有必要嘛。好啊，那個東西他也了解，當然我也了所解。(摘自 [頭份] 黃梅芳、陳運棟訪談稿)

從陳運棟夫婦的訪談中，可指出幾個值得觀察的現象，包含一個家族發展的歷史內容，誰說得才「正確」？或者不同世代、身分與性別的家族成員，都擁有某種特殊的「想像」？一套祖先形象的「標準」說法又是如何建構的呢？

以下將舉另一段新埔陳家余采妹（1930-）[7] 訪談內容，來進一步說明不同性別與世代的家族成員述說著不同層次的「故事」。這個訪談的情境脈絡本來是以余采妹一個人為主，但她的長子陳英耀（1952-）在訪談過程中，加入我們的談話。陳英耀原先並不知我們會來拜訪，但在我們簡單說明來意時，便開始連續地講述了一大段陳朝綱家族的故事：

7 約 82 歲，新竹關西客家人，20 歲嫁入陳家，當時先生陳國豪（1927-1977）在花蓮鐵路局上班，所以余采妹在花蓮住了 4 年，也因此學會講閩南語。之後搬回新埔時住在五分埔，當時陳家仍然共同居住在五分埔。秀妹有三姊妹，她為長女，以前要幫忙家裡採茶，有一個小妹 4 歲讓人家當童養媳，娘家中人口很少，不是一個大家族。

好，那現在陳家祠喔，我先跟你簡介一下。大致講一下。那個我們是從清朝時到臺灣，落腳地方最先是在桃園南崁。南崁在明清早期多是閩南人，所以說客人家和閩南人很難融合，所以才會搬到新埔來。當然陳朝綱他主要是清朝是買官，當官。然後做了桃園到林口那條鐵路，所以落居於南崁，等到鐵路做好以後，就搬到新埔來。就是說閩南人跟客家人會產生一個不融合的現象，所以就下來新埔的時候，剛好碰到林爽文的事件，他是一個，跟他就組織一個義軍啊，義軍就跟苗栗的啊，就去平……平這個……這個林爽文……之……之亂啊。

然後他到最後，清朝也是給他一個很大的權力啊。譬如說他那個時候有通商，撫番，那時候新埔很多，剛好是客家人跟平埔族。平埔族是一個，我們現在講的原住民。所以說平埔族一直趕到關西。所以說為什麼會有關西？關西，日本話講 Kan-Sai，就是鹹菜。就從這個地方把山地人一直趕到那邊去，他們就沒有出來了。所以就新埔這個鎮上，他等於就是可以當官，所有事情都要他來判。

那我這個老祖宗——陳朝綱，他也是很公正的，他不會偏袒任何一邊。假如說他要判事情的時候，你們兩照對簿公堂對不對，這個事情就把他處理掉。然後他撫番有功，這個清朝就發一張執照，就是說他可以在臺灣賣樟腦，賣茶葉，輸到東南亞去，或者輸到大陸去。從這邊直接從淡水出去。以前都是用挑夫嘛，沿著山上走，到大溪以後，大溪有船運，船運到淡水去，然後去出口，當然也是一直轉手。最後的話，他就變成，他對鄉鎮有功，所以說你在新竹縣的縣史上可以看到他的名字。包括那個文化局啦，新埔鎮公所。

> 第一個他撫番有功，他經商也成功，所以說土地到處都有，有錢了以後就會到處買土地喔。幾乎當時他最旺的時候，我們以稻米來算的話，4 萬的話，等於 100 斤，等於 1 年收入有 40 萬公斤的稻。所以說實在我們家吃絕對不成問題，有多的話就可以一直買地，然後就建立這個家族。建立這個家族，無形中把這個，在新埔上就建立一個勢力範圍。現在新埔有潘家、蔡家、陳家。我們陳家啊，然後曾家還算喔，有一個劉家。林家就在枋寮那邊。那這種情形在新埔街上勢力最大的就是我們陳家，家族最大就我們陳家。因爲我現在是陳家……我不是管理員，我是監察人。（摘自 [新埔] 陳英耀訪談稿）

陳英耀從家族遷移的簡史，談到陳朝綱崛起的關鍵事件：修築鐵路、捐納取功名、協助平亂與撫番、出口貿易等，這是我們在其他描述陳朝綱家族發展的文字資料中也會看見的敘事。而接著形容祖先「很公正」、「對鄉鎮有功」、「家族最大就我們陳家」，這些帶著家族榮耀心情的描述，是迴異於一般書寫風格，但這看似自我抒情的表達，卻可能表述了家族裡特殊的心態（mentality）和特點（Halbwachs 1992：103）[8]。他對陳朝綱與其家族發展的娓娓道來，除了本身是祭祀公會的監察人身分，祭祀公會近年來完成族譜的編撰，還包含著他 19 歲前住在老家的經驗，聽到阿公及其他長輩對祖先故事的轉述，讓他能對陳朝綱個人歷史印象深刻。

---

8 Halbwachs（1992：103）提到：「當我們說『在我們家庭裡，我們生活了很長時間』、『我們很自豪』，或者『我們並不為財富而奮鬥』，我們其實是在談論這個群體（家庭）中的一種自然的或者道德的品性，我們假定這種品性是這個群體內在固有的，群體會把它傳授給所屬的成員。」

在這對母子的交叉訪談過程中，我們還可以清楚觀察到女性和男性說話方式與注重層面的差異。當陳英耀在講述家中過往的發展時，余采妹很明顯變得安靜。余采妹雖然說她自己不了解或忘記陳朝綱的故事，卻很清楚家族內女人日常勞動的經驗，以及因為家事勞動與其他祖先互動的記憶。簡言之，她可能聽過公婆講過陳朝綱的故事，但她更記得的是日常家戶內與公婆的實質互動，這可顯示在她對公婆的形象描述：「她會來顧小孩」、「幫忙折衣服」與「老阿嬤很疼我」等字眼上。

[那阿嬤有聽說過陳朝綱的故事嗎？]

余采妹：沒有。

陳英耀：我媽媽的話應該很少。假如說你要他的資料的話，我可以借一本書（族譜）給你先看一下，不過你要還我。

[那阿嬤妳那個陳朝綱的故事，妳有聽過公公婆婆講嗎？]

余采妹：講是講，就忘記了。

陳英耀：我媽媽了解不多。

余采妹：沒有去記啦。

[那這些事情都是你（指陳英耀）爸爸跟你講的嗎？]

陳英耀：我跟我爸爸的時間很短，我是一直住在老家，住到 19 歲後才出來。

余采妹：他那時都跟他阿公阿嬤。

陳英耀：我到新竹中學才搬出來住。

余采妹：啊讀初中才出來，啊他比較知道。

[所以陳朝綱故事是阿公阿嬤說給你聽的嗎？]

陳英耀：我是比較知道，畢竟那個時候，我在家裡嘛，都不管夏天大家都會在外面聊天，講些有的沒的。

余采妹：他阿公會講。我比較不知道啦。講說我厝內顧囝仔就顧不來了。像他讀初中，每個中午，就要煮飯，包飯包。6個耶，6個飯包耶。

[那很累耶！]

余采妹：累是不會，那時候孩子去唸書，我在家裡閒閒的，時間到了，我就出門。菜也去買買，挑一挑，煮飯這樣。我那時有電鍋煮，就比較快，不像以前怕燒焦，比較不用顧。……煮飯時，那老阿嬤就會幫忙看。像是坐在椅條仔啊，老阿祖啊，她會坐著看，跟他玩。綁腳喔，走路一下一下的，她會來顧小孩。啊中午吃飽時，小孩子愛睏，我去讓小孩子睡覺，她會出來幫忙收衣服。大人小孩的，她都折得好好的，都會幫忙折衣服。……人家說很疼就對了，那老阿嬤很疼我。（摘自[新埔]余采妹與陳英耀訪談稿）

祖先的形象對不同世代與性別的族人來說是不同的。我們呈現出頭份陳家的陳運棟夫婦，以及新埔陳家余采妹母子的大量訪談內容，除了想再次印證我們在先前的研究中，就已清楚的家族重要祖先形象與事蹟外，更重要的是藉由不同身分與性別的口述資料，來導引出下一個重要的思考議題：不同身分與性別對同一家族的想像是什麼？

在過往的以男性繼承為主的家族史研究中，常常缺少女性的討論，也往往忽略不同世代如何傳承與記憶祖先的故事。我們認為不同的家族成員，因為不同的家族參與和「想像」歷程形塑，對於祖先是有不同的記憶，而對家族的「想像」也可能是歧異的。但也因為這些多樣的「想像」，才能更全面地拼湊出祖先與家族的集體形象。祖先生命史中的大功績與日常生活的小細節，對家族成員來說可能都是重要的，因為這些描述關係到家族成員各自的各種身分與體驗差異：親身經驗、轉述、閱讀等。Harald Winzer（2007）在〈在談話中共同製作過去〉一文中指出，家庭記憶是在家庭成員對話溝通中，建構起屬於家庭自我理解的連續性。在這溝通過程中，也關係到家庭成員本身的差異。他提到：「家庭記憶並非一張內容明確和隨時可以調取出來的故事清單，而是存在於整個家庭對往事的溝通回想之中，這些往事都與家庭成員有關，而且他們也都共同說起它們」（Winzer 2007：106）。因此，透過夫妻或母子等即是成對的親屬關係，又在性別或世代上有其差異者的對話與記憶，對於理解一個家族如何被想像是重要的。

（二）家族的想像

一個家族的形成除了有親屬以及姻親關係所帶來的連結外，家族成員內部是否有著一個共同維繫彼此的想像方式，使得家族邊界能夠維持，並展現其自身特殊的價值？所謂的「想像」，其實交錯親身經驗與不同層次的轉述，並不是憑空想像。而家族結群的共同性或邊界維繫，可能是透過集體記憶、參與家族共同活動等而生，但隨著時代的變遷，這些共同性是否還繼續維持的呢？以下將由兩個陳家家族的女性——媳婦與女兒——的敘事為主軸，透過四個討論點（家族的對外形象：媳婦的觀點，家族與家庭，性別的界線，口語及文字）來說明家族成員對於家族共同體想像的複雜、異同與變遷。這個分析將經由男性親屬的在場與其敘事的結構、形式與內容，來凸顯女性敘事之於想像家族之創造的解構屬性與意義。

1. 家族的對外形象：媳婦的觀點

家族形象對家族內與外來說，產生意義可能是不同的，這並不意味著兩者哪方是錯誤，而是對家族事務參與的層面不同，這個差異可在陳家媳婦這種角色上來說明。女性嫁入陳家前的印象，以及實際生活參與後的感受。前者是一種公眾談論的印象，而後者則是經由實際生活所帶出家族的想像。以前述新埔陳家媳婦余采妹（1930-）的例子而言，她對於陳家的故事描述是由她日常勞動與照顧小孩的經驗所組成。當我們詢問她關於她所知道的陳朝綱時，她回答不知道或忘記的背後，除了兒子在場的緣故，並且兒子「比較知道」就由他來說的可能性之外，更重要的原因可能是她想說的，多是實際的體驗記憶，這可從「我還沒來我不知道」與「人家說」的描述中來看出。余采妹還沒嫁進陳家前，的確聽過陳家很有錢，土地很多，但余采妹沒有在她「不知道」的概念上多加著墨，她想描述的大多是她「知道」的家戶內勞動經驗。

> 不知道耶。那時我還沒來[指尚未嫁入陳家]我不知道。那麼早時代，我不知道。有陳朝綱那時，不知道我出世了沒。就人家說這個陳家祠很富有這樣子。講很富有，土地很多。
> （摘自[新埔]余采妹訪談稿）

頭份陳家的媳婦黃梅芳（1936-）在嫁進陳家前，也知道陳運棟的父親是校長，且整個家族是個讀書世家。他們的相識與結婚如同當時多數人一樣，是透過媒約並強調「門當戶對」。黃梅芳提到：「（公公是）頭份國小校長，對不對，那我娘家爸爸是一個水利會的會長。那我說，這兩個都有長字，就長在一起。」讀書世家的印象不只是她進入陳家前的家族印象，這個例子的特殊性在於她婚前的家族印象，在婚後也持續實踐印證，這在後面關於教育的段落中我們會更深入的探討。她在口述中提到「就長在一起」的字眼，除了表達兩人因此結婚外，更重要的是兩人或兩個家族對讀書與教育理念上的認同與實踐。如同陳運棟提到他岳父贊成這門婚事的理由是「家世很好」，這所謂的很好其實連結的是：讀書世家。

> 她的老師，小學老師介紹的，所以是媒妁之言。當然這之間，會促成這段婚姻是她的生父，我的老丈人。他也有家訓，「娶婿選賢不選錢」，這樣的家訓……所以他就介紹。介紹以後，我老丈人第一個贊成，贊成就是說，他說是我們家世很好。讀書世家就這樣，其他什麼都不如嘛。那個介紹以後，就會面。（摘自 [頭份] 黃梅芳田野訪談稿）

從媳婦的角色我們看到婚前與婚後，對於家族的不同印象與描述，這種差異我們認為是跟個人的經歷與生活經驗有關，造就不同的想像歷程。而家族成員對於不同家族事物的參與，同樣也會產生不一樣的家族想像。例如我們在前面的內容中，聽到新埔陳家的陳英耀（1952-）描述的家族是帶有榮耀感的，但同樣有參與祭祀公會的新埔陳家媳婦詹碧珠（1937-），[9] 卻有不同的家族描述：「（帶點尷尬和苦笑）唉這個老故事我也不願意提，我們也一講起家裡的事情，都是恩恩怨怨一大堆。所以我們也都不提了，提了也沒有意思啦，都是過去的事情。」因為知道太多家族內部成員的摩擦與不愉快，使得她認為過往

---

9 約 75 歲，新竹新埔客家人，新竹女中畢業。小時後也住在五分埔里。詹家在新埔亦算是個有名的家族，詹碧珠與陳庭輝早就認識了，在詹碧珠嫁至陳家時，陳庭輝他們已經不住在五分埔的房子裡了，而是住在目前居住的鎮上的房子。詹碧珠那時和公公婆婆一起住在鎮上的房子，詹碧珠專心做家管，照顧家裡的大小事情。詹碧珠是唯一陳家中進入祭祀公會開會的女性。

的榮耀只是一種「老故事」，不值得一提。當家族成員理解更多家族發展的實情，這些或許是文獻上沒記載的傳聞，或者聽其他長輩轉述的資料，又如何影響後代子孫對自身家族的想像呢？陳榮波（1940-）[10] 因知道陳朝綱後代多人吸鴉片而說出：「你講陳朝綱那麼好，我們子孫很慚愧，我常說。」

從詹碧珠與陳榮波的敘述中，可看出家族印象之於公眾與私人面的另一個問題：身為陳家人在述說時要如何維護家族的公眾印象？我們一般常說「家醜不能外揚」，詹碧珠口中的「恩恩怨怨」，可能包含著許多還在世的親戚之摩擦，她選擇保留不說；而陳榮波的表述又是另一種情況，口中吸鴉片的人都已不在世，選擇說出，並不會傷了家族成員間的和氣。但這些行為在現在社會中，仍不具正面意義，因此他在說明完陳朝綱後代多人吸鴉片的情形後說出「我講是講故事而已啦」，這裡的結尾語氣似乎暗示著，這些內容雖然是事實，但他只是在講「故事」，這些事似乎不是一般族譜或正史書寫該包含的內容。

> 你講陳朝綱那麼好，我們子孫很慚愧，我常說。……他管教都他管啊，這兒子行爲啊，吃鴉片啊，他根本都沒有吃鴉片。……他本人沒有吃啊，他本人那麼有錢怎麼不能吃，吃了給你打死喔。死後啦，就兒子就有吃了。像我祖父，曾祖父就有吃了……我講是講故事而已啦。（摘自 [新埔] 詹碧珠訪談稿）

2. 家族與家庭

一個家族的想像，對家族內與外的人來說可能都不一樣，這關係到實際參與生活與形塑想像的歷程，這種想像的歧異，也出現在家族成員內部。當一個

10 約 72 歲，為鄭秀娥二兒子，新埔國小畢業後，於家中管理家傳農園，民國 62 年開始進入竹北飛利浦電子公司服務，於民國 89 年退休。

大家族開枝散葉分家後，家族與家庭之間的關係，並不能直接劃上等號。另外，過往大家族的群居經驗，與分家之後以祖先為中心的祭祀或族譜編撰活動，是不是成為聯繫一個逐漸開枝散葉的家族重要的媒介？而個別家庭發展又是如何傳承與轉變原有家族的思維？

家族成員群居經驗與分家的必然，從居住空間到互動模式的變動，使得家庭與家族間的向心，和同住在一個屋簷下的情況是不同的，往往必須面臨分家產與情感聯繫的問題。此外即使住在同一個屋簷下，不同身分對於家族生活互動的描述也是有差異的。頭份陳家陳展鴻次子陳德垣的女兒陳素英（1939-），[11] 以一個嫁出去的家族女兒身分描述以往群居經驗，促使家族成員感情緊密相繫的情況。但同樣居住在同一空間的陳德垣五子陳渭琳（1934-）的妻子何桂英（1940-），[12] 在描述家族群居生活時，除了形容幾個親屬的好壞，包含她的公婆與嫂子，但更重要的描述是作為媳婦所必須承擔的角色：從煮飯到種菜，以及照顧小孩的必須，使得她即使看到許多家人聚集聊天，她還是沒有參與。因此，即使家族成員共同生活在同一空間，不同身分的成員也產生不同的生活描述與家族想像。

> 以前住在三合院，吃飯後大家就會在那裡閒聊，以前的生活很好，人和人之間的感情很緊密，不像現在會勾心鬥角。伯父（陳德秀）比較會講話，父親比較安靜，晚上回來的時候，父親和伯父會坐在三合院的椅子上，一個坐右邊，一個坐左邊。父親、伯父與另外三

11 約 73 歲，畢業於大成中學，民國 57 年結婚，結婚的時候家族的三合院還在。

12 約 72 歲，苗栗三灣人，大坪國小畢業。26 歲結婚，19 歲以前從事採茶的工作，19 歲到臺北士林新光紡織廠擔任員工，婚後在家照顧 3 個小孩，至小兒子 4 歲時，又繼續到工廠工作。

> 個姊妹的感情很好，記得哥哥（指說話者的伯父陳德秀）死的那一天，大家圍坐一起吃晚餐，父親吃完晚餐時，放聲大哭，大家都嚇了一大跳。姑姑在新德記，以前人的感情都很好，不會像現在是非那麼多。那時因為父親這邊的人比較小，因此後來分的財產也比較少，但父母不會說人家閒言閒語，分財產也不會計較。（摘自 [頭份] 陳素英訪談稿）

> 以前嫁過來20幾個人要煮飯……只有三個（媳婦）嘛，就是要煮飯，照輪，一個人煮兩天，這樣子。……要種菜，沒有種，那麼多人要吃什麼，這很難。我的公公，他專門跟人家看日子的，我婆婆也是很好的人，我的嫂子都比較兇，兩個嫂子都比較兇，可是我不要理她就對了。……我又很少出去玩，那房子裡面通通很多人，很多人在那裡聊天，我不會去。……看自己的小朋友，自己家照顧好一點比較好。（摘自 [頭份] 何桂英訪談稿）

從家族分家成為多個家庭後，「家」的認同重心漸漸可能從家族的概念轉化為家庭的實質。前段由何桂英描述家族共同生活的情況，即可看見在完成媳婦該盡的責任與工作後，她更在意的是自己的孩子和家庭。同樣的情況也出現在新埔陳家的余采妹，對於家族群居生活的描述中。她20歲嫁入陳家時，先生陳國豪在花蓮鐵路局上班，所以余采妹在花蓮住了4年。之後搬回新埔時，就與家族其他成員共同居住在五分埔老家中。她對於當時生活的描述，除了家中人多熱鬧的印象外，也談到婆婆在生活上的互動和協助。照顧小孩的話題，在描述中同樣是重要的。這可進一步對比到當我們問她覺得有什麼事物，可以代表陳家（指陳朝綱家族）時，她以臺灣閩南語回答：「那些事就不用我們女人來煩，我們煩厝內，帶囝仔、帶孫。」因此，相對於媳婦之於家族的角色，母親之於家庭的重要性，在家族群居生活的記憶中更顯得重要而鮮明。

> 五分埔（老家）那裡住了約 3 年、4 年才來這邊住。以前很多人很熱鬧，每房都有很多人，那時候老家大概 70、80 人吧。……所以在我從花蓮回來時，我在忙時，她（老阿嬤）都會幫我顧小孩。……帶小孩就自己帶，煮飯時那老阿嬤就會幫忙看，……那老阿嬤很疼我。（摘自 [新埔] 余采妹訪談稿）

從女性嫁入家族到「成為」家族一部分，這個過程裡頭與居住空間裡其他成員產生的互動意義，或許遠大於在一個家族論述層面中，對時間性的想像方式。但這是有世代上的差異。隨著每個世代女性所參與的「空間」差異，群居生活成為過去式的記憶，其家族想像的方式，可能漸漸偏向家族活動（掃墓、祭祖）的參與，或被動的接受家族論述式的想像方式。

以詹碧珠（1937-）來說，她嫁進新埔陳家時，雖然還是跟公婆住在一起，但已不是住在五分埔老家，而是搬到新埔鎮上，她是沒有家族群居經驗的。詹碧珠是新埔陳家唯一進入祭祀公會開會的女性。但在訪談過程裡頭，詹碧珠一直強調她的夫家對於家族的觀念是很淡薄的。一方面是因為她夫家這一支的人丁不旺，一方面家族裡的那些恩恩怨怨實在不想再提。公公婆婆也會跟詹碧珠說一些家族裡的故事。但她認為都是一些恩恩怨怨的老故事，也都不願意再提起了。因此，說起家族的事，詹碧珠認為「一直強調過去的事情，她最討厭了」；一直回憶老祖宗卻不知自愛，不認真也沒有用。以至於像家族開會、拜拜，或掃墓等活動，她不會要求全家孫子都要去。而是強調「我們自己賺比較快」。

詹碧珠的例子說明了，對於家族的想像，很大部分來自於家庭內部公公在家族的處境（公公是養子），乃至於後代之於整個家族互動的關係；因而會去強調自己屬於家族中較「弱勢」的一脈。而由此處我們也可以更清楚看到，當無法從家族歷史或所謂的血緣關係覓得家族想像的內聚力時，「家」的認同，也從家族的連結，轉化為家庭的實質。

> 沒有什麼好討論啊，就是例行的會，也沒有什麼。例行會，好像今年就是說要，掃墓啊，墳墓太小，要修改之類的。這個會，沒什麼重要的。我們家族會議，就是例行的。譬如知道以前的管理人，有財務不好，都沒有人想得罪人，知道就好了。你想告，要怎麼告，你不要貪太厲害就好了。……我們，我們怎麼講，我們家人丁也很單薄；我們對老祖宗什麼的觀念，也很淡薄。所以我們就我要去處理，我就去處理。我不去處理的話，我兒子也不管。不喜歡處理這個事情，我們認爲要自己賺，老祖宗的我們都不要。不，不喜歡參與啦。去到那裡參與就要打架，要吵架。我們自己賺比較快。（摘自 [新埔] 詹碧珠訪談稿）

相對於女性對於家庭事務的熟悉，家族想像的內聚力或家族事務參與還是以男性為主。以新埔陳家來說，大部分的面對面訪談過程都有兒子、女兒或是丈夫在場，談到家族事務，男性在場通常發言都會以男性居多，女性講話時則比較偏插嘴的方式。劉凰英（1931-）[13] 則是少數例外，僅她個人接受我們的訪談。

---

13 約 81 歲，新埔鎮人，日據時代曾經在關西石崗國小唸過書，而支持其唸書的人是其祖父，父母原本是抱持著反對的態度的。劉凰英 1945 年自公學校畢業，便開始從事成衣工作。民國 40 多年因為父親的決定而嫁入陳家，婚前曾於遠東紡織工作，後來因為婆婆的反對而停止。分家後，婆婆與陳華霖同住，劉凰英便又在陸光企業工作。與陳華棟育有三男一女。

劉凰英不曾參加過祭祀公會。或許是因為丈夫陳華棟較早過世的原因，劉凰英雖然仍然居住在五分埔，但是似乎對於陳家家族性質活動的了解，比較是一種外緣，和不會主動去了解的方式。她對祭祀公會是一個什麼樣性質的家族組織，似乎不太了解。從她的敘事裡，最直接去想像祭祀公會的方式是，每逢過年會發老人津貼，還有每次家族活動（掃墓、祭祀）等會發出席費，並且非常清楚記得過去出席只發 500 元，現在發到 1 萬元等詳細而具體的數字。從言談裡可看出她對於出席費的提高，對其出席家族活動和靠近家族有正面的作用。如 2008 年清明節前一週的家族掃墓活動，全家（劉凰英、兒子媳婦、孫子等）都一起出席。

另外還有採用輪祭的市區中心的下陳家祠。劉凰英最近一次去，是幾年前輪到她們家主辦祭祀時去的。她很清楚知道，每次辦祭祀，祭祀公會發 6 萬塊給主辦者去辦理。而劉凰英具有指導者的位置，會去辦理如豬肉、雞肉等祭品的工作，至於主祭或儀式流程等就不清楚。值得注意的是，祭式準備的細節（如祭品等），往往掌握在女性「日常生活」實踐的經驗中，此部分具有決定權的往往是女性。但是祭祀與儀禮的「主要流程」，卻又往往屬於男性的權力。也就是說就家族祭祀的分配而言，事實上正好符合上述我們所論述的，女性往往處於家族中關於生活與空間實踐的層面，而男性則掌握了實質上的分配結構與論述家族的權力。由劉凰英的例子可說明，一個開枝散葉後的大家族，家族想像在實際面上以經濟的方式串連起來，而對於家族內涵則是透過這種大型「家族活動」的場面與活動實踐。但或許是因為陳華棟逝世較早，我們也可以看出維繫家族內聚力的，仍然是以一種男性為中心，而女性則比較以家庭作為重點在維持，所以劉凰英對於家族帶有一種陌生的疏離感，但是對於家庭的大小事則是清楚記著。像是她與親生父母的感情，或者我們拿族譜給她看時，她會只看自己家中的兒女孫子那幾頁，甚至還會問起怎麼會沒有女兒的欄位。

家族中的各個家庭發展與特質都不一樣，有些專注在家庭的經營，並不熱衷家族事務的參與，但這不意謂他們不認同，或者連情感上的牽連是可以切割的。同樣的，對許多家庭來說，參與家族事務是連結家族與家庭的重要媒介，而這些想法與實踐多來自男性的觀點。以新埔陳家來說，陳華山（1945-）[14] 在訪談中提到他主動參與家族會議，並要求子女參與祭祀、掃墓等家族活動；陳華霖（1948-）[15] 積極參與祖譜編輯，因為他認為：族譜可作為傳家之用；陳展東（1949-）[16] 積極管理祭祀公業，也善用經營的手腕，如提高家族活動的車馬費，讓家族活動更熱絡，並捐出陳家祠堂來紀念祖先，及尋求古蹟修復與回大陸原鄉（梅州）溯源的資金。陳展東期望透過活動或其他事物（如族譜和家祠）的彰顯，來突顯陳朝綱家族在地方的特殊性和家族的榮耀感。

我要把我陳家的，以前有一個四品官——朝綱的事蹟，一直要靠這一棟的建築物，把它源遠流長。以後你們後代，甚至你們學生，哪

14 約 66 歲，育有二子二女，為陳英傑（陳超學－陳朝綱－陳石祥－陳道生－陳俊木－陳英傑）的次子。出生於日本山形縣，戰後返臺。畢業於新竹師範學院，畢業分發基隆國小服務，後就讀臺灣科技大學電機研究所，轉服務國立瑞芳高級工業學校，退休後經營電子工廠，於民國 97 年（2008）獲選為新埔祭祀公業陳家祠管理人一職。於民國 97 年（2008）擔任《南朝陳氏族譜》編撰委員會副編，以及族譜編撰超學公世系負責人。

15 約 64 歲，育有二女，為陳英漢（陳超學－陳昌興－陳如月－陳道坤－陳盛仁－陳英傑）的三子。役畢後於新竹縣新埔鎮遠東化纖公司工作，於民國 88 年（1999）退休後，隔年又至遠東化纖公司上海廠就職，之後又返臺擔任雙興濾布公司廠長。於民國 97 年（2008）擔任《南朝陳氏族譜》編撰委員會會長，以及族譜編撰超學公世系負責人。

16 約 63 歲，育有二子一女，為陳兆豐（陳超學－陳朝綱－陳昆順－陳清竹－陳兆豐）的三子。自幼與父母共同農業耕作，役畢後歷經紡織廠領班與飛利浦竹北廠品管員，從民國 63 年（1974）起至臺電服務，民國 91 至 97 年間（2002-2008）擔任新埔祭祀公業陳家祠管理人一職，以及族譜編撰超學公世系負責人。

一個人看到那一棟：啊！這就是陳朝綱蓋的——我就值得了。（摘自 [新埔] 陳展東訪談稿）

3. 性別的界線

在設計訪談問卷時，我們原已假設兩性間可能的差異：女性可能比較沒辦法去談抽象的問題，而必須用更接近生活經驗的問題。訪談的結果，離此假設不遠。當談論到關於家族、家族活動等，男性為主的言說的確較為活躍。而談論到關於婚姻、生活經驗、家庭內部的結構變化，或是一些曾經影響家庭的重大事故等「具體」經驗時，則比較容易聽到女性的說話空間。再者不管是嫁進或嫁出家族的女性，當我們問到她們的家族想像時，女性敘事者都不會直接連接到家族中重要的祖先，而是以一種類似「眼見為憑」的方式，來描述一起共同生活過的公婆、父母親及其他長輩。以下的敘事，不管是頭份陳家或新埔陳家的女性，都呈現相似的現象。

以前和祖母住在一起，祖母的人很好，後來眼睛附近長了不知道什麼東西。以前比較沒有什麼衛生觀念，就不大在意，母親每天用茶葉泡水來幫祖母夾蟲……祖母和姑姑長得很像。（摘自 [頭份] 陳素英訪談稿）

那個有沒有，以前的老人家，小孩子出生了，她會叫你喔，要怎樣弄，要怎樣弄，那其實喔，她什麼菜……，她不會叫你怎樣做。田裡的工作我們農家人，也要有經驗。那其實喔，做什麼，有沒有，像有客人來，她會叫你。老人家很愛說就對了，老人家……。（摘自 [頭份] 陳黃美妹（匿名）[17] 訪談稿）

那時候老阿嬤 80 多歲。我先生的阿嬤還在。……她還會幫我揹小孩

> 呢。那時我去工作啊。她 80 幾歲，我現在也 80 幾歲了。她 84、83 的那時。我現在記憶不好了。（以前）我回來時，我洗衣服，煮飯，她還會幫我背小孩子。會幫我顧小孩子。（摘自 [新埔] 余采妹訪談稿）

男性與女性對於家族描述的差異，最大的特點是男性從字面資料上的家族故事去述說我們是什麼樣的家族，女性則從生活經驗來敘述她與家族的關係。這種透過實際體驗談論家族的方式，應與女性在家庭內的分工與地位有關。角色的差異，使得女性敘事對於家族的想像有別於男性的敘事。就新埔陳家余采妹與陳英耀母子的訪談內容，在祖先形象的段落討論內，我們已指出陳英耀在知道我們訪談的主題時，即刻說出一長串關於陳朝綱的事蹟。我們推測這些內容可能有來自他兒時聽來的記憶，但也觀察出大部分是和一般談論陳朝綱的文字紀錄相近（如陳家的家譜或地方的出版品）。我們推論陳英耀的描述，和他參與祭祀公會與族譜編撰有很大的關聯。而當我們問及余采妹有什麼東西或建築可以代表陳家時，她直接地點明，女人是不管這種「大的事情」，而要煩惱的是類似帶小孩的「屋內」事務。並還暗示著，這是女人最重要的責任。因為她感覺人生較「快活」的時刻，即是等待子女長大成婚，另組一個家庭。

> 我們女人對於這種東西比較不理。孩子帶大，娶媳婦，娶完，我們就比較快活了。就這樣子。那些事就不用我們女人來煩。我們煩屋內，帶团仔，帶孫。有孫好帶 [可帶]，就帶孫子。這樣子而已。那大的事情，我們就不煩了。（摘自 [新埔] 余采妹訪談稿）

---

17 約 84 歲，為陳玉琳的妻子，20 歲時嫁入陳家。

「以前真的很辛苦」、「以前真的很可憐」、「以前真的很吃苦」——這些屬於身體情感面相的評論，不斷出現在頭份與新埔陳家年長女性回憶婚後之勞動經驗，以及身為長媳之辛勞的敘事中。這一方面反映女性主體的身體與情感經驗，並也顯示一般客家婦女多承擔了繁重的家務責任，且身為長媳分外難為的處境，最後則也部分反映出 1960-70 年間，臺灣從農業社會轉型至工業社會，正值青壯年的客家夫婦多有日夜輪流忙碌於家戶內外的勞動與工作經驗。

頭份陳家與新埔陳家年長女性的敘事裡，大部分多以「說故事」（storytelling）的形式講述其過往的生活經驗。她們的故事內容大多不涉及大歷史事件的細節描述——例如新埔陳家陳朝綱在政治與經濟領域裡所建立的豐功偉業。而是講述其過往的受教、家務、農事、工作與教養子女經驗。這些年長客家女性的敘事並也反映出一種集體的歷史時代氛圍：例如臺灣日治末期至戰後初期戰亂頻繁的現實，以及戰後臺灣社會結構由農業轉型為工業的過渡時期。不少女性在講述時，是與丈夫、親戚、受訪者共同進行「對話」（conversation），其中有極少數是「由他人代答」（多為高齡 90 以上之女性的子女）的形式接受訪問。

但也有部分女性，如新埔陳家媳婦詹碧珠、女兒陳明麗，頭份陳家媳婦黃梅芳，能以長篇敘述的故事形式，與訪問者單獨互動（詹、陳）；或是丈夫在場，卻能以一種競爭的對話形式開展其故事敘述（黃）。例如，在族譜的內容編撰上，傳統上是有性別的區分。頭份陳家將女性列入祖譜，只有姓，沒有名。但媳婦黃梅芳認為這種作法是不對的，因此便開始一連串的「革命」。

黃梅芳：「我認爲不能這樣子，女孩子上祖牌，只有姓。（應該）就把我的名字寫上去。」

陳運棟：「所以這次我們重新寫過這個祖牌，還是放孺人。那要繼續努力。但這個問題現在解決了，解決的意思是，我們的法令改了。就是現在祭祀公業法的條例公布了，現在世系法你要叫政府公布嘛。就是派下（縣員）要開大會要照那個表，女性也要列。女性不要列，要像財產祭祀一樣，部分繼承嘛，要寫放棄書。……這要改革啦，我們是下一步的改。如果還在的話喔，下一步不在，我也要交代（給我的子孫）。」

黃梅芳：「我們要跟孩子灌輸下去。」（摘自 [頭份] 黃梅芳、陳運棟訪談稿）

換言之，除了故事內容、敘述形式多元外，在頭份陳家這個知識家族，與新埔陳家這個經商致富，涉入地方政經發展極深的大家族，部分受訪的女性，能針對其生活經驗進行歸納與評論，有時還會出現相異於客家主流以父系為尊的觀點。其中更展現經由過去與現在的參照、個體與社會的互動所形成的意見與感受。

4. 口語及文字

無論頭份陳家或新埔陳家，這兩個竹塹地區的客家菁英家族，男性往往從文字與歷史時間的概念來想像家族，且相對女性之於家庭事務的熟悉，男性更習於對外人談論自己的家族。在這兩個大家族，家族想像的形塑歷程，除了各種實際經驗的體驗與記憶外，家族故事傳播的方式，可能也影響族人對家族的想像。有趣的是，這兩個地方上的客家菁英家族，不管男性或女性，對於無法回答的問題，都試圖引導我們到書本上的文字，去找答案。例如我們同樣問新埔陳家的余采妹（1930-）和鄭秀娥（1912-）[18] 一個問題：「有聽過祖先陳朝綱的故事嗎？」前者回答「沒有」後，她在旁的兒子陳英耀接著說：「假如說你要他的資料的話，我可以借一本書（指陳朝綱家族的族譜），給你先看一下。」而鄭秀娥對於這個問題的回應則是：「我那麼老了，代治（事情 [臺灣閩南語]），我阿祖的代治，我不是很知道。有寫啦！」這裡的「有寫啦！」說明了文字紀錄史實的力量與重要性。至少對於這些敘事者，他們相信族譜上的文字紀錄與家族歷史內容之間的關聯，或者成為瞭解家族歷史的重要根據。

> 這個祖譜寫在這裡，說來重要的話，也很重要。你沒有人不知道，我人有時候打開來看，那一房那一位做什麼事情，也很有好處啊。這個有的竹東也有啊，不是（只有）我們這裡啊。以前大陸來臺有三個兒子的資料都有，全部在這裡阿。（摘自 [新埔] 陳榮波訪談稿）

文字的作用力與傳承，在頭份陳家更是明顯。他們因為多世代多人從事教育的工作，文字對他們來說不只是工具，更是突顯家族特色的重要依據。包括各種紀念冊的編撰、族譜多次的謄寫與修訂等，頭份陳家過去依賴著文字體系（漢學、堪輿等），而在地方社會衍然成為一個獨特的客家菁英家族（簡美玲、劉塗中 2011）。直到當代，文字能力仍然是頭份陳家重要的一塊，在家族中不斷地流轉。

文字與口語的另一層辨證關係是，透過口語傳播的歷史內容，如何成為文字的內容，以及對一般人來說，文字的真實性是否優於口語？族譜的編撰對兩個客家菁英家族來說，都是探索家族歷史的重要過程。除了透過一些舊文件與相關物質證據外，不斷尋訪年長家族成員聽過的事情，也是重要的來源。我們在新埔陳家的陳榮波（1940-）的訪談中可觀察到一個現象。他過往從祖父或

---

18 2009 年受訪時約 99 歲，新竹關西人。小學只讀 3 年沒畢業，21 歲嫁入陳家，與陳唐棣育有五子四女。

曾祖母那邊聽來關於陳朝綱的故事，許多是文獻上沒有記載的事。他在描述之後會補充，「我是講給你聽而已」或者（那是）「小事情」。我們無法進一步確定他對於這些聽說的「小事情」，是否懷疑其真實性。但相對於藉著族譜或紀念文集上文字描寫家族成員「大功績」的敘事，說者不會直接說是事實，而會補充說明，「這是誰說的」。

> 那個時候香港啊，那時香港還是我們的還沒有給英國管。不過可能有一點啊。清朝不是很多鴉片戰爭，林則徐不是燒他的東西嗎？這個文獻的東西都沒有記載啦，我是講給你聽而已，我也不知道，我是聽我祖父（講），一直放在腦海裡才知道的。……我爸爸就很少講。以前我祖父有講給我聽，就是從小我跟我祖父在一起，才時常接近，時常會講出來的事情。……我曾祖母她也有講，每年你都譬如說清寒的人來這裡，都給他東西。那幾十甲的土地割了稻都有啊，窮的人都有啊，救濟他就對了。那個是小事情。……現在就是沒有人，現在弄祠（族）譜，才有人想起，以前跟本就都沒有人講這個事情。沒有講。（摘自 [新埔] 陳榮波訪談稿）

家族故事的傳承與想像方式，對不同世代的家族成員而言有其差異。許多65 歲以上的受訪者，他們多有經歷從大家族群居到分家的歷程。許多攸關家族祖先的故事，都是透過長輩口傳的方式。這些不同層次聽來的記憶，多少都會影響他們對家族的想像。在此之前的內容也討論到，當家族與家庭的關係，不必然緊密時，家庭成了家族故事傳承的重要場域。然而不同家庭對於家族事務熱衷程度不一，父母親也不見得知道或喜歡談論過往的事。後代子孫當缺少實際接觸經驗時，除了透過長輩的轉述，就是透過文字的閱讀與想像，如此一來文字對於家族的想像形塑，會不會變得更重要呢？

頭份陳家持續用族譜與紀念文集的方式，書寫自己的家族史，這是他們家族的傳承特色；而新埔陳家又是如何作？陳婉珍[19]提到她現在對於祖先故事的理解，很多是透過父親對外發表的文章，而不是親口轉述。這是不同於父親那一代，能在老人家的言談中聽到轉述。而陳英家（1941-）[20]也提到他的兒子，透過圖書館中的資料來談論陳朝綱，並與其他家族做一種比較和評論。這些現象都顯現出以文字作為家族故事傳播媒介，對於當代家族想像的形塑日益重要。

> 提到是很少提到，反倒是我們會看到一些文章，他的文章，總是會有書局要他講一些他以前的一些事情。他以前的事情，有時候是離我們比較遠的了。有時候我們是從那邊慢慢有所瞭解的。……然後處在那個家庭有沒有，總是會阿公，阿公這樣一直傳著下來。就是我爸爸的爸爸，總是會有一些教條，總是會知道多多少少。就像是家裡的事情這樣，一定都會知道，不是說，非要怎麼告訴你。當然最起碼也是會跟你講一些啦。像是從老人家的言談裡，你都會了解。……因爲早期的生活就是一個集合的家庭，跟現在是有落差的。那個落差很大的，跟你講，不知道你懂不懂。年輕人會懂嗎？（摘自 [新埔] 陳婉珍訪談稿）

> 就圖書館的資料，我兒子會去圖書館找，然後說老爸啊，你看一看吧。我孩子很會去找。……我兒子怎麼講呢，他說爸爸，我們的祖

19 為陳定國（陳超學－陳朝綱－陳慶雲－陳道中－陳秀統－陳定國）最小的女兒。
20 約 71 歲，為陳清煇（陳超學－陳朝綱－陳慶雲－陳道中－陳清煇）的二子，畢業於臺北工專工業工程科。

> 先陳朝綱就是「太古意」（指爲人厚道[臺灣閩南語]），不去搞政治。不去搞政治……你搞政治，像有些人喔，……但是我們的祖先就是沒有辦法，不去搞政治。所以我們發展就沒有他們那麼飛黃騰達。……我孩子就是有這麼厲害，他就會去找這些事情。（摘自[新埔]陳英家訪談稿）

總之，根據以上四個面向的敘事分析，無論頭份陳家或新埔陳家，這兩個竹塹地區的客家菁英家族，家族的想像大抵都是通過祖厝、群居生活、古文物、紀念文集等經驗，或祭祀公會、族譜編撰、祭祀活動等社群或行動網絡，以及祖訓、祖先故事等媒介的敘事與再現。在這敘事與再現過程中，性別、身分也差異化家族的想像歷程與結果。在這兩個客家地方社會的菁英家族，女性對於家族的想像，也大多是從家族內部人際的互動開始，以及家戶內的勞動責任與分工。這和此兩個家族的男性對於家族想像已經有所差異。男性從字面資料上的家族故事，去述說我們是什麼樣的家族，尤其強調歷史時間軸上的家族發展。雖然，族譜作為文字的具體性，也影響這兩個大家族的女性，但更凸顯的還是女性從實際空間裡的人與人的交往，身體感官、情感與情緒等具體的、物性的經驗，描述與闡述她們記憶中的祖先與家族。

四、結論

本文以北臺灣兩個從 19 世紀以來，在經濟與知識上，逐步累積、發展為該地方社會的客家菁英家族為例，描述與討論他們對於祖先與家族的敘事內涵與形式。本文主要的切入點，是在以父系社會為其理想與實際的客家家族敘事研究裡，帶入家族裡的女性敘事。但本文所記錄與闡述的研究過程，所蒐集的口語敘事與文字書寫，都沒有將男性的敘事排除於外。除了文字與書寫仍明顯歸屬於男性，本文所呈現的男性敘事，大多發生於我們在訪談女性時，男性搶先發言，或者夫妻之間你來我往的對話。也有部分男性敘事資料是來自我們在更早階段，對於這兩個客家菁英家族之年長男性，所進行之家族研究的訪談材料。部分男性敘事語料所占的篇幅，可能超過讀者的預期。但這也反映北臺灣客家地方家族在親屬與性別的場域裡，相對典型的話語空間。再者讓兩性的敘事彼此呼應，也在面對女性主義或部分性別人類學研究，被認為過於突顯性別差異，可能忽略兩性共同維繫的社會性或兩性互為主體的關係，並導致對於某些社會之社會性的誤讀。

接著筆者想回到本文最初的問題。即便帶入親屬與性別的理論觀點，或潛藏在文中，對於女性的敘事、主體性與說話行動力的關注，本文所呈現的資料與闡述仍緊密關聯著我們想作出的是一個什麼樣的「家族史」研究。家族史的比較研究，是許多學者切入家族史研究的方法之一。蔡淵洯（1980）、黃富三（1995）和黃朝進（1995）三位學者研究的對象，具有不同層次（地域、竹塹區域、國家）的代表性，分別啟發了本文對於頭份與新埔兩個客家菁英家族關於社會經濟、家族性格、地域社會和家族發展之間的關聯。我們也因此特別注意：家族史研究中的「家族史」是如何被建構和再詮釋？尤其是當我們比對頭份陳家和新埔陳家，攸關前者（頭份陳家）家族發展的事件，在國家層次的官方文書（對比於《淡新檔案》對於新埔陳家陳朝綱的紀載）中闕如，反而大多是靠著家族後代子孫自身來研究與出版。這個現象讓我們重新思考，家族史研究中的「史」為何？

如果暫時將家族史界定為「家族」加「史」的研究，那本文的描述與討論，讓我們進一步理解，一個家族的組成包含不同世代與性別的成員。要更全面理解家族的發展，就不應只局限在以男性繼承為主的父系家族。另外，「家族」的想像與定義，其實隱含時空變遷的歷史意涵。這個「史」的意涵，不只包含家族所處地域社會，或更廣大區域、流域與國家的政經環境變遷；更牽涉到一個家族如何被想像與述說的歷程。一個原先經由血緣或婚姻關係產生群居生活的大家庭經驗，到開枝散葉後的「大家族」，如何透過以圍繞祖先而有的祭祀組織與活動，形成一個家族成員特有的社群網絡交往？當這些網絡漸漸弱化時，除了原有血緣的繼承外，不同家庭的成員，如何透過各自日常生活與家戶教育的過程，以及不同層次記錄性與再現性的媒介，繼續傳承與深化家族特殊的記憶與特質，形成一個想像的「家族」共同體，並內化成家族成員特殊的人觀？透過不同世代與性別的口述史訪談資料的蒐集、涉入、整理與解讀，我們嘗試再現的「家族」是具有歷史意涵（historicity）的多重面向。但也因此，我們無法迴避要更確切地結合與解析更多歷史資料的問題。對於歷史資料的蒐集、涉入、整理與解讀，這是未來還需要再加強及下較大的工夫。

延續頭份陳家之家族發展與家族特性，以及知識、教育與人觀的探討（簡美玲、劉塗中 2011），本文著重在頭份陳家與新埔陳家兩個客家菁英家族對於家族想像的特性與差異。一個家族的「想像」，其實交錯親身經驗與相關轉述的多層次辨證。家族結群的共同性或說邊界維繫，可能是透過集體記憶，參與家族共同活動等而生。本文民族誌訪談資料的收集與分析，主要以兩個陳家嫁入的媳婦和嫁出的女兒為主，理解她們如何透過家戶內日常生活的敘事與實踐，展現其身為陳家家族成員，及對於陳家的想像。雖然對於祖先與家族的敘事與想像，兩個家族不盡相同，且同一家戶內成員也因身分與性別有所差異。如女性對於家族的想像述說大多是聚焦在日常生活、人際交流、婆媳互動與小孩教養的實際經驗，這其實和男性對於家族想像已經有所差異。男性多從文字資料或概念性的家族故事，述說我們是什麼樣的家族，而女性則是從經驗與記憶裡去建築。以祖厝的群居經驗來說，頭份陳家不管是嫁入和嫁出的女性，對三合院的群居經驗，有著不同時間長短的參與;從群居的親屬互動與婆媳關係，述說對過往家族的經驗與記憶。雖然受訪者都認同祖厝生活的實質經驗與象徵意義，對一個家族凝聚與延續是重要的。但也強調家族的特質，是必須透過家庭教育傳承與實踐的。同樣的，過往新埔陳家在五分埔群居式的生活，也影響他們對於家族與群居生活的記憶與想像。這種群居經驗也帶出不同的議題。當家族成員越來越多，搬出去住的分家行為，成為一種必然性，之後透過以祖先為中心，衍伸出的祭祀組織與行為，如何改變家族成員的交往行為與聯繫模式，進而產生了對於家族想像模式的不同。到了現代社會，當這些祭祀組織或行為的家族凝聚力越來越弱化時，家族的想像又透過各自家戶內的日常生活與家戶教育來持續傳承與變遷。在這家族想像的歷程中，女性的角色持續扮演著一定程度的影響。

本文也闡述了特定家族所呈現出家族想像的差異，是由於將「家族」作為一種傳承與教育的交往空間。「家族」想像與再現，是透過不同層次的實質經驗、行動網絡與精神意涵的空間媒介，並從各式日常生活的人際交流與家戶教育來持續傳承與變遷。在這不斷述說與再現的過程中，不同性別與身分也產生不同的家族想像的歷程，進而影響到人觀的形成過程。因此，從兩個家族比較的視野，同時具有個別個案分析與多個不同個案的比較特性，以不同層次的比較方式，從差異中去理解家族想像的特性與變遷，再從相同裡頭去尋找家族特殊的傳承，此乃本文對北臺灣客家社會之家族發展與變遷研究的階段性貢獻。

最後筆者在這篇文章想提出的看法是：性別的理論視野，或親屬與性別的理論視野，除了對於客家社會的特性與內涵的描述是一個重要的觀察與紀錄的路徑，同時也是溫和，卻有其力道，能對客家知識體系的描述，進行一個可能對話的場域。本文所提供的例子，就是通過敘事，來描述客家家族研究，作為地方知識體系的構成。但同時也通過口語敘事，口語與書寫互相角力的敘事，男性與女性的敘事，提供對於這套知識體系開展一個對話或解構的可能。

客家的族群性及其認同的構成，長期以來與話語及非話語的身體、歷史、政治、文化、日常等諸多論述，有著無法切割的關聯。性別與親屬的材料本身，不僅是建構客家知識體系裡極為重要的檔案，同時也極具反思性。如本文經由敘事的分析，指出二個客家家族對於家族的敘事之間並置差異與同質，而在家族內又呈現對於祖先與家族之敘事與想像上的性別差異。其一，兩個客家家族對「家族」想像的差異，是由於他們將「家族」作為一種傳承與教育之交往空間的殊異性。他們對於「家族」的想像與再現，是各自透過不同層次的物質文化（祖厝、群居生活、古文物、紀念文集）、行動網絡（祭祀公會、族譜的書寫與編撰 [也與語言有關]、祭祀活動）與語言（祖訓、祖先故事）進而交織成一人文空間的媒介。這些不同的媒介共同成為家族成員間交往連結或思想傳承的流動場域。而此兩個客家家族的女性對於祖先與家族的想像之敘事內容，大多聚焦在日常生活、人際交流、婆媳互動與小孩教養的實際經驗，這和男性對於家族想像有所差異：男性多從文字資料或概念性的家族故事，述說「我們是什麼樣的家族」，而女性則從日常經驗與記憶裡構築對於祖先與家族的想像與觀點。

換言之，在論述客家作為一種地方社會的實際或作為一種知識體系的構成、再現與想像，女性敘事的傾聽及其說話內容與語境間的對話性，究竟對於我們探討客家知識體性，是一種有如碎碎唸般過於平常的雜音嗎？她們的話語與男性的敘事或書寫所構成對祖先與家族的想像與論述間，可能有哪些關係？是干擾、對話或如回音般的複誦？通過民族誌田野裡的口述訪談材料，本文提供一個敘事語境裡的客家在地知識之構成、再現與想像，以及由此所展現的親屬與性別參與其中並進行對話的過程，與言說當下與片刻所共同創造的過去與意義。

參考文獻

片山剛，2002，〈死者祭祀空間的地域構造：華南珠江三角洲的過去和現在〉。頁 108-142，收錄於江川溫、中村生雄編，《死的文化誌：心性、習俗、社會》。京都：昭和堂。

王明珂，1996，〈誰的歷史：自傳、傳記與口述歷史的社會記憶本質〉。《思與言》34（3）：147-183。

李玉珍，2002，〈母女情結：臺灣女性出家與繼承家庭角色的兩難〉。頁 363-403，收錄於胡台麗、許木柱、葉光輝編，《情感、情緒與文化：臺灣社會的文化心理研究》。臺北：中央研究院民族學研究所。

陳運棟等，2006，《春風化雨、樹人樹林：陳毓琳校長百年紀念專輯》。苗栗：財團法人陳運棟文教基金會。

黃富三，1995，〈試論臺灣兩大家族之性格與族運板橋林家與霧峰林家〉。《臺灣風物》45（4）：151-171。

黃朝進，1995，《清代竹塹地區的家族與地域社會：以鄭、林兩家為中心》。臺北：國史館。

蔡淵絜，1980，〈清代臺灣社會上升流動的兩個個案〉。《臺灣風物》30（2）：1-32。

簡美玲、劉塗中，2011，〈書院與堪輿：中港溪頭份街庄一個客家家族的知識與經濟（1774-1950）〉。頁 185-222，收錄於詹素娟編，《族群、歷史與地域社會暨施添福教授榮退論文集》。臺北：中央研究院臺灣史研究所。

Allen, Babara, 1992, "Story in Oral History: Clues to Historical Consciousness." *The Journal of American History* 79(2): 606-611.

Anderson, Benedict（班納迪克 ‧ 安德森）著、吳叡人譯，1999[1983]，《想像的共同體：民族主義的起源與散布》。臺北：時報文化。

Berger, Arthur Asa（阿瑟 ‧ 阿薩 ‧ 伯格）著、姚媛譯，2000[1997]，《通俗文化、媒介和日常生活中的敘事》。南京：南京大學出版社。

Clark, Mary Marshall, 2002, "The September 11, 2001, Oral History Narrative and Memory Project: A First Report." *The Journal of American History* 89(2):569-579.

De Certeau, Michel, translated by Steven Rendall, 1984, *The Practice of Everyday Life*. Berkeley: University of California Press.

Halbwachs, Maurice（莫里斯・哈布瓦赫）著、畢然、郭金華譯，2002 [1992]，《論集體記憶》。上海：上海人民出版社。

Ho, Ts'ui-p'ing, 2013, "Gendering Ritual Community across the Chinese Southwest Borderland." Pp. 206-246 in *Chieftains into Ancestors: Imperial Expansion and Indigenous Society in Southwest China*, edited by David Faure and Ho Ts'ui-p'ing. Vancouver: University of British Columbia Press.

Tsing, Anna Lowenhaupt, 1993, *The Realm of the Diamond Queen: Marginality in an Out-of-the-Way Place*. Princeton, NJ: Princeton University Press.

Wikipedia, 2011a, "Story." In *Wikipedia, the free encyclopedia*, 19 February. http://en.wikipedia.org/wiki/Story (Date visited: February19, 2011)

_____, 2011b, "Narrative." In *Wikipedia, the free encyclopedia*, 19 February. http://en.wikipedia.org/wiki/Narrative (Date visited: February19, 2011)

Winzer, Harald（哈拉爾德・韋爾策）、季斌、王立君、白錫堃譯，2007[2001]，〈在談話中共同製作過去〉。頁105-121，收錄於《社會記憶：歷史、回憶、傳承》。北京：北京大學出版社。

剪斷肚臍帶，要做大人樣：
一位客家女性生命處境中的「困」與「尋」[*]

李文玫、丁興祥

一、那張「臉」

是那張「臉」深深吸引著我，

對，那張臉，

好「怨」、好「苦」、卻好有「力道」。

菊子，有一張我再熟悉不過的「臉」，對，就是那張臉，深深刻著我兒時的客家意象。這張充滿怨的「臉」，好窮、好苦、好可憐、好自卑，卻也充滿著強而有力的生命韌性，那是我從小深刻記憶的客家女性的「臉」。

從小我住在苗栗一個叫「大河村」的地方，放眼望去都是姓李的人家，印象很深刻的是，我所知道的客家女人總是戴著頭巾，在山的那一頭忙著田事、農事，總有做不完的工作、講不完的抱怨，卻又任勞任怨地勞動著。菊子讓我

* 本文原刊登於《應用心理研究》，2008，39 期，頁 121-164。因收錄於本專書，略做增刪，謹此說明。作者李文玫現任龍華科技大學觀光休閒系助理教授；丁興祥現任輔仁大學心理學系教授。

有這樣的熟悉感，像是在山的那一頭忙碌穿梭的身影，這讓我很想寫菊子的故事。

「臉」不僅是歲月的刻痕，更是一個人生命的印記。那是個人處在社會情境中，不斷與自我、人際及社會互動出來的生命樣貌，展現出一種獨特的風格；然而，處在相同生命境遇的人，卻也會有相似樣貌的呈現。就是這份獨特而又相似吸引著我。在美濃客家庄成長的菊子，有其成長的歷史脈絡與社會情境，也有其自身的生命樣貌，我想寫出那份生命的「苦」、「怨」與「力道」。

二、是個人的，也是社會的：個人的生命鑲嵌在歷史、社會文化脈絡

個人的生命鑲嵌在歷史、社會文化脈絡中，因此，生命故事不僅僅是個人的，也是社會的。個人透過敘說建構自身，在個人不斷敘說與書寫中，個人的生命故事展現出個體所經歷的整個社會歷程。Denzin（1989）認為「研究者必須把個人問題或苦惱扣連到較大的社會與公共議題」（引自張君玫，1999：29），而 Augoustinos & Walker（1995）也主張：「所有的認同，所有的自我建構形式，都是社會的」（1995：98-99）。

「社會的」是一多面向的詞彙，包括歷史、社會、文化等。關於在進行敘說研究時，需考量歷史、社會等因素，Clandinin & Connelly（2000）作了很好的說明，他們使用杜威的理論，提出「三度敘說探究空間」，強調在思考敘說探究（narrative inquiry）須同時兼顧三方面的理解：個人與社會的互動、過去現在未來的時間性以及地點的情境性（引自蔡敏玲、余曉雯，2003：72）。也就是說，在進行生命敘說的研究時，互動性、時間性與情境性都是重要的向度。至於在文化向度上，Minami（2000）在回應 Brockmeier 的「自傳性時間」（autobiographical time）一文時，認為除了時間因素在自傳性認同建構上扮演

了極為重要的角色，但更重要的是，個人的敘說是鑲嵌在社會文化環境中，因此生活中透過代間傳承及與他人共享的態度、價值、信念及行為的文化因素更是不可忽略的。

而賴誠斌、丁興祥（2002）更清楚地指出：個人的主體性在歷史及社會文化脈絡中建構，他們反對心理學的研究立基於「機械論」觀點，極力論證從「脈絡主義」的觀點來研究人，認為自我是置身於歷史、社會文化脈絡中；他們更主張，對於個人主體性在歷史文化脈絡下如何複雜多層次的交互建構，心理傳記與生命故事方法提供了切實且具發展性的研究取向（賴誠斌、丁興祥 2002：173-180）。也就是說這樣的研究取徑，不僅重視個人的獨特性，同時也兼顧整體性，立基於這樣的觀點，本研究採用的是生命故事研究取徑，來進行菊子生命故事的書寫與探究。

三、相遇與書寫

遇見菊子是一種偶然，也似乎是一種必然。

第一次聽別人的故事，是那樣地聽到心坎裡。

第一次聽別人的故事，哭到不行。

——研究筆記（2005.11.16）

（一）生命故事研究取徑

在說明生命故事的研究取徑之前，要先說明「人就是敘說」的觀點。Sarbin（1986）特別提出「敘說作為心理學的根本隱喻」（The Narrative as a Root Metaphor for Psychology），意味著「人就是敘說」，人活在敘說中，人透過敘說建構自我、認識世界；人也透過敘說主動建構世界，我們就活在自己講的故事和別人講的故事裡。而什麼是敘說（narrative）？不同的學者有不同的定義（Sarbin,1986；Murry,2003；Polkinghorne，1988；Hatch & Wisniewski，1995），國內學者吳芝儀嘗試將之歸納為：敘事[1]即故事／事件、敘事即結構、敘事即基模、敘事即建構、敘事即對話（吳芝儀，2003：151-155）。本研究採用「敘說即故事」的觀點進行之。

Atkinson（1998）認為我們每天都在說故事，而說故事是人類溝通的最基本形式，將事件、經驗與感覺說出來的過程中，我們會發現生命中的深層意義。他提出「生命故事訪談」的研究取向，並將生命故事定義為：「生命故事是個人對他／她過往的生命進行選擇性的訴說，說得儘可能完整而誠實、說他／她所記得的、說他／她想讓別人知道的，通常是由另外一個人進行引導式訪談所產生出來的」（Atkinson，1998：8）。在這樣的定義中，有幾點是重要的：即生命故事是個人的故事；生命故事要透過敘說；是個人對過往生命進行選擇性地訴說；要說得完整、誠實、說記得的、說想讓別人知道的；透過引導式訪談而產生的。

面對這些定義，試著與這段時間所研究的生命故事進行對照，我會將生命故事研究取徑定義為：立基「個人的生命鑲嵌在歷史社會文化脈絡中」及「人就是敘說」的觀點，在一個輕鬆而自然的情境中，透過訪談的方式讓敘說者可以盡情地訴說自身的故事，透過故事的敘說，說者得以重新看待自身的生命，並建構生命的意義；而研究者得以理解在歷史社會文化脈絡中的個人，如何可以在社會歷程中活出自我的生命樣貌。

1 敘說或敘事皆為英文 narrative 的翻譯，不同質性取向的學者會有不同的譯詞，本研究採用「敘說」一辭。

（二）等待、醞釀與相遇

這等待與醞釀是經歷了看客家戲、演客家戲及不斷聽故事的歷程。2003年年底在訪談歡喜扮戲團[2]導演彭雅玲的前後，看了臺灣告白（六）：「我們在這裡」。心中感動於這些真實的生命經驗搬上舞台，演員自己演自己的故事。而劇中最讓我印象深刻的一幕是一個叫菊子的人，帶著兩個小孩到臺北找工作被拒的情景，後來找到了一家同是客家人的老板娘，給她衣服做。當時，心中就暗想希望有機會能夠訪問她。一直沒有機緣認識她。

2005年自己參加歡喜扮戲團「廚房的氣味」的演出，除了國家劇院實驗劇場的3場演出外，已經下鄉到竹東和新屋演出過。而自己也已經訪談了將近10位的客家女性，並試著寫故事。對於訪談狀態、客家女性和自己的研究位置都有較清晰的理解。也慢慢覺得，其實訪談是開一扇窗，讓敘說者有機會說自己的故事；而一個人的生命中，如果有另外一個人是那麼溫柔地、願意傾聽自己的故事，是件幸福而難得的事。有了這樣的認知之後，我化解了原本對訪談的擔心與慌張，我沒有要探人隱私、也沒有要碰觸別人的傷痛，我謹以我真誠、良善的生命，提供一個敘說與傾聽的機會，就這樣，我聽了好多故事，更讓敘說者有機會從頭說說自己的故事。

似乎，在之前的醞釀與等待中，我已經準備好要遇見她了。而她呢？10年來，惠芷媽媽的讀書會和阿枝的心理成長班、歡喜扮戲團30幾場客家戲的巡迴演出，似乎也讓她準備好可以再一次地回顧並整理自己的生命。那是2005年11月8日因緣際會下所結識的緣分，而第一次的訪談也就在11月16日正式展開。

---

2 歡喜扮戲團是由導演彭雅玲於1995年創立的口述歷史劇團，將口述歷史轉換成舞台形式演出，第一齣的客家戲是臺灣告白（六）：「我們在這裡」，菊子的故事搬上舞台演出；第二齣為臺灣告白（十）：「春天來的時候」；第三齣為臺灣告白（十二）：「廚房的氣味」，此齣戲劇第一作者有參與演出。

（三）那一年半：關係的流變與敘說狀態

50 幾年的生命歲月要濃縮在一年半之內（2005 年 11 月至 2007 年 5 月）講完、講夠，對敘說者來說並非容易之事，對聽者而言更非易事。這段期間，彼此的關係變動著，我試著用時間軸來說明關係的流動，而貫穿在其中的是深厚的客家女性情感與認同，那是滋潤著關係的豐厚土壤。隨時間而流變的關係，我將之命名為：一拍即合的關係緊密期、關係維繫期、拉開距離的沉澱期、進入故事書寫期（如圖 1）。

以時間軸來看，「一拍即合的關係緊密期」維持了 3 個月，從第一次的敘說到菊子覺得「故事講完了」，這段期間每星期至少有一至兩通的電話聯繫與敘說，而一整天的敘說訪談共進行 3 次，這是一段敘說者積極而有準備的敘說。

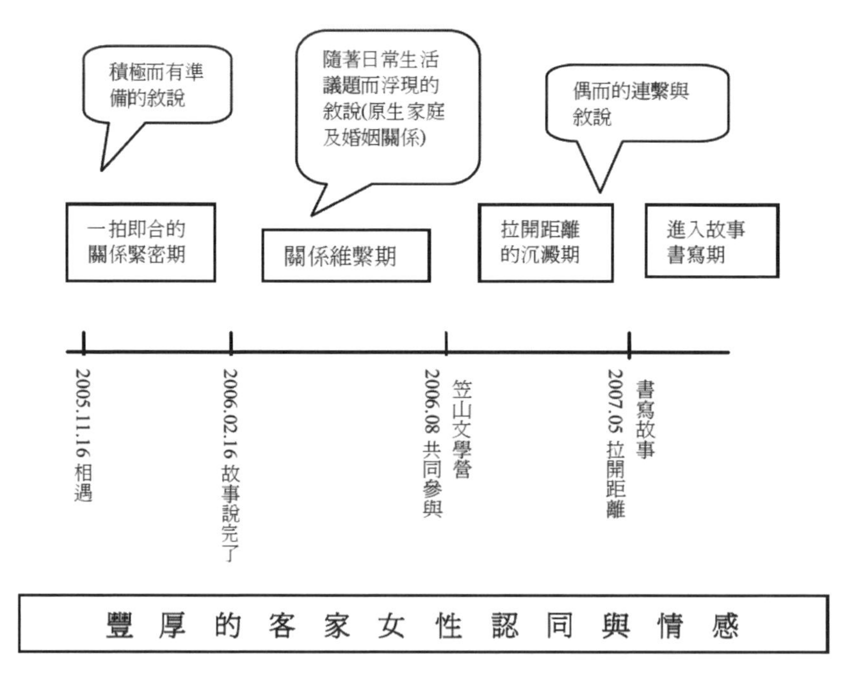

圖 1：隨時間軸線而流變的敘事與關係狀態圖

「關係維繫期」有半年的時間，隨著敘說者覺得自身的故事講完了，卻依著日常生活的遭遇浮現了敘說者之前未完整敘說的議題，包括與原生家庭薄弱而淡的關係、衝突而複雜的婚姻關係。對身為傾聽者的我來說，這兩個階段我都完全沉浸於故事中，為著故事的起伏而動容。

接下來則進入「拉開距離的沉澱期」及「進入故事書寫期」，彼此保持偶而的連繫與敘說，對我來說，這是一段不斷「進」與「出」的過程，Clandinin & Connelly 說這是「陷入戀愛，離身冷靜觀察」（蔡敏玲、余曉雯譯，2003）；而蔡敏玲（2004）則用愛城的藍天和積雪來形容，她說「藍天清朗卻離地甚遠，積雪黏糊但就在腳底——就像離境剖析資料與入境就地經歷一樣」。沒有這段「出來」與「離開」的過程，我無法寫出故事。

因此，對我來說，最困難的階段在於「故事書寫期」。現實生活中偶而的聯繫與敘說，讓我很容易把文本中的菊子和生活中的菊子混雜在一起而無法繼續書寫，因為生活中的菊子總有不斷出現與流變的經驗與故事，然而文本中的菊子卻需要清晰的定格。那樣的定格就是 Clandinin & Connelly（2000）所說的：

> 敘說探究文本根本上是一種時間性的文本——關於過去曾經如何、現在如何，以及將成爲如何。作者必須找出方法來寫出那種定置於某處的文本，不是抽象的，而是定置的。而那個某處，同樣的，也需要被看成是處於一種成爲的狀態。（引自蔡敏玲、余曉雯，2003：211-212）

我的不能定格來自於無法跳離敘說者的現場與現場文本，有了這樣的看見，我試著區隔並讓文本中與生活中的菊子同時並存於不同的時空，才有了以下的生命故事。

（四）故事如何寫出來的？

1. 傳主的出現與生命故事資料蒐集

前面所提及的相遇，就如 Elms（1994）所說的等待傳主的出現，的確讓我有這種感覺，菊子的出現是一種等待與機緣，是一種「嗯，對了，就是她」的感覺。接下來透過一年半的訪談與生命經驗的參與觀察，我聽了很多很多的故事，透過敘說搜集了很多現場文本的資料，就如同 Atkinson 在提及以生命故事作為研究取向時，所可能採集的資料包括：出生和家族的源起、文化背景與傳統、社會因素、教育、愛情與工作、歷史事件和週期、退休、內在生活與靈性的覺知、主要的生命主軸及對未來的看法等（Atkinson,1998）。然而，菊子是個主動敘說者，大部分的訪談都是由菊子主動決定敘說主題與方向。另外，為了更能理解菊子生命中的貴人——「阿枝老師」，也特定花了半年的時間去上她所開設的心理成長課程；並與菊子於 2006 年 8 月初共同參與「笠山文學營」，[3] 期間還抽空前往菊子美濃的娘家，與菊媽聊天，並參與著菊子與菊媽的互動之情。

2. 研究筆記的撰寫、並將敘說資料轉譯成逐字稿

研究筆記是我在聽故事的同時所被觸發的心情、想法或是舊時記憶的浮現，記載著我這段時間的歷程。而將敘說資料轉譯成逐字稿，則是一個繁瑣而龐雜的工作。訪談大部分以客家話進行，因此在轉譯時，我碰到語言與文字轉換的問題，剛開始我直接將客語轉成可閱讀的國語，可是又覺得少了屬於客家語言的味道，因此也就試著直接找尋相同發音的漢字來謄寫客語。然而，這又遇到閱讀上很大的困難，那是在閱讀上與書寫上的不順暢，另外，在與他人溝通討論時，非客家人是絕對無法讀懂的，為了克服這些困難，我還是將聲音的

---

3 「笠山文學營」為鍾理和紀念館所舉辦的文學營隊。

訪談直接以國語來謄寫。為了使轉譯的文本具有可閱讀性，我儘可能使其順暢，並加上標點符號，這類似 Atkinson（1998）所主張的轉譯方式。

轉譯的逐字稿分別是 2005.11.16、2006.1.26、2006.2.16 等三整天的敘說訪談以及 2006.3.31 的電話訪談、2006.4.22 在毛毛蟲基金會[4]的分享及 2006.7.12 一整天完整地談和先生的關係；另外還有菊子日記文稿的轉錄。

3. 往返於「聽故事」所產生的理解與逐字稿的「文本閱讀」間

因為從事心理輔導工作之故，我很習慣透過聽故事及與對方的接觸來理解人，然而對於逐字稿的閱讀，及如何將龐雜的資料書寫成為有條理可閱讀的文章，對我來說是件艱難的事。為了解決文本閱讀與理解的困難，我試著前往政大修習倪鳴香老師的「口述傳記文本」[5]課程，在細緻地逐字逐行討論「文本」中，我依舊游移於聽故事與文本閱讀間，然而最大的收穫是「文本」這個概念進入我的研究中，而對於菊子故事的更深一層理解與推敲，就是來自於反覆地閱讀文本間。

4. 不斷與社群討論

過程中，如果沒有多次與不同社群的討論與反思，是寫不出菊子的故事的。成虹飛（2008）認為在敘事文本的書寫中，與社群的討論是很重要的研究歷程，而這段期間討論的社群包括輔大心理所的「質性實作」課程、由相同研究取向的同儕們所組成的「219 論文討論團體」以及「生命史與心理傳記研究小組」每個月的討論。而社群的討論在故事書寫的每個階段都扮演著重要的角色，它必須不斷而持續地進行著。

---

4 毛毛蟲基金會的討論為丁興祥與倪鳴香老師所發起的「生命史與心理傳記研究小組」，每個月進行一次的分享與討論，前幾年的地點都在毛毛蟲兒童哲學基金會的場所舉辦。

5 口述傳記文本課程為政治大學幼教所倪鳴香老師所開設課程，主要在介紹透過微觀的語言文本來分析探究生命主體與社會互動的歷程。

5. 自我生命視框的反思

「反思性」在質性研究中是非常重要的一環（丁興祥、賴誠斌，2006；Atkinson，1998,2007）。在不斷與社群討論及不斷反思的歷程中，研究者的生命視框才得以愈來與清晰，在不斷同理與區辨中，他人生命故事的書寫才得以完成。

其實，在書寫他人的生命故事時，一路交疊碰撞的會是自身生命經驗的浮現與整理，在這樣的交疊碰撞中，我寫出了自身的「客家經驗」，名之為「客家經驗」是指「我」如何看待「生為客家人」的身分認同，及在臺北都會區對過往經驗的隱性隔離歷程。直到我看見，原來我看待自身的客家經驗是等於「窮」、「苦」、「可憐」、「自卑」，我才知道，原來在我的腦海中，我是這麼看待客家，這麼看待我在客家庄的成長經驗（李文玫，2007）。

另外，也同時碰撞著自身的女性經驗，對於身為女性我一直覺得在我成長歷程中，並沒有太多重男輕女的不公平對待，在我們不算富有的家中，教育資源的分配是平均的，相較於菊子，我有太多的幸運。然而，進入婚姻之後，隨著婚姻制度而來的「媳婦角色」的文化規訓，卻讓我有被束縛與不自在之感，那是一種無形且無法清楚言說的約束感，無關乎婆婆或妯娌的好相處與否，在於那種文化氛圍中對女性的規訓，這是我很深刻的感受，對菊子來說，那更是壓迫與窒息感。

6. 故事情節的擷取與鋪排

Bauer & Gaskell（2000）提出敘說的三大特性：整全性、細節性與濃縮性。除此之外，個人一生故事的敘說具有複雜性、變動性。複雜性來自於每天所經歷的事件極其多，能夠在回顧時檢選出來講的，就已經是印象深刻且具有影響性的；而變動性則是因為訪談的時間長達一年半之久，故事的再次敘說會因當時的狀況有不同的意義解釋，因此我要依著當時事件發生的狀態來描述，還是用敘說者如今的詮釋來看待，在這樣時空交錯的複雜性與變動性中，我很難斷然區分兩者，因此在故事的書寫中，我試圖呈現這樣的交錯與複雜。至於情節的選取與鋪排，則是在時間軸的引動下，試著從出生到現今，選取敘說者所認為的重要情節進行完整的書寫；然而情節的鋪排卻同時受到主軸的選取而進行最後的增添或刪減。

7. 選取主軸

Atkinson（1998；2007）認為要將生命視為一個整體（as a whole）來看待，在這樣整體性的回看中，重要的生命主軸就會浮現出來。在選取菊子的生命主軸時，經歷了不同的選擇，從初始的「自卑與翻轉」，那是關注於菊子一直所認為的自卑來選取的，後來在書寫時卻發現「自卑」這個主題的確是敘說者所關注的，然而卻不夠完整；第二次則選擇「攣——縫」這個主題，是依菊子作為裁縫師這個意象來的，「縫」是一個動態的歷程，可以是縫補過往生命的缺口——自卑、可以是裁縫出自身新的生命衣裳、更可以是連結相同處境的女性，我很喜歡這個譬喻，然而，「縫」是身為研究者的我所賦予的，菊子本身並不以裁縫師為重要志業；所以接下來試著在敘說者所給出的「語言」中尋找，這次找到的是「困」，菊子的生命的確是被困住了，被自卑所困、被婚姻所困，而這被困住的生命也一直在找尋出路，這個「困」的意象是清晰了，然而生命是一個動態歷程的展現，菊子是從「困」到「脫困」嗎？好像不全然，菊子某些層面還在「困」之中，某些層面卻已在開展之中，「困」無法作為主要標題，卻是菊子生命中的重要軸線之一，因此把它作為副標；最後選擇「剪斷肚臍帶，要做大人樣」，是在回到菊子第一次敘說的文本中，發現對菊子來說，50 歲才驚覺自己要「剪斷肚臍帶，要做大人樣」，前者是回觀過往，後者則試著接續現今而得以朝向未來，是說一個「困」與「尋」的故事。

8. 進行論述與對話

雖然主軸的選擇經歷了不少的變化，然而過程中所尋覓的主題皆可成為論述與對話的基礎，一是「自卑」之困；二則是女性在進入婚姻之後的困境，對菊子來說，特別是媳婦角色的承擔、與原生家庭的斷裂，以及婚姻關係中「錢關」的衝突；最後，則試著論述菊子是如何得以「剪斷肚臍帶」，而「要做大人樣」又是怎樣的生命追尋（整個書寫的歷程如圖 2）。

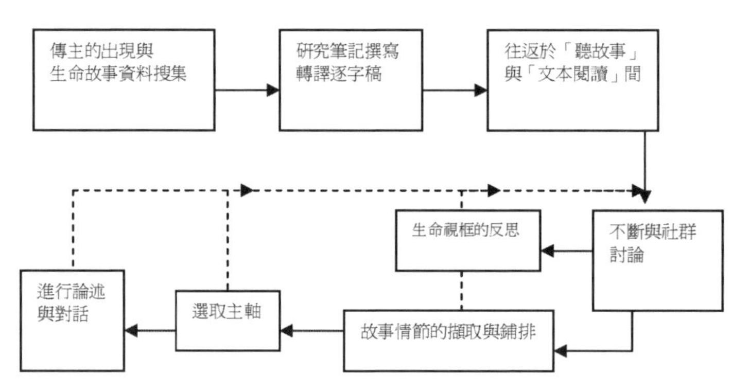

圖 2：故事書寫的歷程圖

四、菊子的生命故事

（一）菊子的出生

菊子，民國 44 年出生在南臺灣的美濃鄉下，原本定居在臺中的阿太（曾祖父）帶著阿公他們往南遷移，打拼開墾，希望家人可以在美濃客家庄有更好的生活。菊子對阿太沒有任何記憶，這段遷移史也不是從小聽阿公阿婆講的，倒是 46 歲那年，因為參加歡喜扮戲團「我們在這裡」的培訓，卓明老師要大家畫家庭圖和說自己的家庭史，菊子回美濃問了很會講故事的小嬸才知道的。

菊子的出生地是「溪埔寮」。在美濃，流傳著這樣的諺語：

> 嫁妹莫嫁竹頭背，不是涮蕃薯簽，就是剁豬菜；
>
> 嫁妹莫嫁溪埔寮，好是好，沒電火，蛤蟆蟾蜍當作拉基喔（radio）

美濃客家庄原本就不算富庶，而溪埔寮更是窮困的地區。家中沒有錢，再加上生為女兒身，這樣的出生背景，似乎註定了菊子的某種生命基調。

菊子常常覺得自卑，卻很有骨氣地告訴自己，「雖然我只有國中畢業，但是我的程度絕對不會停留在國中階段」。菊子的自卑不是從國中畢業開始的，那是身為女的卑下，還有從小每次在看書時阿嬤的話語：「細妹讀什麼書，讀了也是別人的」，這讓菊子很恨也永遠記得。然而，她只能一邊在田埂上跺腳哭泣，一邊暗自怨恨「明明三哥就不愛讀書，還要一直逼他唸書，那我很想讀書，可是卻不讓我讀……」，菊子知道阿嬤重男輕女，自己再怎麼抗議、再怎麼回嘴都沒有用，還是要拼命地做家事和做田事。另一方面，菊媽也常常跟菊子說：「我們家沒有錢，不要跟有錢人交朋友」，這是家裡窮的自卑。菊子一方面看似認命地做事，一方面也把這樣的忿忿不平，一點一滴地累積在體內。

（二）讀書命：「妳這輩子只有讀兩個學校的命」

菊子一直為自己「只有國中畢業」的學歷而自卑，這是她可以歸納的自卑根源。菊子一直記得，算命的說：「妳這輩子只有讀兩個學校的命」。菊子笑笑地說：

> 還好我沒有讀幼稚園，不然我就只能國小畢業，我加讀三年書喔，……不過我都不會停留在國中畢業的程度，這是我最大最重要的一件事。

一句「不過我都不會停留在國中畢業的程度，這是我最大最重要的一件事」，訴說著菊子對自身命運的挑戰與其他可能性的尋求。

1. 六歲的記憶：揹著弟弟到幼稚園看人家讀書

這段記憶的浮現，是菊子參加靈修團體之後，在 2006 年的年初和一位師姐約了個別談話的時間，在談話中浮現出來的：

> 我看到一個小女孩窩在牆角，不肯出來，媽媽硬是把她拉出來。「還不趕快揹妳弟弟去玩」，那個小女孩就是不甘願出來，但是怕被打，還是出來了。
>
> 那時候別人都上幼稚園，那個小女孩好羨慕，於是揹著弟弟到教室門口看他們上課。每次到下課吃點心時間，就要趕緊把弟弟拉回家，弟弟就是不肯，因爲他也想吃點心，就在弟弟的狂哭聲中拉扯……。

杜師姐邀請菊子陪陪那個小女孩，並問問那個小女孩要不要回頭看看。身著帥氣小男孩裝扮的她堅定地說：「不要！」她，昂起頭，挺起身子，決定和現在的菊子一起往前行。

6 歲的小菊子，不能理解為什麼鄰居的小朋友都可以上幼稚園，而自己卻不能！「家裡沒有錢」是大人給的理由，小小的心靈除了羨慕之外，那種「自己比別人差的自卑」以及「生命承擔的力道」也都悄悄地住進菊子的世界中。

2. 小學六年級

菊子永遠記得小學六年級的導師黃老師，前幾年臺灣告白（六）：「我們在這裡」回美濃家鄉演出時，菊子特地邀請黃老師來觀賞，據說黃老師邊看還一邊很興奮地跟師母說：「你看，你看，那就是我的學生菊子！」戲演完之後，菊子特地走到台下握著黃老師的手說：「謝謝老師」，這個道謝不僅是謝謝老師來看戲，更是謝謝老師30幾年前對自己的特別照顧，在菊子濕著淚水的「道謝」中，70幾歲的黃老師才知道自己曾經拉菊子一把，幫菊子處理補習費的問題，讓她可以順利唸國中。

那年，民國57年，是政府實施九年義務教育的第一年。如果，沒有黃老師的幫忙，菊子可能唸不了國中，要回家幫哥哥嫂嫂帶小孩，讓哥哥嫂嫂可以出去做田事。現今，菊子回想起這一段，還是非常地難過，她記得很清楚，那天黃老師問她：「妳不去補習，這麼小，妳能做什麼？」12歲的菊子當然知道，才國小畢業不能做什麼呀！可是，家裡窮，沒錢，大人不肯給自己補習，其實自己是很想唸書的，黃老師那樣輕輕一問，卻深深勾起了菊子委曲的淚水，混雜著一股說不出的悲傷。小小年紀的她不想讓同學看到她哭，快步衝向教室旁邊的水溝，假裝在那邊潑水洗臉，順便讓自己的心稍微平靜下來。

3. 知道沒書讀

上了國中以後，雖然還是要幫忙做田事，但菊子愛唸書，成績也很好，她在回憶中這麼寫著：

> 國中二年級是我最快樂的一年，因爲童老師活潑認眞帶動下，我們每一個同學都很有朝氣，至今每個同學想到童老師都非常思念，而我的成績都維持前三名的哩！好有成就哦！唉，這是我最風光的一年哩！後來三年級得知不能繼續讀書以後，老師在講課，心都無法集中，只想著未來怎麼辦，唉！眞是命運作弄人也。

菊子唸的班是前段班，「前三名」代表著未來是要唸第一志願——「高雄女中」的，因此國中三年級的老師常常提醒上課不專心的菊子說「加油，雄女我有排妳的名字喔！」望著老師的肯定與鼓勵，菊子很難說出口「我家人不讓我繼續讀了」。國中畢業時，菊子抱著一絲希望瞞著家人報考高中，考上了旗美高中，希望爸爸可以答應自己的要求，因為大哥、二哥、三哥都唸了，尤其是三哥，不愛唸書，成績又不好，但是爸爸還是讓他繼續唸，自己考上國立的，不花太多錢的，而且班上同學幾乎都繼續升學了，不能升學，菊子是不敢讓同學知道的。但是，就是不能如願，不僅爸爸不同意，阿嬤又繼續罵著「女孩子，敗家雞，讀什麼書，讀了還是別人的！」

雖然如此，菊子心中依舊想著「我一定要想辦法繼續唸書！」

4. 女工生活：「也算輝煌的一段時光哩」

民國 60 年，臺灣的經濟正要起飛，糖業、紡織業及電子加工業等等各行各業都需要大量的勞動人口，為了提升經濟勞動力，政府大力倡導「家庭即工廠」，使大量的婦女在家務事之外，投入勞動生產的行列。離美濃不遠的「旗山糖廠」是日本時代建的，在當時依舊興盛，菊子國中畢業後隨即跟著堂姐進入糖廠工作，那時美濃旗山地區有大量的甘蔗田，收成時需要男性勞工把甘蔗砍下來，女性勞工則負責把枝葉削掉，剁成一節一節的，再綑成一大把，由運送車運送到廠裡，菊子和堂姐就是負責削甘蔗枝葉的工作。菊子不擅長也不愛這勞力工作，做了幾個月，就隨著同學前往北部的勤益紡織廠當女工，做了半年，因為同學要回鄉準備繼續唸書，就又跟著回來了。

之後，進入高雄加工區從事電子加工生產線的工作，住在加工區的女子宿舍，菊子很懷念那一段時光，「下班看瓊瑤小說、皇冠雜誌，練就一副好口才，練習對象是哥哥的朋友，也算輝煌的一段時光哩！」除此之外，偶而的出遊，和室友們、和哥哥的同學們，也是一段快樂的年少青春回憶。

當然，心中是不忘要存錢唸書這件事，每個月 7、800 元的薪水，除了固定拿回家的 500 元之外，每日三餐費用是能省則省，「我每天的早、午餐是 7 塊半，就是早餐多點一些菜，裝成中午的便當。」好不容易積累了一些錢，足夠了考試的報名費，卻又因為家裡要急用——阿嬤要開刀，而又全數拿出，「我的阿嬤真的是不讓我唸書，有兩次就是這樣就把錢拿出來。」隨著年歲的增長及與唸書的無緣，在加工區待了兩年半之後，菊子覺得沒有一技之長是不行的，就又花了一些時間去學裁縫，幫人家做衣服。

5. 遇見初戀情人

初戀情人，他，苗栗客家人，是在公路局車上認識的男孩。談起他時，菊子臉上泛起 20 歲年少時候的青春笑容，臉上的線條變得溫柔而美麗，眼神變得明亮而清澈，帶有幾分的憧憬和甜蜜，我知道那對她來說是幸福的記憶——「我沒有白活過！」

> 我眞的很感謝他，他帶我吃遍很多西餐廳，看了很多電影。……現在想起來，那段時間，眞的是讓我沒有白活過。

初戀，清純而動人，總是讓人怦然心動。菊子說的時候，還有一份令人動容的羞澀，好像時空穿越了 30 年，回到了 20 歲。

> 不過，那時候，他的媽媽希望他娶的太太不是公務員，就是老師，我知道他很孝順的，而我只是國中畢業而已，又是學洋裁的，就自己知難而退了。

剛開始的愛戀，就在這樣「配不上」的苦楚中、在為對方考慮的體貼中，硬生生地被切斷，是痛，更是苦！「那個時候，我難過了好久！」不是彼此不相愛，只是因為外在環境的阻礙、因為自己的學歷不夠，這讓菊子很自卑，也很「恨」！

結束了這段初始的愛戀，因著菊子 20 來歲的適婚年紀，菊爸和菊媽一有機會就安排相親，菊子內心帶著自卑與不甘，外表卻展現出一骨「對方程度絕不能比自己差」的傲氣，一一地篩選著，直到遇見了「他」。

6. 他是「老師」：和先生的相識

當初認識先生，是表弟介紹的，他是表弟的「老師」，在電匠補習班教書。當時的他，當了10年的軍人退役，轉行到電匠補習班，人長得斯文、高高帥帥的，是外省人，家住苗栗，不太會說但聽得懂客家話。當時的她，已經20好幾了，雖只有國中畢業，但擁有一技之長——做洋裁，和初戀情人分手一段時間了，也有人介紹過其他男生，但是她很清楚、也很篤定「打死我也不要嫁回美濃庄」，從小就惱做耕田事的她是下定決心，絕不嫁給農人子弟，她不要像阿公阿嬤、爸爸媽媽一樣，做一輩子都做不到（夠）來吃。雖然只有「國中」畢業的她，暗暗立下志願，「自己的程度絕不會只停留在國中階段」，因此，在選擇對象上，她，是不能接受對方的程度比自己差。而「他」的出現，是完全符合這些條件的，再加上他會聽客家話，對很「戀家」的她來說，可以跟自己的爸媽溝通是有加分效果。唯一讓阿婆（外婆）擔心的是，他是外省人，阿婆說，那是要嫁到唐山，天天要吃饅頭，不過，「老師」這個職業形象，對一直很想唸書的她來說，具有莫大的吸引力。因此，懷著滿滿的期待與美好的想像迎向這看似幸福的婚姻生活。

（三）進入婚姻：「就感覺到非常地這樣困住這樣子」

> 其實說實在的，要再回頭去看那一段時間的那個故事，有點不敢回頭去看，就感覺到非常地困住這樣子，就像過時的歲月，要再翻出來看那種辛苦，就覺得心很酸。
>
> 我告訴你是婚姻把我給搞垮的，我眞的婚姻把我搞垮的，就是婚姻那一段，可能這一段是我要修的，否則的話我會……

1. 做人的媳婦要認分

菊子細心地端出一盤盤的菜放在客廳的桌上，看看自覺很滿意，心想「今晚的菜夠豐富了，等會先生下班回來，一起用個餐，就可以準備去上課了。」結婚 27 年來，這 7、8 年菊子終於可以撐出一些些「自由」的空間，那就是，在家的話，就認認分分地煮飯，如果不在家，就請老公自理囉，冰箱隨時都準備著水餃之類的東西，要不然樓下「水餃嫂」店裡的東西也很方便。菊子很不忍去回首的是，剛搬來臺北的那幾年，自己每天都在趕做衣服，只是吃飯時間一到，就會聽到坐在客廳按著電視遙控器的那個男人朝房間裡大聲吼著：

喂，菊子啊，現在都已經幾點了，還不趕快去煮飯——

趕工已經很急了，坐在外頭無所事事的男人怎麼不自己去煮呢？這時，腦海中同時又響起「做人的媳婦要認分」的聲音，菊子真的很恨這句話，偏偏自己又這麼聽話，那是出嫁時阿媒（媽媽）千叮萬嚀的話。想想真的很恨阿媒，幹麻不講其他祝福的話，只講了這些像緊箍咒的話，緊緊地框住自己，真恨！

2. 寄人籬下：搬來臺北，惡夢的開始

菊子進入婚姻生活中，除了前 2、3 年住在自己熟悉的高雄，離娘家很近，人際資源較豐厚之外，搬來臺北是對未來的盼望，卻更是「惡夢的開始」。在一次偶然的機會裡，得知有可能搬到「臺北」居住，菊子心想「搬到臺北，先生在兄弟的壓力之下，應該會主動去找安定的工作來養家活口，不會像住在高雄，天高皇帝遠地，沒人管得著」，當時先生的爸媽和兄弟姊妹都住在北部，就是在這樣「工作機會比較多」及「家人會給先生壓力」的期待下，舉家遷往臺北。

搬來臺北，生活費是一大壓力，「房貸」更是沉重的壓力。房子因某些因素是用小姑的名義購買的，再加上先生的孝順，每年過年和暑假期間，20 幾坪的房子裡，總是擠了大大小小的十餘個人，不是一天兩天，總是十來天，甚至是一個月，吃飯的張羅總是要菊子來做，菊子記得很清楚，有一次女兒學畫畫的才藝班要去放風箏，進行戶外教學，菊子帶著女兒一起去，回到家已經是晚上 6 點多了，門一打開，全家十餘雙眼睛看著她「怎麼這麼晚才回來？」大家都在等著她做晚餐。菊子無法理解「為什麼他們不做，都要我做？」那似乎是進入婚姻生活中，就理所當然地滑進了「媳婦」角色，承擔著夫家劉姓家族人說出與未說出的期待，菊子承擔著，做著，卻有更多的疑惑與不解。菊子知道如果是在菊媽面前，遇到這樣的狀況，自己早就「理直氣壯」地罵人了。

還有另一個畫面也一直深深地留在菊子的腦海中：

> 那時是他們就來這玩、來過年啊，那小孩玩一玩在搶什麼東西的時候就會說，「你回去這又不是你們家，這是我們買的」，小孩子啊，這麼小的小孩子要受到那樣的傷害，就有點寄人籬下那樣非常受傷很委曲的這樣子。

「寄人籬下」的難堪與辛酸，呈顯出自身的經濟弱勢與無法做主，這種狀態，菊子隱隱覺得熟悉，那是在菊媽身上嗅到的，菊媽從小就寄人籬下的經濟弱勢與自卑的靈魂就這樣飄進菊子看似堅毅的骨子裡，慢慢融鑄小時候的誓願「從小我就想我不要跟媽媽一樣」。

3.「又揹了一個罪名了你知道嗎？」

菊子覺得進入婚姻生活的前 10 年是人生中最灰暗的時候，「……所以說不知道也會覺得那個時候是我人生最最最最灰暗的時候，到他們走，我會認為說他們兩個一下要我還太多了，所以他們只享受了 10 年，所以我挑完了咩挑到最後。」

隨著婚姻而來的不可抗拒的命定角色——「媳婦」的承擔，菊子認為自己所做的事是「還」，還公婆的債，然而因為一下子要還太多了，所以「只」享受了10年，10年，菊子覺得自己是挑到最後了。

婆婆生病的那兩個月，有一段時間住臺北榮總，菊子每天坐將近3-4小時的公車送飯菜過去；後來出院就接回家就近照顧，菊子盡力做到自己能做的。

「菊子呀！謝謝妳這段時間照顧我，妳也很辛苦，我想要回去苗栗看看，看看之後再回來。」婆婆把菊子叫到房間。

「妳回去沒人照顧，我不放心，不然我跟妳回去好了。」

「可是妳小孩子還小還要照顧……」

這一段對話，菊子的先生是有聽到的。

她要往生的前三天前五天她吵說要回苗栗看一看啊，那又怕，到三天前，假日他們就來接回去，他們來到之後又不知道怎麼搞的又說她不要回去，她沒有說，害我又被怪說我不願意照顧她說我要把她趕走，所以他媽媽才走這麼快，才這麼快死，就是這樣子，所以說我對我老公非常的不滿……我老公明明就有聽到我們兩個的話，又不會替我講一句話，所以說……又揹了一個罪名了你知道嗎？

在劉家家族中揹上「不願意照顧婆婆，把她趕走，所以他媽媽才走這麼快」的罪名，那不僅代表是個「不孝的媳婦」，更會引發兄弟妯娌間的不原諒、指責與是是非非，再加上先生的不理解，在劉家中，菊子被孤立與排擠，「我說那種委曲啊要受他們全家人欺壓這樣」「一段令我心酸，又無奈的悲情世界裡，談到劉家家族的這家人，我心是冷的，與她們似乎沒什麼情感、沒有留戀、沒有什麼特別感情。」被「困」在媳婦角色裡的菊子，無從逃走，只能看待這是自己的「業」，要去承受，要去「修」。

4. 錢關、難關、爭吵關

前（2006）年年底菊媽過世分遺產，菊子因為之前分田分家的不愉快經驗，也謹記著同學的警告：「我們美濃嫁出去的女兒回來爭家產的，沒有一個後來有跟娘家聯繫的。」因此，一開始菊子就打定主意要「拋棄繼承」，她不是不在乎男女平等，但是她更在乎的是「跟娘家的情誼維繫」，如果拋棄繼承可以讓自己輕輕維繫住和哥嫂的情誼、和美濃家族的情誼，她是願意的。只是先生站在「公平」的立場，是完全不能理解她。

「妳爲什麼不回去分遺產，妳是女兒，本來就有一份，像我們劉家就是每個人平分……」

「啊！妳看，連阿枝老師都說妳爲什麼要拋棄繼承，妳眞的是……」

連續一、二個星期，身邊的這個男人每天都以他那巨大的山東人聲量在菊子耳邊轟隆隆地唸著，菊子真的受不了，直到她以微弱到不行的聲音請求著：「拜託你不要再說了，再說下去，我覺得我可以去死了。」

菊子是真覺得「想死」，巨大的責備聲音一次又一次地重覆傾倒，還在喪母的哀痛中，又要承受這龐大壓力，身心俱疲的她，再也無力承受，是真的想死，菊子說「這輩子沒有這麼想死過」。就在這麼真心地求託中，先生才終於閉嘴。可，這閉嘴，卻沒有真心的理解。

對於「錢關」的爭吵及先生三不五時地大聲責備，菊子用前世的債「我前世大概這樣對待他所以今生必須還吧！」及命定的說法「或許沒帶錢富來的結果啦」來解釋兩人的關係。而「這只是跟我考試，相信我有能力通過考驗的」，是在不可抗拒的前世與命定中尋得一個可能的出口與自我鞭策的方向。

5. 回娘家的路好遙遠、心情好複雜

搬來臺北後，菊子的媳婦角色更重，生活重心都以劉家人為主，回美濃娘家的路更遠了，尤其是有一次過年回去，先生在菊爸面前的大聲開罵：

> ……去到我家這樣叫我，過年喔帶著小孩回去喔，年初二才到美濃，叫我年初三就把小孩帶回來，他爸媽在這，可是我回娘家我一定堅持，因爲我一年才回去兩次，那我堅持過年我還是要回娘家，我回去等我回來你再來，你住多久我都沒關係，啊就做不到，他們就要住在這裡，他就很孝順啊，啊孝順可是他沒辦法服侍得很好，就要我來煮飯服侍他們就對了，那個時候我也堅決不管他，你要回去就回去，他就先回去了。所以之後有好幾年，他都沒有跟我回娘家，我就自己揹著一個牽一個，還有拉一個行李箱這樣子回娘家。

「我就自己揹著一個牽一個，還有拉一個行李箱這樣子回娘家」，這意象，好辛酸。在婚姻體制中，女性的出嫁，承擔夫家的家務勞動變成理所當然，當兩邊有所衝突時，如果得不到先生的支持，那麼身為女性，同時帶著女兒和媳婦的角色，只能這般孤絕地自己一個人揹著、牽著還稚幼的小孩，再拉著一個行李箱，裝著心情的行囊，即使路途再遙遠，娘家還是要回的；卻也在這般沉重的承載中，表達出「沒有你我也可以自己來」的無言抗議，同時也在強而有力的拉扯中，展現出生命的韌性和力道。這，也就是集「怨」、「苦」與「力道」於一身的生命圖像。

6. 裁縫機與收音機的日子

（1）裁縫機

「菊子啊，你這樣車車車要車到什麼時候，才能車到這條魚呀？」

菊子的公公剛從菜市場回來，指著手上的魚，大聲地用他那特有的山東口音吼著，菊子聽見了，依舊在在房間中默默地、努力地一針一線來回車著，她覺得自己已經夠努力了，這麼反諷的話，聽了，心很酸，卻也無奈。

菊子做衣服常常是要趕工的，最忙的時候曾經接下三家店的貨，從早到晚努力地趕工，只是先生家族的人沒有辦法體會「趕工」的無奈和辛苦。這部分倒是女兒的體會最深，常常向菊子抱怨「我都沒有童年」，那是因為民國 70 幾年，在延續 60 幾年「家庭即工廠」的經濟政策，及紡織業依舊興盛的狀態下，拿回家做的衣服，總是要在晚上和假日努力地趕工，當然，一方面也是要多賺一點以維持家計。菊子對女兒「沒有童年」的抱怨是覺得虧欠的，因為幾乎很少假日帶兒子、女兒出去玩，但為了「生活」，菊子也沒辦法做到更多了。「你知道嗎？那時候為了趕工，在家還要帶小孩，只要他們不乖，我就一定用打的！」這也種下了女兒的叛逆期在國小四年級就提早來到，使得母女之間的衝突不斷。

（2）收音機

收音機上佈滿粒粒灰塵　　　　上頭的開關鍵
因為經年累月的推抹　　　　成了銀灰色
那粒粒塵埃 那推抹的痕跡
見證著菊子二十餘年來的　　　　怨 苦 與 困
也因為它的存在
可以讓菊子度過人生中的辛酸與困頓
並讓她走出來

收音機與裁縫機是菊子生命中重要的伴侶。尤其是收音機，只能唸到國中畢業的她，靠著收音機開啟了通往外在世界之路。小學四年級的時候大哥大嫂結婚，大嫂帶來一台收音機，「很大一台，可以放唱片的那種」菊子記得，只要是下雨天，不用出去做農事，就會在家聽收音機。菊子說：「這一點很像我爸爸，他總是戴著收音機在耳邊，話很少……」。

結婚以後，在家做洋裁的菊子，裁縫車擺在窗邊，旁邊就放了一台收音機，從早聽到晚，什麼時候有什麼節目她都清清楚楚。菊子在婚姻中被磨得不成人形的翻轉之路，是透過收音機的廣播節目，知道在附近「景新國小」有辦理婦女成長班課程，菊子覺得自己一定要走出去，再也無法只待在這小小的屋子裡，走出去尋找新的支持與資源。這年，她 40 歲，離國中畢業已經整整 25 年的歲月，菊子覺得「圓了六個月當學生的夢」。她寫了一篇「景興國小婦女成長班心得分享」，是在成長班的結業式上公開宣讀的，菊子覺得很榮耀，而更重要的是那開啟了她往後十餘年來的翻轉之路。

（四）走出家庭，找尋出路

1. 阿枝老師：打開生命能量的貴人

阿枝老師（社區心理成長班的老師）是菊子到臺北來之後，使她「重生」的貴人，「阿枝老師對我有再造之情，她是我的第二個媽媽」，菊子這麼形容著。阿枝老師是個男性能量很強的人本實踐者，常常會毫不留情地點出你內心深處的害怕、衝突或是困境，令人招架不住，菊子形容那是「鍾馗照妖鏡」。

曾經，菊子對她是非常害怕，「以前有一段時間我非常害怕她，而害怕她的原因，我後來也透過所謂的靜心這樣子，我知道我害怕的原因，就是害怕被罵，那個罵罵的背後就是自己會覺得說，不敢去承認自己不好的那一部分」，阿枝像是照妖鏡般照射著自己內心的種種，毫不掩飾的，讓菊子要花好長一段時間才能平復。但是菊子也知道，阿枝老師是個用情很深的人，是真的期待她好。

對菊子來說，阿枝老師是權威的象徵，象徵著父母親、象徵著社會體制，在這樣的權威之下，菊子顯得渺小而卑微，卑微到自我幾乎不存在，10 年的時間裡，菊子有大半的時間像個小女孩似地，孤獨地瑟縮繾綣在角落裡，說不出話來，任權威宰制，毫無回擊能力，雖然菊子知道那是自我鞭打的投射，但一時之間就是走不出來。而阿枝老師是個有情有義的人，雖然直接地拿著大刀砍殺，砍得菊子傷痕累累，卻也不斷地鼓勵與指引菊子勇敢地向前邁進，做個有「愛」、「自由」的女人。菊子其實也是個能量很強的人，當被宰制、砍殺到走投無路時，好不容易在一次的大吵中，稍稍衝撞了權威的箝制，表達了部分對權威的不滿，也長出了面對權威的能力，那是經歷了一場激烈的衝突。

菊子用身體巨大的能量把書一丟，對阿枝老師怒吼著：

「妳除了會罵我，還會做什麼？」

「妳有本事嗎？有本事妳就來做老師。」……阿枝老師以更巨大的能量吼著。

兩、三天後阿枝老師打電話給菊子問說「還好嗎？」讓菊子有被關懷的感覺，也化解了彼此的關係。那一化解，菊子才了解到，原來，自己不知道從哪裡來的能量，把心裡幾年來的壓抑——「女孩子家讀什麼書？」吶喊出來，吶喊出很多的不滿。

經歷了這樣的吶喊，對阿枝老師的怕還是存在。只是阿枝老師像關懷孩子般地邀約菊子：「妳至少每個月出現一次，讓我知道妳過得還不錯！」如此情深的邀約，菊子很掙扎也很衝突，她想起，在過去幾年的過年時節，都是阿枝老師向成長班的同學募款，包了大紅包給她過年的，菊子說「除非我現在能走出自己的一條路，不然我不想回去上課，因為那會讓我回到過去經濟弱勢，蹲在角落裡的那種感覺。」雖然菊子最後還是決定不會去上課，但是深深的阿枝情，她永遠記得，她說「阿枝的課讓我打開生命能量」。而這能量的打開，最重要的就是剪斷和娘家的肚臍帶關係，學著做大人。

2.「豬欄肚裡舊舊情」：50 歲，剪斷肚臍帶，學做大人

豬欄情

豬欄肚裡舊舊情，藏等阿媒思念心

老伴共下檢水柴，幾多艱難路頭中

歲月偷走後生力，老裡腳舍毋堪行

子來輪食要過房，七日一ㄎㄧㄠˇ心像年

那是在家中經歷「分田」之後，有一次回家看媽媽，剛好撞見家中正在拆豬欄，菊子一時之間無法接受，因為「舊舊的豬欄」拆掉了，「家」的象徵就不再了，是真正要面對家中四兄弟分家的事實。菊子記得自己在小學時候就開始摘豬菜、剁豬菜、餵豬，她對「豬欄」有深厚的情感，因此，在未被告知的狀況下，眼睜睜地看著豬欄被拆，菊子是哭到不行，在一旁的妹妹還很納悶，有什麼好哭的。為此，菊子花了好長一段時間，才看見，樹老了，要分枝，一直以來都以為，那樹，是自己的，是可以緊緊黏附的。菊子說，她有寫一篇舊豬欄的詩，用老山歌來唱。這年，她 50 歲。

對菊子來說，「豬欄情」又是怎樣的情感在裡頭？舊舊的豬欄裡，有深深的情，豬欄是「家」的實體象徵，拆掉了，「家」就不在了，也不再是「我」的「家」了！

菊爸過世之後，家中四兄弟「分田」，菊子並未被告知，因為她是嫁出去的女兒，不應該回來分祖產，對於「分田」這件事，菊子調適了好久才接受。但是對於這一次，三合院左側的廂房，原本是一個完整的家，一定要回的「娘家」，然而，一個「完整」的家硬生生地被分成四份，完全獨立而隔絕，原本互通的走廊，也砌上了灰灰而厚實的水泥牆。不僅如此，菊子更氣菊媽的是，沒有四家共有的廚房和吃飯的地方，菊子認為菊媽應該要出來「做主」，把原來的「豬欄」改成共有的廚房，就歸菊媽所有。菊子認為「共有空間」的存在，過年過節家人才有相聚之處，大家才有佇足與聊天的地方。可是，現今卻不然，回娘家用的是「大哥家」的廚房，睡的是「二哥家」的房間，那不屬於「我的家」，是「別人的家」了。而三哥跟小弟，因為沒那麼多錢，所以房子沒改建，就廢棄在那裡。

豬欄的拆掉是一外在的表徵，考驗著菊子以一個嫁出去的女兒如何回看「家的意象」。每當別人問起，你是哪裡人時，菊子總是說「我是美濃人」，就是不會這樣說：「我是美濃人，不過，現在嫁出來，住在臺北縣」。豬欄拆掉之後，菊子深深覺得：

那種心情有沒有
嫁出去的女兒
潑出去的水
就那種心情
就肚臍帶給剪斷
那種心情
很痛
眞的

「家」是菊子最愛戀的地方，也是最想逃避的地方，在分田，分家之後，與娘家的肚臍帶硬生生被剪斷，卻也回頭看到：自己跟家人的感情怎麼會這麼「淡」？那是期待著手足之間可以有更濃厚的連結，只是，誠如菊子自己說的：「樹老了，要分枝」，菊子是否已經在老樹身上提取了足夠的養分跟勇氣，掉落在一塊屬於自己的土地上，甘願而紮實地生根發芽？還是依舊隨風飄盪，不時回頭渴望回到老樹身邊？或者還在尋求一個讓自身可以安頓的居所？

或許還在尋找吧！菊子說：「我才有發現說，我要做一個大人樣了！」那是一個開始。

3.「我是唱菊子的半山謠」：歡喜扮戲團客家戲的演出

記錄 8/1-8/4 日美濃笠山文學營的心情故事

……聽到這裡時就突然會心一笑，拼山歌、男女對唱小時候曾經聽過長輩們唱，可是已經沒什麼印象，常聽小孀孀說她阿公那一輩的在田裡工作時就是這樣比賽似的拼，誰也不願輸，一天的辛苦很快日頭又落山，日子不知ㄓㄨ（午）不知暗，一天又一天一年又一年就這樣老了……終了這就是農家人介一生，不知苦，山歌帶本（給）人當（很）大趣味，某某人絃ㄧㄞ的當好哦。吃飽夜禾堂ㄧㄞ絃唱山歌勾埔娘，妳介細阿姑細姑丈就這樣結合的。原來山歌裡有那麼多的故事，突然浮現這些畫面跟著進入我童年孀孀的故事裡。聽著……聽著拼山歌，鍾老師怎麼冇（沒）拼出口呢？課結束後，有問題提問，我忍不住舉手怎麼老師一直提拼山歌，卻聽不到山歌呢？好遺憾哦……就這樣我上了台現了自己認爲身爲美濃人很驕傲的、有代表的美濃山歌哩……大埔調及半山謠。當我學會唱時常常用心情故事來抒發自己的情感給唱出來，成了我心中屬於自己的歌，自得其樂很開心，隨口會不知不覺中想唱山歌時就唱出來，難怪阿洋說我是唱菊子的半山謠，而不是什麼師教的半山謠了，頓了一下想想，眞得（的）也（吔）……

菊子 2006.08.09

8 月 2 日在笠山文學營，看著菊子即興地在台上唱著山歌，樸實而真誠、情感的流露，好真。因為，在自己成長的土地上——美濃，提到「山歌」，菊子是有一份濃的說不出的感情，用唱的，最能表達。

菊子說，自己是在 46 歲那年因為參加歡喜扮戲團「我們在這裡」的培訓中，顏志文老師教的山歌，才開啟了自己唱山歌的潛能與記憶，6 年來，已經可以唱出屬於菊子自己的半山謠了。剛學會的前幾年，常常用心情故事來唱，一遍又一遍地抒發自己的情感，邊唱邊哭。現在，在一些公開場合中，菊子常常會把握機會上台唱山歌，「我覺得身為客家人，我很驕傲。」菊子覺得要不是參加歡喜扮戲團的演出，自己對客家的文化與情感也不會這麼深。

那是一份篤定的客家情、山歌情，更是菊子心中屬於自己的歌。

4.「給自己一個機會」：經濟獨立的努力

「給自己一個機會」對菊子來說是有特殊意涵的。是自己「給自己」、為自己主動爭取的，那是一種「自主」的想望與朝向；「一個機會」，是什麼樣的機會？讓自己可以走出家庭的機會，可以逃離關在家中趕做衣服、家中男人大聲問：「為什麼還沒有煮飯？」的那種窒息感；讓自己可以試著脫離「經濟弱勢」的困窘，使自己可以經濟獨立。從事營養免疫學觀念及食品的傳銷已經邁入第 3 年的菊子，非常堅定而堅持地要走這條路，那對沒有文憑、又已步入中年的她而言，是個值得嘗試的機會。

> 這過程中我愈來愈肯定說我要什麼，我是來到丞燕，工作上我也更肯定說我唯有走這條路才有其他的可能，這個又不用學歷又不用任何專長，只要透過學習你就有機會，又沒騙又沒搶，就做好售後服務，然後開發客源就有機會這樣子，啊我很堅定。

但是，堅定的背後，不是沒有碰到任何挫折或阻礙，

> 剛開始我先生他不能接受我去做丞燕，因爲他會覺得說傳銷不是這麼好做，然後怕我被人家騙。
> 我的成長班的朋友知道我在做傳銷都不太敢跟我連絡，怕我會跟他們推銷。

在開發客源的過程中，被拒絕或失敗的機會絕對比較高，只是菊子很想要吃比較便宜的產品，而且朋友也發現自己氣色愈來愈好，身體也愈來愈健康，菊子說「我給自己 5 年的時間」，希望自己健康，也希望週遭的人都健康，這是她的自我承諾。

5.「更深層明白生命中不敢面對的問題」：靈性修練團體的參與

靈修團體的杜師姐要出書了，[6] 邀請菊子分享自己的靈性生命成長經驗，菊子整理了兩次與杜師姐個別諮商以梳理自我生命的困境，以「我的靜坐、探測關係中的發現」為題，文章如下：

我的靜生、探測關係中的發現

如果說：生命是出考題來考驗人生的話，還眞得要經得起考驗哩！

我的人生階段走過童年、少年、青少年、壯年、中年目前步入中年，有機緣走入靈性修煉（練）團體，雖然前面階段磨到不成人樣了，還是慶幸探測生命行列有搭上班車哩！五種生命能量流的課程裡，先大略得知自己較偏向的型，透過杜師姐引導每天最少靜生一次 20 分鐘，躺 5 分鐘方式，即可累積與自己內在連結之秘密，除非妳不願意，否則皆可清清楚楚、明明白白找到答案，找不到時只要有緣經由杜師姐一對一調理與探測解析，即可明白怎麼回事了哩！

我的靜生第一階段發現最困擾自己的事，爲何碰到高階層人士時，有些想說的話不敢開口，知道卡住了卻不知卡在何處，理論上知道自卑造成，經由調理探測過程，看到躲在門角落蹲在那裡的，6 歲

6 書名為：《理性化的靈修：每天二十分鐘 開始改變人生》，杜羅那（2007）著，理性化靈修文教基金會。圓悟中心出版。

小孩在哭泣，不想踩出去寧可蹲在那死掉算了。如此深刻的這一幕，杜師姐引領我去牽著這個小孩說，我們一同去成長，不要害怕過去的讓它過去吧！父母也是很無奈？他們也沒機會成長，必須長大靠自己了，眞是哭到不行，當我發現靈性能量卡在6歲沒繼續長大時，我下決心勿（務）必透過修煉（練）使自己得到智慧，協助內在的小孩長大哩！

第二階的考題又出現了，唉……這是我婚姻二十幾年來的痛，如此的轉盤轉到這個錢關時衝突又出現了，實在也累了、困了，嚴重到問自己活著到現在有何意義！另一個聲音告訴我唯有透過修煉（練）沒有其他好方法。問題是覺得我一直在修呀！爲什麼？要重複性三不五時出現怒罵聲的慈（磁）場呢？這不是我要的人生呀！

2007，2月27日的機緣再次與杜師姐一對一的調理與探測中與自己來這世間的小孩有多大連接，唉……茫茫然的貝比不知往何處的無住，杜師姐問我貝比是要靠什麼長大呢？被愛被呵護被照顧才有辦法長大的，一但（旦）成人了就必須靠自己了，別人給的愛是多出來的，唯有自己愛自己靈性能量才會長出來，智慧才會開，智慧長出來的時候自然可以自由進出生命的河流，完完全全的做自己的主人。唉……這些道理基礎上在沿路生命成長課程裡學了不少，以爲已經有達成愛自己的方向了，經由探測中得知這份的不自由還那麼深，這條修煉（練）功夫還眞漫長要磨哩！

菊子 2007.05.

菊子回看自身，發現人生階段有兩大困擾，一是自卑，二是婚姻生活中的「錢關」。前者表現於外的是，碰到高階層人士不敢開口，表面上雖是因自己的沒有學歷而自卑，實際上卻是層層複雜的社會心理狀態。後者則因為經濟的弱勢，讓菊子常常處在婚姻衝突與困境中。面對這生命中不時出現的困擾，除了杜師姐給予諮詢讓她得以更深層明白生命中不敢面對的問題之外，靈修團體的夥伴彩燕，更是常常點醒她如何面對生命的困境——「沒有任何人可以糟蹋你，除非你自己願意被糟蹋！」每當陷入自卑或被人看不起的弱勢時，菊子就會用這句話提醒自己；而當陷入婚姻困境時，面對生命中不斷出現的困境，菊子則會出現彩燕的另一句話：「如果你一直在那個磁場中繞，你就會被它所影響」。

五、置身在社會處境中的個人生命樣貌：「困」與「尋」

（一）弱勢中的弱勢：既是客家、又是女性、又是農村勞動階層

1. 客家的弱勢處境

生活在社會體制中的個人，不論其階層、性別與種族，總有被壓迫與宰制之處。客家，臺灣的少數族群之一，僅占 12% 的人口數，最大的壓迫在於母語的無法公開化，雖然在 1988 年的「還我母語運動」之後，隨著寶島客家電台與客家電視台的成立（陳板，2003），客語在公共媒體中得以現身，然而相較於「國語」及「臺語」的使用，客家話依舊是弱勢。當菊子用流利的客家話說著自身的生命故事，我很被感動，然而當我要把一些傳神的客家語言書寫成文字時，我卻面臨別人看不懂的窘境，或是無法讀出那特殊客家味道的難處。對「用客家話最能表達自身情感」的菊子來說，語言的弱勢更是一大壓迫，雖然在 46 歲那年因參與客家戲的演出而重新開啟了自身的文化認同，覺得「身為客家人，我很驕傲！」面對這樣的驕傲姿態，我其實有點難過，就如同客家族群形容自身的「自傲又自卑」，我知道那背後有自卑，就像我一直有的客家

圖像——是窮苦、是自卑、是可憐。面對這樣族群的弱勢，重要的是生命主體如何安置自身的位置。

2. 女性的弱勢處境

被稱為「第二性」的女性，因著「他者」的附屬位置，更顯出其弱勢處境。自小菊子就身處在這樣的弱勢情境中，阿嬤口中的「女孩子，敗家雞，讀什麼書，讀了也是別人的」，在婚嫁體制中，女孩子終究是要嫁給別人的，因此從小就被賦予「他者」的附屬身分，對於女性而言，「主體性」似乎是不存在的，總是要依附男性；而身為女性的阿嬤也身處在重男輕女的文化情境中，自然習得了一套在父權體制中生存的策略，那就是複製規範，求得生存，年紀小的菊子，面對這樣強而有力的規訓，雖然自己的成績比家中的其他男性來得好，但是在「不比能力，只比性別」的遊戲規則中，只能「在田埂中跺腳哭泣」，誠如 Simone de Beauvoir 所言，女人的屈從不是出於情願，她只是不敢貿然反抗，隨之發展出來的態度是怨天尤人，這也是菊子的臉所呈顯出的「怨」，這怨，是在反抗無效之後的抱怨與怨天尤人，波娃認為這樣的抱怨其實是一種抗議形式（引自陶鐵柱譯，1999）。在菊子的生命歷程中，有很多的機會體驗到這樣的壓迫，然而，卻還沒有足夠的條件與機緣發展出強而有力的性別意識，那跟處在經濟弱勢中、並不斷陷溺在婚姻衝突中，有極大的關係。

3. 農村勞動階層的弱勢處境

階層，是菊子很深刻體會的弱勢狀態。「家中沒有錢，不要跟有錢人做朋友」的弱勢，這是再清楚不過的階級區隔與劃分，菊媽安分地遵循著階層的界線，因為從小弱勢又寄人籬下的菊媽知道越界的難堪，因此百般叮嚀菊子也要謹守著階級的界線。菊子其實是不安於此的，曾經想要透過學歷來越界卻無法如願，在中年之後參加的讀書會、社區心理成長團體不斷充實自我，然而依舊遇到生命中過不去的關卡——「碰到高階人士不敢開口」，相較於所謂高階，顯露的是自身的低階層，菊子用自卑來解釋，然而我卻更喜歡社會主義女性主義所強調的女人受壓迫是來自於經濟體制中階級的壓迫與父權體制的壓迫來解釋，菊子的生命經驗會這麼困住，是因為這層層交織的壓迫。

因此我們可以這麼說，生命的困境往往來自於個人置身於社會處境中，所承載的那些無以回應的社會壓迫與宰制。回觀菊子的一生，是一個「困」在生命處境中而不斷尋求出路的歷程（如圖 3），尋求出路其實就是試著鬆動這層層壓迫，讓生命主體有呼吸與展現的空間。在此，先從菊子一直困擾的「自卑」論述起。

（二）自卑之困：社會文化經濟條件的壓迫

菊子生命的前半段是侷困在「自卑」中，並帶著這樣的自卑走進婚姻衝突中，而這自卑的形塑不僅僅是她所覺知到「只有國中畢業」的沒有文憑而自卑，更是來自「生命底層自卑」的代代傳承，那是文化體制中重男輕女的「身為女的卑下」、以及階級壓迫中「家裡窮的自卑」。這樣的自卑深深地鑲嵌在社會文化機制中，透過阿嬤和菊媽的教導，一代代地傳承與複製，而菊子，從小就深深承受這自卑，放置在自己的生命底層，那般堅固而厚實地嵌在菊子的生命底層中；因此，「自卑」不僅是來自個人內在缺陷或不足的主觀感受，更是外在社會文化經濟因素所框架出來的（如圖 3）。

「細妹讀什麼書，讀了也是別人的」是菊子在成長過程中阿嬤很兇的訓話。在菊子的經驗中，阿嬤是家中的掌權者，很兇還會打阿公，幾個媳婦也很怕她，阿嬤複製著傳統文化中「重男輕女」的規訓，嚴厲地傳承著，以讓資源有限的家庭中保障著男性受教育的權利，因為女性長大婚嫁後就是「別人的」，是不能分配且共享家中資源。在家中阿嬤掌權，菊爸和菊媽都不能說什麼了，更何況是孫輩的菊子，只能消極地回應著，無奈而不甘地承受。

「我們家沒有錢，不要跟有錢人交朋友」是菊媽再三的叮嚀。菊媽嚴格遵

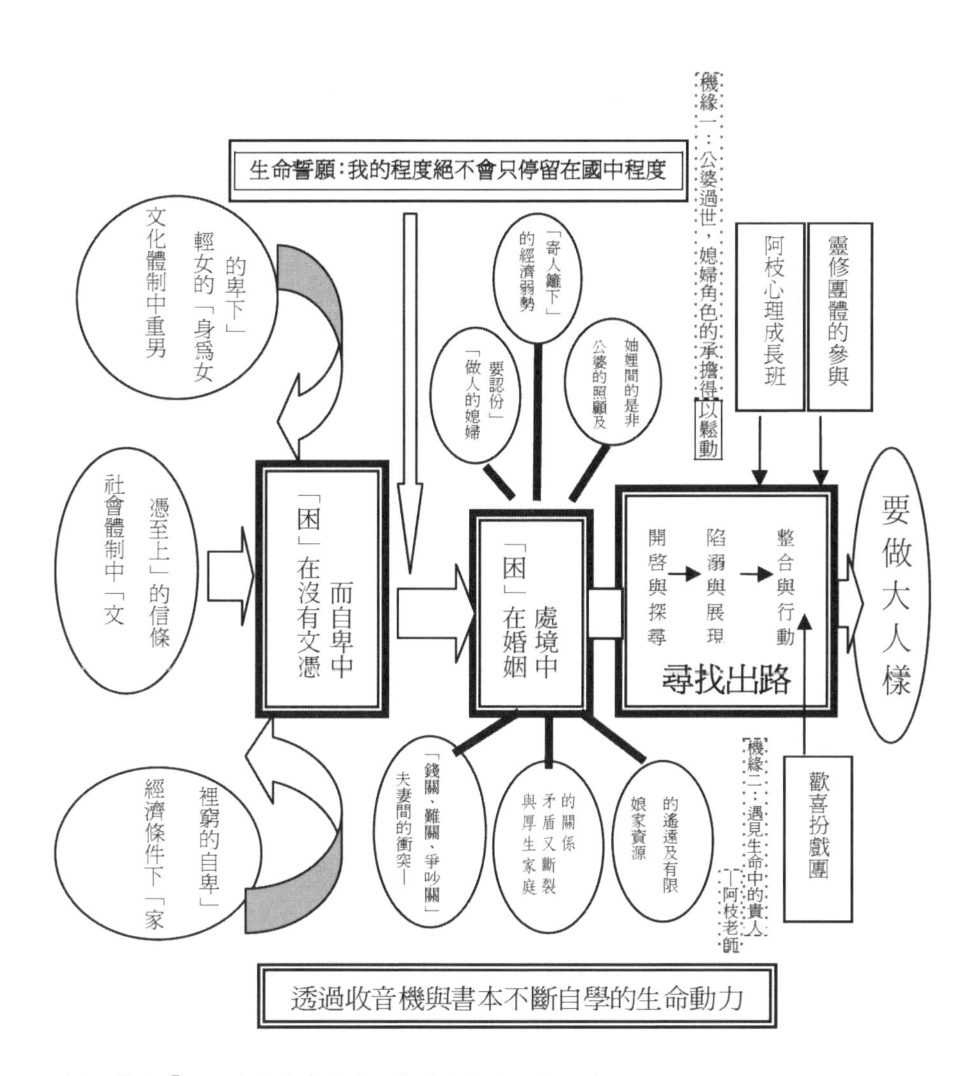

圖3：菊子「困」在生命處境中不斷尋求出路的歷程圖

循階級的界線，好讓自己及子輩不因越界而受到歧視，然而家裡窮的自卑也同時進駐菊子心裡，一直到現在，菊子在經營健康食品的銷售時，面對有錢同學的「我是看你可憐才幫你」的態度，依舊覺得難堪、生氣而久久不能釋懷。

「只有國中畢業」的文憑自卑，這是菊子得以清晰地指認出自身的「自卑」根源，從國中畢業以後就清楚知道的，卻也因之立下強而有力的「生命誓願」——「我的程度絕不會只停留在國中程度」。心理學家 Adler 認為：「我們每個人都有某種程度的自卑感，因為我們都會發現自己處在希望加以改善的處境中。如果我們一直保持著勇氣，我們便能以直接、實際而完美的唯一方法——改進處境——來擺脫這種自卑感。沒有人能長期忍受自卑感，他勢必會進入一種必須要採取某種行動的張力狀態中」（黃光國，1971：51）。這誓願轉化成不斷自學的行動力，提供了正式文憑之外的學習管道。

正式文憑之外的不斷學習，要抵制的正是社會中「文憑至上」的信條，對一個沒有條件透過「教育」而進行階級翻轉與流動的女性而言，「沒有文憑」儼然是一個很大的壓迫。社會主義的女性主義者 Abbott & Wallace 在論及女人的流動時，認為教育是影響向上流動的重要因素，然而因為勞動市場的扭曲，使得女人比男人更容易向下流動（引自俞智敏等譯，1995）。因此，無法透過正式教育體制向上翻轉，只能試著透過學校體制外的社區學習來提升自我。

然而，透過這樣不斷學習的行動，生命底層的自卑感就消失殆盡了嗎？不是的！「碰到高階層人士不敢開口」是生命主體一直有的外顯困境，那是一種階層的低下、也是心理位置上的低下，透過不斷自學的攀爬似乎無法解決此一困境。在適當的機緣下，經由靈性修練團體師姐的諮詢，生命主體得以「為自己沒有文憑而自卑的根源告別」，告別，是一種心理儀式，更是對生命困境的深層反思，讓自己原本被框架住的「困」得以鬆動，鬆動的生命可以比較自由地往前行。

（三）婚姻之困：「女性」在婚姻困境中不斷陷溺與翻轉

菊子的另一段生命困境是陷落在婚姻衝突中。「我告訴你是婚姻把我給搞垮的，我真的婚姻把我搞垮的」，生命主體試著為過往的生命經驗定位。「搞垮」是生命中無可預期的鬆動與斷裂，原本帶有美好預期的生命樣貌，在進入婚姻之後，自身處於某種弱勢而被壓迫的社會經濟文化條件下，一方面阻斷了原先期許的成長朝向，一方面卻也加重了自身幾乎無法承受的壓力與負擔。

女性主義者 Simone de Beauvoir 的一段描述，和菊子所敘說的「進入婚姻是我惡夢的開始」以及「是婚姻把我給搞垮的」狀況正好可以相互呼應：「婚姻的悲劇性並不在於它無法保障像女人許諾過的幸福，而在於它摧殘了她；它使他注定要過著週而復始而千篇一律的生活」（陶鐵柱譯，1999：445）。對菊子來說，國中畢業之後雖然不能繼續升學，但離家外出的女工生活「也算輝煌的一段時光哩！」過著白天上班、晚上讀瓊瑤皇冠小說的日子，和哥哥的朋友們互相練就了一副好口才，對一個國中畢業的女性來說，能有「好口才」，那是多大的肯定與榮耀呀，是一種對讀書人的讚美，因此當時的菊子對未來是充滿美好的期待。只是「進入婚姻」卻成了人生惡夢的開始，「那時候是我人生中最最最最灰暗的時候」，相較於之前「輝煌」，形成一個很大的落差與斷裂。

在此要進一步論述的是，女性進入婚姻之後，隨之而來的媳婦角色的文化規訓、以及與原生家庭的斷裂，而這兩個議題又緊緊與「家庭經濟的弱勢」相互環扣。利翠珊（2002）以不同世代女性家庭經驗的觀點差異來研究「婆媳與母女」，她認為婆媳與母女之間，存在著許多互動的矛盾，其中有婆婆對媳婦的權力關係、媳婦對婆婆的角色義務，也有成年子女與母親之間的反哺及依附之情的延續。在菊子身上，沒有明顯的婆媳衝突，卻有媳婦「認分」的悲情，另外與原生家庭延續而又斷裂的矛盾關係則顯得糾結。

1.「媳婦角色」的規訓：做人的媳婦要認分

菊子在結婚時母親的叮嚀——「做人的媳婦要認分」，成為一種強而有力的文化緊箍咒，規訓著菊子在婆婆過世前的10年媳婦生涯。雖然菊子很恨母親的叮嚀，也很氣自己這麼聽話，然而從小看著母親的認分與悲情，當自己身處「媳婦」這個文化角色時，卻也無從逃離，只能扭曲地讓自己合模，「認分」就是在違背真實自我的狀態下，對「角色」所表現出來的合模行為，這是中國傳統文化中極為強調的「倫常」觀念；也就如余德慧（1997）所提到的：「在集體主義的心理狀態裡，自我與角色並沒有兩樣，兩者都是扮演出來給別人看的……我們的問題與困擾卻是，文化是提供一種尺寸的衣服，要求穿它的人必須硬塞進去，或者打腫自己使之合身。」

「媳婦角色」不僅僅是相對於「婆婆」角色，「媳婦」的文化規訓是從社會、文化中所緊緊編織的網絡。車先蕙（1997）訪談11位媳婦進行「婆媳間的關係與權力」探究，歸納出婆媳間重要的8個軸線，其中可以和菊子故事相呼應的是：婆媳權力關係、錯綜複雜的家庭人際網絡、丈夫的角色——穿針引線的人、消失在關係中的自我。以菊子的生命故事來看，「媳婦」這個角色透過文化氛圍、透過原生家庭中媽媽的教誨、透過婚生家庭中公婆的要求（這是權力關係的展現）、透過先生的不站同一邊——「我老公明明就有聽到我們兩個的話，又不會替我講一句話」，以及透過妯娌之間的是非嫌隙來維繫這樣的文化規訓，緊緊包覆著身在其中的個人，而讓個人在這樣的狀態中消失了自我。

面對這樣的密實的文化包覆網，生命主體如何回應與抵制，並發展出生存策略？「認分」，就是菊子的回應之道，認命而安份地扛接所有責任，這是一條向內自我壓迫的路，被壓迫、扭曲的自我往往容易外顯出一種「苦」與「怨」的意像。「苦」是重擔，「怨」是一種抗議形式，在苦與怨的自我壓迫中，生命主體也要發展出自我安置的生存策略，「……所以說不知道也會覺得那個時候是我人生最最最最最灰暗的時候，到他們走我會認為說他們兩個一下要我還太多了，所以他們只享受了 10 年，所以我挑完了咩挑到最後。」「還」是宗教的解釋與心理對於「苦」的安置，而「挑到最後」則是責任的完成，也同時呼應著「認分」的要求。

2. 與原生家庭延續而又斷裂的矛盾關係：終於才明白妳就是嫁出去的女兒

對菊子來說，除了媳婦角色的壓迫之外，另一個讓她很痛的是「嫁出去的女兒，潑出去的水」的處境，菊子這麼形容：「就那種心情，就肚臍帶給剪斷，那種心情，很痛，真的！」對女性來說，進入婚姻之後，與原生家庭的關係產生某種的斷裂，哪個才是女人的家？女人的歸屬在何處？

面對菊子說自己 50 歲時，才驚覺要跟娘家剪斷肚臍帶關係，我疑惑地望著她：「一定要剪斷嗎？」也一直在思考，所謂的「剪斷肚臍帶」是一種什麼樣的狀態？雖然她說是因為娘家的事她總是衝第一，可是卻又無能為力解決，要讓自己學著分清界線與放下，是關於「分離」的議題與朝向「主體化」的歷程。然而誠如 Gilligan 的《不同的語音》一書中所描述女人的發展，「剪斷肚臍帶」表面上看起來像是在講分離的議題，實則在講一個「關係連結」的故事；表面上看似斷裂，實則在尋找連結。

Gilligan（1993）試圖重新框架女人的心理發展，那是「環繞在建立連結的掙扎上」，而不是以一般心理學家的方式來說女人——在達成分離上是有問題的（引自王雅各，2002）。菊子的「剪斷肚臍帶」比較像是「環繞在建立連結的掙扎」，當她感嘆自己和家人的感情怎麼會這麼「淡」時，想要連結的是一份濃厚的依附之情；當她在國家音樂廳欣賞著來自美濃八音團的表演時，哭得無法自已，那哭是連結，連結自身、連結過往、連結那認同的鄉音與來自家鄉的味道；那哭更是掙扎，掙扎於如何才能連結上、掙扎於如何化淡為濃。因此，「剪斷肚臍帶」不是分離的議題，而是在清楚彼此之間的處境與界線之後，如何發展「新」的關係聯繫，就如 Gilligan（1993）所說的「男性的聲音在強調界定與賦權自我的角色，女性的聲音則著重創造並維繫人類社群的持續性依附過程」（引自王雅各，2002）。的確，菊子的生命故事，是意圖要創造並維繫新的人我關係，包括自我與自我、自我與家人、自我與社群的關係連結。

3. 家庭經濟的弱勢

每一個結婚的女性，都會面臨媳婦角色的承擔及與原生家庭延續而又斷裂的矛盾關係，對我來說也是。蘇芊玲、蕭昭君在《大年初一回娘家》一書中邀集從事性別平等教育的高知識分子書寫自身的經驗，發現很多人對媳婦角色及回娘家的習俗文化都很不能適應（蘇芊玲、蕭昭君，2002），在此要進一步思考的是，何以菊子會「困」在其中？覺得那是自己要「還」的，要磨與修，很重要的原因是「經濟弱勢」。

那是經濟階層的壓迫，經濟牽涉到基本生存的需求，先生水電工作的不穩定，面對兩個小孩的扶養及一家人的開銷，在紡織業依舊興盛的 80 年代，菊子日以繼夜地趕工，在同時間接下三家公司的工作，假日趕工是正常，全家人睡了，自己在車衣服更是常事。在婚姻關係中，只要遇到錢的問題，菊子和先生一定會吵架，是婚姻生活中難解的議題。社會主義女性主義強調除了父權體制的壓迫，階層的壓迫也很重要（引自俞智敏等譯，1995），對菊子來說，的確處在父權體制與階層的雙重壓迫中，也難怪會如此之「困」。

（四）尋找出路：走出家庭，尋找社群

每一個生命都在找尋出路（賴誠斌，2004）。對菊子來說，這般被困住的生命，要如何走出來？「走出家庭」是生命主體清晰而堅定的意向，因為不想一邊趕做衣服，一邊還要聽著在客廳拿著遙控器看電視的男人在那邊喊著：「怎麼還不去做菜」，那是很大的壓迫感與窒息感。此時，收音機成了與外界連結的重要通道。民國 80 幾年，一方面菊子的公婆過世，得以卸下媳婦角色

的重擔，另一方面在臺北地區，社區性的心理成長團體與親職教育講座的逐漸發展，使得菊子得以透過社區性的社群向外拓展自身的生命經驗。

Bandura（1982）認為邂逅（chance encounter）在生命的歷程中扮演了重要的角色，邂逅可能會決定了一個人的生命路徑（life path），並帶領個人朝向有意義的未來。菊子得以在生命歷程中邂逅（ chance encounter）生命中的貴人——阿枝老師，是很重要的。男性能量很強的她，是使菊子重生的貴人，同時也是「權威體制」的象徵。生長在沒錢農家的菊子，「女孩子讀什麼書？」像個魔咒似地緊緊箍住她的一生，這個魔咒其實是文化體制下「重男輕女」的產物，透過阿嬤、透過媽媽不斷地叨唸而緊緊地箍住菊子的頭，甩也甩不掉，或者說，還沒有發展出可以甩掉的能力。就在阿枝老師的課堂中，菊子第一次敢用暴怒的聲量，面對權威的箝制，怒吼著心中長久以來的不平——「為什麼身為女孩子的我不能唸書，我書唸的這麼好、又很想唸」。如果菊子一直陷在自怨自艾的苦命中，那一輩子都會被這個權威體制箝制著，這樣的經驗，使得菊子可以透過對權威的看見與對權威的衝撞，撞出了一片小小、小小的「自由」天地，然而，這樣自由的天地卻也要經歷了好幾年的蟄伏與醞釀。

社群的拓展就像水波一樣逐漸向外。因著參加阿枝老師的團體，而結識了不少可以互相分享與支持的姐妹，也因著姐妹的介紹，菊子跨入了另一個團體——歡喜扮戲團的客家戲劇演出。在臺北地區，客家族群一直是個隱性族群，客家文化的逐漸受到重視，和 1988 年的「還我母語運動」有極大關係，再加上 90 年代小劇場的興起、以及在經濟發展中紡織業的沒落使得菊子的工作量不如從前多，還有在阿枝老師心理成長班所習得「給自己放假」的勇氣，讓菊子可以參加客家戲的培訓與演出，一方面肯定了自身演戲與唱山歌的才能，這接續了在少女時代口才好及自我表現的夢想，另一方面更肯定自身對客家文化的認同。

隨著阿枝老師心理成長團體課程的結束及歡喜扮戲團演出的告一個段落，遇到生命中非心理性或認同性可解的議題，菊子轉向靈修團體的接觸與修練，透過這樣宗教性的支持，生命主體安置了自身的「困」，覺得那是要不斷「磨」與「修」的歷程。

（五）生命的回觀與敘說：我現在哭，「知道」那是傷感

「知道」是反思，是視框挪移。那是要通過支持性的社群，生命的敘說與回觀才有可能。

記得在第一次訪談的時候，菊子就說：「我現在已經準備好可以再回顧自己的生命故事了。」我知道這是時機對了。人，不斷在經驗自己的生命歷程，也不斷地透過敘說來回看並重新建構自己的生命故事（Murry, M. 2003）。Atkinson（1998）也認為生命故事的敘說，是一個創造與再創造一個人生命的過程，因此，透過每次的說，總會有一些新的或意想不到的意義發現。

對菊子而言，每一次的說，都是生命河流的重新梳洗與自我的重新定位。對她來說，什麼樣的狀況叫「準備好」？經歷了婚姻生活 20 幾年來的「磨」，也經歷了 10 年的成長團體和後來靈性團體的修練，菊子說：我現在哭，知道那是「傷感」，從前哭是溺在裡面，心境不同。溺在裡面的哭，是依舊活在過去的故事裡，「傷感」的哭，多了一層「知」其所以然的看待。這樣的「知」，是反思性思考（reflection thinking），這在生命故事的敘說與意義化的過程中非常重要（Atkinson, 1998），說者可以在這樣的反思性思考中指認出自身的位置與狀態，並賦予意義。這樣的「知」更是視框的挪移，生命主體得以採取另一個視角重新觀看自身的生命，而有了不同的詮釋。

菊子參與阿枝老師開設的心理成長班是第一次有機會訴說並與他人分享自身的生命經驗，而阿枝老師更鼓勵女性透過書寫如實地閱讀自己，這對從小就有寫日記習慣的菊子來說，是一大肯定，菊子形容這段期間是「生命能量的開

啟」；在參與歡喜扮戲團客家戲演出的培訓時，菊子又再一次得以與相同處境的客家女性分享自身經驗，只是就如導演彭雅玲所說的，培訓階段的菊子一直處在「自己很可憐」的自怨自艾狀態中，不願意也無法走出來；進入靈修團體之後，菊子開始有「整合」的感覺，在與靈修團體的杜師姐進行兩次諮詢的時間，菊子得以回到生命的初期陪伴自身，一次是回到 6 歲，「看到躲在門角落蹲在那裡的，6 歲小孩在哭泣，不想踩出去寧可蹲在那死掉算了。」在杜師姐的引領下，現今的菊子得以帶著6歲的小菊子昂首前行，這昂首前行是「鬆動」了之前生命主體看待 6 歲時的經驗，鬆動了才有可能產生新的視框——「不要害怕過去的讓它過去吧！父母也是很無奈？他們也沒機會成長，必須長大靠自己了」。另一次則是回到剛出生狀態的連結，生命主體重新看見「一旦成人了就必須靠自己了」，這和「必須長大靠自己了」同樣是朝向「要做大人樣」的生命期待。

六、自我轉化與連結行動

> 才發現到那種臍帶有沒有，真的要有距離，我感覺到那慢慢地我自己才有說我要做一個大人樣，才有這樣的發現，很奇妙這樣子。

（一）自我轉化歷程中的生命追尋：「要」做大人樣

賴誠斌筆下的蕃薯透過社會場域的敘說與生命書寫，得以進行生命的轉化（賴誠斌、丁興祥，2005）；而菊子則在社會場境中「邂逅」了生命中的貴人，並在不同社群的支持中，透過敘說不斷回觀自身，讓自我的生命得以轉化，並試圖建構出生命的意義與未來方向。

生命，隨著時間的流轉不斷往前，生命經驗也隨之流轉。人，在不斷往前的時間流中，不斷回看自身的生命，不斷看見自己、建構自我。而透過生命故事的敘說，自我的定位越來越清晰，生命的朝向也越來越清晰。

菊子有著高度的生命力，努力在自身的遭遇中活出「自我」樣貌。「自我」不是一個代名詞或是指稱而已，自我是在關係中（Gergen,1988；胡紹嘉，2002）、自我更是一社會歷程（social process）。個人透過敘說建構自身，在個人的不斷敍說與書寫中，個人的生命故事展現出個體所經歷的整個社會歷程。

菊子是個能說自己故事的人，說得深入而動人。Atkinson（1998）這麼說著：「有時，一個故事或一個敘說是這般的特別、這般的有趣、這般堅定而有力，可能會帶領我們前往一個新的、意想不到的桃花源境地。個人的故事就像一段旅程，引我們航向嶄新的意境。故事是一個有價值而基本的認識世界（knowing）的形式，是一個創造意義的系統。」而敘說也是認識自我與世界的方式（Polkinghorne,1988；Hatch & Wisniewski, 1995），的確，菊子在不斷地回觀與敘說中，建構著自身的生命意義，讓生命的朝向更清晰——

> 一但（旦）成人了就必須靠自己了，別人給的愛是多出來的，唯有自己愛自己靈性能量才會長出來，智慧才會開，智慧長出來的時候自然可以自由進出生命的河流，完完全全的做自己的主人。

這樣的生命期待其實就是「個人主體性」的開展，也就是生命主體說的，她 50 歲之後才開始學習「剪斷肚臍帶，要做大人樣」。Denzin（1989）提出「生命領悟」（epiphany）[7] 的概念，他認為：個人生命中難以抹滅的互動時

---

7 Epiphany 張君玫譯之為主顯節，大陸譯者張勇譯之為心靈時刻，在此轉譯為「生命領悟」。

刻，有可能徹底扭轉當事人的生命，這就是生命領悟，……而當事人自己和別人往往會把這樣的時刻解釋為他生命中的轉捩點，一個人在經歷了這樣的經驗之後，就不可能和以前一樣（引自張君玫，1999：24），對菊子來說，這50歲的領悟就是「生命領悟」，是日積月累醞釀而來的，經歷了長長的準備與蘊釀，透過內在生命力道的創性與外在社會力道的挹注，才得以豁然開朗，這是重要的生命轉捩點，從此生命開始有所不同。

雖然我們在出生的時候，生理上就已經與母親剪斷肚臍帶，然而在心理需求上卻常常渴望他人給予完全無條件的愛與包容，從生命主體無法忘懷初戀情人溫柔的愛、到與娘家黏著而無法切斷的關係，一直到正視自己20餘年來的婚姻關係，發現「唉……這些道理基礎上在沿（延）路生命成長課程裡學了不少，以為已經有達成愛自己的方向了，經由探測中得知這份的不自由還那麼深，這條修煉功夫還真漫長要磨哩！」

可以覺察自身的不自由，正是自由的開始。翁開誠在《主體性的探究與實踐》主編序言中這麼寫著：

> 主體性（subjectivity），以我目前的理解，簡而言之，就是對追求自由（或解放）的覺悟或努力。要覺悟，因爲事實上我們常不自覺自己的不自由、逃避自由與需要自由。要努力，因爲要在眞實生活脈絡中實踐出來，而且這實踐常是辛苦的、分裂衝突的、曲折的、反復的。（翁開誠 2002：19）

生命主體所期待的「自己愛自己」，正是在心理上可以剪斷肚臍帶試著做大人，當個獨立自主的個體，透過自我的修練增長靈性智慧，即便在婚姻生活中還是反覆地、辛苦地接到考題，而讓自己不斷陷落與翻轉，然而期待「自由進出生命河流」的盼望、真正得以「做大人樣」的朝向——主體性的追尋，是生命前行的動力與方向。

（二）生命力道的展現與連結：個人的即是政治的

「要」做大人樣，是生命的意向，也是實踐行動的朝向。這種個人的行動，不僅僅是個人的，更是政治的。王雅各認為「個人的就是政治的」意指：性別歧視是一個社會（公眾、結構）和政治的現象，並非受害者——女人——的個人問題；同時性別不平等也可以用政治的方式打破（王雅各，1999：13）。這和 Denzin（1989）所強調的個人的苦惱其實是公共的議題是一樣的，菊子生命處境中的「困」——自卑之困與婚姻之困，都不僅僅是個人的議題，更是公共議題，更是政治議題。

個人受到經濟階層、「重男輕女」的文化規訓及強調文憑的社會體制之重重壓迫，透過個人的抗議與「走出」的行動，與社會中相同處境的人連結，這樣人群的連結、這樣的能動性，不僅是個人生命力道的展現，也是一種政治行動。或許這還只是個初步的開始，然而對許多被「困」在家庭中的家庭主婦而言，這樣走出的勇氣與相同處境人群連結的嘗試，就是一種改變的可能。這也是菊子在苦與怨的生命處境中，所發展出的生命力道與連結的行動力。

參考文獻

丁興祥、賴誠斌，2006，〈回觀心理「科學」：從反思性到善美社會之人文科學心理學〉。《應用心理研究》31 ：113-132。

王雅各，1999，〈婦女解放運動和二十世紀的性別現象〉。頁 2-24，載於王雅各主編《性屬關係：性別與社會、建構》。

王雅各譯，2002，《不同的語音》（Gilligan, C. 原著）。臺北：心理。

成虹飛，2008，〈行動與敘說研究的個人學習筆記〉。龍華科技大學「第二屆生命敘說與關懷學術研討會」專題演講。

余德慧，1997，《中國人心理系列：中國人的家庭觀》。臺北：張老師。

李文玫，2007，〈我唱山歌 分你聽啊：自身客家生命經驗的回看與教育行動〉。發表於樹德科技大學「教育探究另類取徑：自我敘說與社會參與研討會」。

利翠珊，2002，〈婆媳與母女：不同世代女性家庭經驗的觀點差異〉。《女學學誌：婦女與性別研究》13 ：179-218。

車先蕙，1997，《內、外之間：婆媳間的關係與權力》。輔仁大學心理所碩士論文。

吳芝儀，2003，〈敘事研究的方法論探討〉。頁 143-170，載於齊力、林本炫編《質性研究方法與資料分析》。

胡紹嘉，2002，《書寫、行動與自我》。國立政治大學新聞學系博士論文。

俞智敏譯，1995，《女性主義觀點的社會學》（Abbott & Wallace 原著）。臺北：巨流。

陳　板，2003，〈客家特色與在地文化創造：以臺灣客家運動的經驗為中心的文化創造經驗〉。發表於行政院客委會「2003 年全球客家文化會議」。

黃光國譯，1971，《自卑與超越》（Adler, A. 原著）。臺北：志文。

陶鐵柱譯，1999，《第二性》（Simone de Beauvoir 西蒙 ‧ 波娃原著）。臺北：貓頭鷹。

張君玫譯，1999，《解釋性互動論》（Denzin, N.K. 原著）。臺北：弘智文化。

蔡敏玲、余曉雯譯，2003，《敘說探究：質性研究中的經驗與故事》（Clandinin & Connelly 原著）。臺北：心理。

蔡敏玲，2004，〈我看教育質性研究創塑意義的問題與難題：經歷、剖析與再脈絡化〉。《國立臺北師範學院學報》17（1）：493-518。

賴誠斌，2004，《自我敘說探究與生命轉化：發生在蘆荻社大的學習故事》。輔仁大學心理學系博士論文。

賴誠斌、丁興祥，2002，〈歷史及社會文化脈絡中個人主體性之建構：以沈從文的堅持為例〉。《應用心理研究》16：173-214。

______，2005，〈自我書寫與生命創化：以蘆荻社大學員蕃薯的故事為例〉。《應用心理研究》25：73-114。

翁開誠，2002，〈主體性的探究與實踐〉主編序言。《應用心理研究》16：19-21。

蘇芊玲、蕭昭君主編，2005，《大年初一回娘家：習俗文化與性別教育》。臺北：女書。

Atkinson, R., 1998, *The life story interview*. Thousand Oaks, Calif. : Sage Publications.

______, 2007, "The life story interview as a bridge in narrative inquiry." In Clandinin, D. J., eds, .*Handbook of narrative inquiry: Mapping a methodology*. Thousand Oaks: Sage Publications., pp.224-245.

Augoustinos, M & Walker, I., 1995, *Social cognition: An intergrated introduction*. London: Sage Publications.

Bandura, A., 1992, "The Psychology of Chance Encounters and Life Path." *American Psychologist*. 37(7):747-755.

Bauer, M. W. & Gaskell, 2000, *Qualitative researching with text, image and sound: A practical handbook*. London ; Thousand Oaks, Calif. : Sage Publications.

Elms, A., 1994, *Uncovering life: The uneasy alliance of biography and psychology*. New York: Oxford University Press.

Hatch, A. J. H. & Wisniewski, R., 1995, *Life story and narrative*. London: Falmer Press.

Gergen, K. J. & Gergen, M. M., 1988, "Narrative and the self as relationship." *Advances in Experimental Social Psychology*. 21:17-56.

Minami, M., 2000, "The Relationship between Narrative Identity and Culture." *Narrative Inquiry,*10 (1):75-80.

Murry, M., 2003, "Narrative Psychology." In Smith, J. A. *Qualitative psychology*. London ; Thousand Oaks, New Delhi. : Sage Publications.

Polkinghorne, D. E, 1988, *Narrative knowing and the human sciences*. Albany, NY:State University of New York Press.

Sarbin, T. R., 1986, *Narrative psychology: The storied nature of human conduct*. New York: Praeger.

臺灣客家父親的父職認知及子女教養信念：以育有學齡子女的父親為例 *

姜惠文、陳銀螢

一、緒論

臺灣社會近年來因教育、經濟、勞動市場等等影響，家庭呈現了多元的風貌。來自客家族群的研究者關注到過去鮮少有以客家男性的觀點來討論家庭的議題，本研究試圖從客家父親的角度切入，探討年輕一代客家父親如何參與學齡期子女教養、如何在客家傳統脈絡下認知做父親的角色，並進而形成其教養信念。

（一）父親的角色認知與父職參與

過去在親子教養的研究中，多半是以母親為主要研究對象，尤其以母子之間的關係作為親子關係的解釋，而較為忽略父親在親職教養上所扮演的特殊性。國外過去以「父職角色」為主來探討影響父親角色實踐式參與的文獻大致可以分為四方面：1. 從父親參與兒童照顧的意願著手去討論家庭角色的認知或文化規範對父親參與兒童照顧的影響；2. 探討社會性因素——夫妻雙方工作職

* 本文原刊登於《家庭教育與諮商學刊》，2008，5 期，頁 61-80。因收錄於本專書，略做增刪，謹此說明。作者姜惠文現任雲林縣文安國小附設幼兒園教保員；陳銀螢現任臺北市立大學幼兒教育學系副教授。

場的要求、工作性質、教育程度等，對男性扮演父職角色的「資源」所造成的影響；3. 探討家庭性因素——家庭結構、子女數目、年齡、性別與夫妻雙方的婚姻關係等；以及 4. 從生涯發展與擔負親職的時間，對父親角色扮演的能力、資源、意願的影響（Doherty，Kouneski，& Erickson，1998）。而國內對家庭中父親角色的研究，則多關注於父職角色的實踐（或是父職參與）現況與影響因素。例如探討父親參與與子女學業表現之間的相關性（謝明華，2002），或是以父親參與和其他因素的關聯為主要議題（王叢桂，2000；李淑娟，2003；杜宜展，2006）。本研究所探討的父職參與概念包含了為人父者的信念以及具體之實踐，而以家庭系統觀點以及生命歷程論點去探討父親角色的認知歷程。

從家庭系統的觀點看，家庭這個複雜的系統是由許多「次系統」組合而成，父母親所組成的親職系統在家庭中的責任是養育子女、教育、指導、設定限制等。而父子、母子則是親職次系統中的二個小系統，因此，父親對於自己角色的認知，如何扮演一個父親，將會牽動家庭及其他次系統的功能與運作；而父職參與的脈絡因素上同樣也可能來自於婚姻或母子關係等系統的影響。

Marsiglio（1995）於其父親角色的研究中提到「生命歷程觀點」（life course theory），主要關注於男性如何隨著生命歷程與所遭遇的人生課題之轉變，去經驗其父親角色的改變。其中包含了「社會腳本觀點」（social scripting）——探討文化的訊息如何內化男性的父親角色；以及「社會身分觀點」（social identity）——聚焦在於男性如何在所扮演的眾多角色中認定自己的父親角色。這個理論假設了男性在家庭中藉由經歷上述外在及內在訊息交替過程，進而形塑自我的父親角色。Marsiglio 所提出的生命歷程與腳本觀點強調文化及次文化對父親角色所帶來的影響，包括對父親角色的一般知識、對父親角色的想像印象以及對父親角色的刻板印象。而在文化的觀點中，父親角色其實受著「人際間的腳本」（interpersonal scripting）（像是來自與伴侶以及孩子的互動經驗，以及社會文化對父親角色的期待）；以及「自我內心的腳本」（intrapsychic scripting）（意即父親對何看待自我的父親角色，對何去建構他們的自我形象）。而在他們怎麼思考自我父親印象的過程中，其實同樣的也反映了文化及次文化是如何影響了他們所呈現的父親角色。

另外，不同生命歷程的父親也同時扮演著許多角色，而這些角色可能彼此衝突。當男性經歷不同的生命歷程階段，他如何思考父親角色、社會文化如何期待，以及其內心如何看待自我的父親角色，在在形塑了男性如何扮演一個父親的角色。不同的生命歷程也會經歷不同的重要事件，而這些重要事件有可能在不同的時間點，影響男性的父親角色。由於本研究正希望深入探討客家父親如何建構其父親角色的過程，因此，研究者將引用生命歷程與腳本的觀點，來分析這些男性是如何在客家文化脈絡以及個人的成長經驗，去組織及形成其父親角色。

（二）教養信念

綜觀國內外對於父親參與親子教養的研究可以得知，多數學者認為父親參與子女的教養行為與其教養信念有直接的關聯（Daly，1995；王行、莫藜藜，1996；王叢桂，2000）。而且許多研究證實影響兒童早期各方面發展表現的家庭環境因素中，父親的教養信念與態度以及母親的照顧比物理層面的影響更顯得重要（Sigel & McGillicuddyDe Lisi，2002）。因此本研究除了探討父親對自己的父職角色認知與實踐外，還希望進一步了解為父者教養實務背後的相關信念。首先要澄清的是，雖然 Sigel 和 McGillicuddy- De Lisi（2002）在其回顧性文章中曾討論將所謂教養認知與情感和價值等其他教養的成分區隔開來，例如有些研究將教養信念特別標明僅探討父母對某個教養範疇（像是兒童發展與學習或者是管教方式等等）的看法或知識。過去林惠雅（1998）以及林文瑛（2004）這兩位學者的研究即採用此觀點；相對的，有些研究則沒有刻意將認知要素做區分，像是吳明燁（2000）的研究僅廣泛地探討所謂的父母教養觀。然而本研究所指稱之教養認知並沒有限定在子女教養的哪一個特定面向，而是廣泛地對於客家年輕一代父親的教養價值觀點進行了解，因為 Sigel 等人（2002）也提出關於信念複合體的概念，認為照顧者的教養實務背後的知識信念其實也與其他相關態度和價值觀等認知因素彼此依存、相互影響，因此本研究仍然使用教養信念一詞。再者，因為研究者相信先不去限定某個教養範疇，而是由受訪父親根據自己忠實的想法及生命重要事件的敘述，說出對子女教養的期待與感受，以致窺見其目前教養信念的形塑歷程。

現今對父親角色的研究多聚焦於行為層次，即父親角色的執行情況與實踐程度，或是著眼量化性指標的影響因素；然而對於男性如何認知「父親」這個角色、他對家庭的概念及其對子女教養信念、亦或是知覺到自我所屬族群，對其在家庭中傳統文化傳承期待的研究仍有限，尤其是出自於本土化研究的論述更是缺乏。王大維（2000）在一篇評論性的文章中即指出，本地對於父職影響的脈絡因素，尤其是對於社會文化系統的探討十分缺乏。因此本研究企圖以一般人認知上仍較具傳統文化特色的客家族群（楊文毅，2006）為例，為本土多元家庭背景下父親角色認知與其子女教養信念並可能影響之因素做舉證。

（三）客家文化與傳統精神

每一個民族或不同社經地位的父母，因其所接觸的文化與生存環境的不同，會發展出該族群特有的親子互動模式與價值觀，因此教養方式與信念的研究，絕不能忽略文化與環境因素對個體行為與價值體系的影響（劉慈惠，1999；Keller et al.，2006）。因此，文化與生態環境等因素在父母教養信念的形成中，扮演了非常重要的角色，父母的角色期待與教養特質會因為文化和環境因素而有所差異（Bronfenbrenner，1998；Doherty，Kouneski，& Erickson，1998；姜惠文、陳銀螢，2006）。父母往往根據文化與時代所期待及認可的父母與孩子角色來進行教養的工作。而文化的價值體系就經由教養與社會化的過程，由成人傳遞給孩子。因此，我們需要先了解客家文化中具有哪些傳統精神，而這樣的價值體系又是如何在家庭教育中被強調。

關於客家精神，英國的學者艾特爾（E. J. Eitel）認為，「相對於一般中華民族保守的個性，客家人是革命與充滿進取特質的；為了生存，他們兼具剛柔兩種特質：在具有剛毅、仁愛性格的同時，也是一個不容侵犯、富於強悍精神的民族。」（引自高木桂藏，1992）。由於逃離戰亂以及避免與其他民族衝突而長期隱居山林的歷史背景下，養了客家人「硬耿」的精神。黃秋芳（1993）在《臺灣客家生活紀事》中提到，以「加法」為主要原則的華人族群中，客家人一直堅持著「減法」的觀點。客家族系的人格特質，很少有太多繁複精緻的物質享受。長時間和生活環境、遷徙背景纏鬥下來，比一般人更為忍耐，也比一般人更能甘於簡單、樸實而寧靜的生活。此外，高木桂藏在其著作中整理出所謂的客家精神包括了：1. 強烈的團結心；2. 進取和尚武的精神；3. 維護文化和傳統的自信；4. 重視教育；5. 對政治的高度興趣；以及 6. 女性的勤勉等（高木桂藏，1992）。再者，以社會學的觀點來看，客家人很重視親戚關係，在客家人的社會關係裡，親戚關係占著相當的分量。兄弟姐妹、堂表親戚，乃至於同姓宗親的宗族情感，因血緣是會永遠存在的。因此，客家人宗族間的互相幫助，就明顯表現於婚喪喜慶、祭祀掃墓的生活事件中（江運貴，1996）。就像世界客屬總會的成立，是現在唯一以族群成立的世界性組織，讓散居於世界各地的客家人，以這樣的扶助組織團結在一起，繼續保持著大家族的意識。客家的特性，在日常生活中，仍潛移默化的影響著客家人的生活方式。

關於客家父母的教育觀點上，多數父母較為實際地希望子女學有一技之長，或是能夠當老師、公務員或在公營機構上班。從客家諺語中——「有子不讀書，不如養大豬」、「不讀詩書，有目無珠」、「不讀書不成器」等，都可看出客家父母認為勤讀書有其功用的看法（曾逸昌，2005）。瞭解了客家的民族特性與傳統精神後，我們便可以去探究客家父親如何在這樣的潛移默化中，透過教養子女去延續或者轉化了這些客家特性。

自 1980 年代開始，有愈來愈多的研究從文化與生態的觀點去探討個體的發展，並且跳脫以西方人教養觀為主流的研究趨勢，而是以客觀的角度去探討不同文化與環境中父母的教養認知 —— 父母如何想，如何看待孩子的發展與教養，以及文化知覺度對發展及教養的影響。客家父親包含於臺灣父親中，在父親角色的經驗上，他們有一定程度的相似處，但客家父親在傳統文化及精神的傳承上，卻很可能有其特殊性。因此，本研究企圖探討客家族群在其特有的文化及生活環境下，年輕客家父親是以何種觀點來看待孩子的發展與教養？意即，我們會希望了解，年輕一代客家父親在他所屬的客家族群及傳統客家文化的影響下有哪些子女教養信念是被保留及堅持的，為什麼這些特質被年輕客家父親堅持保留？背後蘊含的意義為何？而客家父親又是如何把這些特質融於子女教養中？另外，他們如何知覺到自己父親角色的轉變？在過去的研究中，甚少討論這些部分，因此本研究將對此進行探究。

簡言之，本研究的目的在於：1. 了解目前育有學齡子女的客家父親其父職角色的認知與形塑歷程 2. 探討年輕一代客家父親的子女教養信念、以及 3. 在這些教養信念中，客家傳統精神是以何種風貌來呈現？

二、研究方法

首先，本研究的目的之一為探討年輕一代客家父親如何認知「父親」這個家庭角色以及對這個角色扮演的詮釋。而質化研究的目的即在了解當事人對自己的經驗意義有什麼樣的洞察。其次，本研究關注的焦點之一是「父親」的主觀經驗，因客家父親擔負了傳承客家傳統精神的責任，因此需要透過質化研究重視的「當事人觀點」來呈現、掌握客家父親角色的真實面貌。第三、質化研究可以促進對受訪者全面性、多元性的了解，因為它所重視的是社會現象的互動與情境脈絡的掌握，正好可以透過父親的述說來了解到客家父親如何把客家傳統精神放置於其子女教養信念中。

此外，研究者相信語料或敘說內容之蒐集在本地是很有必要的。成年男性的家人關係與家庭角色觀點，除了王行與莫藜藜（1996）在研究中訪談 24 位已婚男性的家庭價值觀外，並無其他對於特定族群男性訪談關於其家庭角色的研究。因此本研究以質性方法、深入訪談年輕客家父親，由他們根據自己的想法及生命重要事件的敘述，使吾人可窺探年輕一代已婚客家男性對家庭以及父職角色更深層的想法與其概念形塑的歷程，並讓我們對照於過去文獻中的父職以及教養概念面向去發掘有否文化上不同的詮釋。

（一）研究對象

本研究以家有學齡前幼兒或學齡期兒童、另一半為客家籍母親的年輕客家父親為主要研究對象，一共訪談三位年輕客家父親。選擇家有學齡前幼兒或學齡期兒童的父親，是因此階段正處於家庭擴展階段，其主要家庭發展任務之一為子女的教養，此階段的父親可以深刻感受到教養的實際行為及他所擁有的教養信念，因此，研究選擇以處於此階段，年齡約 30-45 歲的年輕客家父親為主要訪談對象。再者，因考量母親是否為客家人會對於家庭中客家傳統精神的傳承造成影響，在黃琴雅（2002）的研究中指出，若母親也為客家人，傳統文化的傳承會更加明顯。因此，本研究以父母親皆為客家人的客家家庭為主，希冀在同一個族群文化的脈絡下，其對於詮釋客家傳統精神時會更為清晰。

本研究因空間與時間的限制，在對象上無法針對大量的客家父親做深入的訪談，因此選擇以新竹縣市的客家族群為研究對象。根據 2004 年《全國客家人口基礎資料調查研究》發現，不管是以單一認定、多重認定來看，認定自己是客家人的比例都以新竹縣最高（分別是 63.0%、68.5 人／百人）。而就廣義認定來看，臺灣客家人比例最高的縣市也是新竹縣（75.5%）。本研究三位受訪者住在新竹縣不同鄉鎮，皆為雙薪家庭，且三位年輕客家父親也都自組核心家庭，現階段同住成員都是妻子與二位學齡期或學齡前的孩子，而未與父母親或原生家庭其他成員同住。受訪父親與其家庭概況見表 1。

表 1：受訪者基本資料

代號	年齡	職業	學歷	子女數	子女年齡	家庭生命週期	妻子年齡	妻子職業	妻子學歷
Y1	40	公	專科	2	子 10y 子 7y	學齡階段	37	公	高中
Y2	36	工	專科	2	女 10y 子 8y	學齡階段	34	工	專科
Y3	41	公	研究所	2	女 10y 子 4y	學齡階段	39	公	大專

（二）研究過程

在研究對象的尋找上，同時以立意選取並滾雪球方式（snowball sampling）獲得：先透過親友介紹來尋找符合需要的年輕客家父親，再繼續透過他（們）的介紹或推薦來取得。

訪談進行的過程中，訪談問題大綱只是提供作為訪談主題的參考，受訪父親可以自由述說，並無固定的回答項目。進行訪談前預備的訪談內容則包含：1. 客家父親的家庭概念 2. 如何看待自己的父親角色 3. 客家傳統精神及其對子女的教養信念三個部分。為避免遺漏，受訪過程全程錄音紀錄。在長達 5 個月期間，三位父親一共接受 35 次，每次約 1-2 小時長度不等的訪談後，直到受訪父親述說內容開始重複，並且加上研究者根據每次的訪談筆記而研判資料足夠後才停止訪談。研究者將每次的訪談錄音轉錄成逐字稿，以主題分析的方式，將訪談內容進行系統性的分析，找出對受訪者有意義的主題，以主題或意義單位進行分析，具體將受訪者的經驗內涵與本質顯現出來。

三、發現與分析

本研究的目的為瞭解：目前育有學齡子女的客家父親其父職角色覺知與子女教養信念、以及教養行為中的客家精神之傳承與轉化。研究者自龐大的訪談資料中，首先嘗試發展個案，在重複閱讀每位受訪父親多次的訪談稿後，對每一位參與者的原生家庭成長經驗與目前的家庭生活經驗先有一個完整的圖像。然後依兩個引導研究問題（父職角色扮演與教養以及在客家文化傳統的影響）來組織而歸結出三項客家父親一再提及的主要議題，如此一來可窺見這些議題在客家文化下被賦予受訪父親個人的詮釋並且呼應本研究的上述目的。

（一）對父親角色的實踐、期望與轉變

1. 祖輩與父親對自己的影響

年輕客家父親在形塑父親角色時，融合了過去原生家庭中父親的形象、父親對自己的影響，以及自我對父親角色的要求與期待。例如，祖輩與父親對自己的影響；影響的層面尤其在工作的方向與待人處世。

> 父親對孩子的影響很大，尤其我是老大……我就比較保守，跑去當公務人員。……我感覺是我爸爸，他好像看的比較遠，畢竟他社會出的比我媽媽早，……他就會跟我引導說，……這是最開始的一個十字路口，是往工業走，也沒有錯，後來……方向是對的啦！（Y1-950324）

> 我爸爸阿公曾祖父那一代，頭腦都很不錯，尤其是機械方面的東西，早期交通沒那麼發達，一些農具啊！都會自己發明自己做，即使一些買回來的農器具裡面有故障的，自己都有辦法修理，我自己也有被家裡影響到，盡量一個原則，東西有問題盡量自己去嘗試修理，去摸去研究原理。（YZ-950317）

> 跟阿公在一起的時間反而比較多，他的心很好，在路上都會幫助人家。事事都不會想去占人家便宜，東西賣斤賣兩一定是足夠或超過賣給人家，做人實在。（Y2-950317）

而「照顧家人的責任」與「陪伴子女」更是三位父親一致對於自己在家庭中扮演父親角色的自我期許。例如 Y1 在原生家庭中，父親總是扮演著一家之主，負起照顧全家人的責任。當 Y1 結婚成家後，父親也叮嚀他負起照顧一家人的責任，把太太、孩子照顧好；而 Y1 受了父親身教及言教的影響，延續了父親的方式照顧自己的家庭，顯現了「重視家庭」這個感受於父親角色的代間傳承：

> 我爸爸最常提到的就是『勤勞』。就算工作勞累，他還是很努力的爲家裡的經濟打拼，他很重現家庭，也很認眞做每一件事。我結婚之後，我爸爸還常常叮嚀我，……要照顧家裡的人，要多意……，就是他在叮嚀我要顧好這個家，顧好這個家的每一個人，留意家裡的小細節。我受了他的這些都響，我也是用這種方式照顧我的家庭。（Yl-950317）

相對地，Y2 反省到原生家庭中父母忙於生計而無法陪伴子女，因此不希望自己的遺憾再一次發生在子女身上。因而力行陪伴子女，天天與孩子共進晚餐。

我跟我太太說：早期我們家裡人都是很少陪伴我們，所以現在我都會盡量陪伴她們……
我每天是一定會回家吃晚飯，我常在飯桌上講說：「我們能一起吃晚飯，是我們最快樂的事。」小孩子會在吃飯時間跟我講一些他們在學校的事情，我覺得這樣很好。（Y2-950317）

像我自己幾乎也不在外面應酬，幾乎都在家吃，吃晚餐時間是一種感情的交流，像我這二天回鄉下幫忙，不在家吃晚餐，他們就會找我，問說：「爸爸去哪裡？」他們習慣爸爸是回家陪他們吃晚餐的。（Y2-950427）

2. 在孩子心目中的父親形象

年輕客家父親在自己當了父親後，如何看待自己所扮演的父親角色，是嚴父、規矩的執行者、還是能夠溝通的父親？這中間的異同，透露出了年輕客家父親對過去家庭的男性長輩，以及現在自我所扮演的父親角色，有了模仿、傳承，也有加以調整的部分，二者相互整合成現今對自我父親角色的期望。

有位父親談到過往，自己的父親因忙碌於農事、為家計打拼，使得子女和父親的相處機會很少。父親和子女的不擅於溝通，無法直接表達內心的關心，深深影響了他。他在成為父親後，一直希望自己可以改變過去的溝通模式，卻又從姐妹的言語中發現，自己在和孩子溝通時，仍然有著過往和父親不良溝通模式的影子。

我覺得影響很大。包括我現在在跟我小孩一些溝通方式來講，我的姐妹常常都會糾正我，我還是沒辦法擺脫我爸爸跟我的溝通方式，不小心就會……比較是講反話，比如說：小時候我們會拿刀子，要拿刀子削水果的話，一般父母親是說：「不要拿刀子喔，會割到手喔！會受傷喔！」但是我們家人不是，他看到你在玩刀子，他只跟你講說：「布要準備好」。用反諷的方式來制止你。我印象很深刻……他心裡可能有在關心你，但是往往講出來的話兒是完全不一樣的，所以有時候我們想對我爸爸講出一些關切的話，會講不出口，會覺得很奇怪。這一點讓我覺得很遺憾……。（Y2-950317）

我覺得陪小孩眞得很重要，目前他們不是很黏我，但有事會來跟我講，我覺得那就值得了。他會跟我講說：「爸爸，我今天在學校怎樣，……」至少我希望我跟小孩子的溝通不會像我跟我爸爸或祖父那樣子……（YZ-950323）

嚴父的角色，是我想改變的地方，我希望我兒子跟我，不要像我跟我爸爸之間的關係，關心只是在心裡，嘴巴上都不說說出來，會有點遺憾，上一代父親比較多時間忙他的工作，不聽就用揍的。（Y2-950511）

雖然自己沒有刻意在家中塑造嚴父的形象，但孩子仍會認為爸爸比媽媽嚴格。有趣的是，三位父親並不認為這樣不好，還是會希望家中父母雙方有一人能扮演規範者的角色，維持家中應有的基本規範：

但是心裡上他們就是認爲爸爸比較兇，做錯事比較怕被爸爸知道，我覺得這樣就夠了。至少我可以維特一個該有的規範，讓他們知道不能去做一些不對的事。（Y2-950330）

我就是家庭的原則堅持者，這是我們家庭的文化、氣候。（Yl-950331)

倫理的東西還是要有，他們還是要尊重我們是父母。我們看的東西經驗都比較多，不管是擇偶或是就業上，還是希望他可以諮詢我們的意見。我會希望我是一位可以跟孩子溝通的父親，我不希望孩子認爲反正爸爸也不會聽我説，或爸爸講的話我偏偏就是不要聽，不要有這種狀況就好。（Y3-950413）

3. 教養方式與親子互動模式的改變

年輕客家父親從過往和父執輩的互動關係省思中，以及接受現代西方教育與親職教育的觀念後，開始對父親這個角色有了不同的期待，對子女的教養也開始產生改變。訪談中發現父親會強調「親子溝通的重要」並「陪伴勝過一切」這兩方面的親子互動。例如，Y2 從過去家庭的溝通模式中得到很深的體認，不希望原生家庭中不擅於表達的溝通模式再延續到自己的家庭中，希望自己建立新的親子關係互動模式，並把新的互動模式延續到孩子將來的家庭，和子女找到共同的話題，在日常生活中透過聊天來增進對孩子的了解。Y1 則是提到，要學習認真看待孩子認為很重要的事，並期待從父子聊天中感受到親子之間是有互動的。

我也不希望我跟我父母親溝通的模式，讓我的下一代來學習，我希望孩子印象中就是我跟他互動的方式，以後他有他的家庭，希望過去不良的溝通就此打住，我結婚後就覺得我不要傳承那樣的溝通方式，我希望在我的小家庭建立新的互動方式。（Y2-950317）

我覺得找到共同話題很重要，像我跟我兒子就很喜歡討論車子，他

會主動找我聊。（Y2-950330）

再累都要聽啊！我要學習啊！學習傾聽，學習把他覺得很重要的事看得很重要。……我以前和自己的爸爸比較不會聊這種事，現在我想往那個方向去，要盡量培養他講，什麼都講出來。（Yl-950324）

我們可以發現年輕一代客家父親從過往成長經驗中都感受到，自己和原生家庭的父親，彼此在溝通、聊心情這個部分是不足夠的，甚至有遺憾，傳統的客家父親，很少會當面鼓勵孩子，或是很少在子女面前給予稱讚，大多以表情式行為來表達，在家人互動中感情是壓抑且內斂的。而年輕一代的客家父親則認為對子女言語的鼓勵是重要的，而且也是自己希望有改變的地方。

至於何為負責任的父親呢，Y2 對原生家庭的父母親很少有時間陪伴子女有所感觸，不希望自己的遺憾再一次發生在孩子身上。因此自己成為父親後，和另一半達成共識，認為陪伴孩子是很重要的，甚至為了陪伴孩子而放棄進修的機會，體認到陪伴孩子的價值勝過一切：

我每天是一定會回家吃晚飯，我常在飯桌上講說：「我們能一起吃晚飯，是我們最快樂的事，最快樂的時間！所以我們全家都坐在一起吃，就算沒有煮，也會到外面吃，都會一起吃，不會前前後後吃，小孩子會講在學校的事情……。」（Y2-950317）

透過父親自陳教養方式的改變，我們可以深刻感受到年輕一代客家父親亟欲打破過去嚴父的模式。這些改變呈現於父親懂得主動參與親子溝通，並學習了解、鼓勵孩子，不僅傾聽孩子，也把自己的想法說給孩子聽。而選擇陪伴孩子，放棄進修或應酬，則是顯現了父親重視家人和愛孩子的用心。以上這幾個特點，呈現的是客家父親「重視家庭」、「凝聚家人情感」的感受延續，而把這樣的感受實踐在教養之中。而上一代「重視家庭」、把家人擺第一、負起照顧全家人的信念，仍舊透過父親角色的身教與言教，一代代的延續、傳承下去。由此可以看到對於父親角色的知覺，所傳承的是過去對照顧家庭子女，擔負起一家之主責任的看重，有所改變的則是家庭成員間的互動方式。

（二）子女教養信念

1. 子女人格養成是父母的重要任務

三位客家父親都認為家庭是子女人格養成的重要場所；而父母對子女的教養是最基礎的教育養成。他們延續過去對「家」的正向感受，包括穩定、放鬆、心安、踏實、有安全感、滿足……等，透過家庭氣氛的營造，帶進自己建立的家庭中，希望子女在這樣的氣氛中，也同樣的重視家庭與父母的教導。而全家人凝聚在一起的觀點，也同樣延續到子女教養上，要求孩子學習參與家務，共同為家庭付出努力。例如有父親提到，小時候全家人為了生活一起幫忙分擔家裡的工作。現在自組家庭當了父親，也會從小教育孩子，「家是每一個人的，每個成員都要一起分工合作，完成家務」：

> 因爲以前那個年代，小孩子都要幫忙家裡的農事，大家要一起分工，才做得多、做得快，現在自己當爸爸了，我也會從孩子小時候，就開始跟他說：「家是每個人的，所以呢！這個家的每一個成員都應該分工家事。」像收衣服、……要一起幫忙……，要他怎麼做……。（Y1-950324）

> 家也是我們人格培養最重要的一個地方，即使是教育也是一樣，也是從這邊出來，我覺得應該百分之九十是從這邊出來的比較多，

> 定型的時候應該是在家庭中，……父母的教養也會形成小孩子的個性，這個都是很重要的，在家庭裡面，那之後的學校教育就是一種修正而已。就是說不會變壞的人，應該怎麼樣都不會變很壞，偏差性不會很大，我想那應該都是在家庭裡面養成的，我認爲家庭來講，教育人格形成應該是最重要的。（Y3-950504）

2. 對內要敬重父母、手足相親

年輕一代的客家父親不僅本身對長輩敬重與孝順，也強調這是教導子女最重要的身教。再者，有位父親提到現代小家庭子女生得少，加上個人過去家族兄弟間為了家產而關係不佳，以致於他期待並教導子女有良好的手足關係。

> 我覺得還是要倫理加進去，起碼我講的話他聽的下去，朋友講的話他當然也會聽啦！但是那種感覺畢竟不一樣，他可聽可不聽，有選擇性的……朋友是有彈性的，父子不是說沒有彈性，可是它有一個層級，有點像層級，但它不叫層級，叫倫理嘛！還是要尊敬長輩，我覺得這樣應該在小孩子的成長過程中，會對小孩子比較好。（Y1-950512）

> 我的想法就會覺得，孩子只要能懂得好好孝順父母，兄弟之間互相關心，不要傷和氣，比較重要。所以，我是覺得孩子關心父母啊！善良啊！孝順啊！這些一定要有。（Y2-950529）

> 我很希望他們二個以後感情好，因爲我們家裡面，兄弟部分感情的維繫比較弱，從我祖父到現在，兄弟之間感情都不是很好，我也是想說這個關係看從我這一輩能不能改變，我很努力。（Y2-950413）

3. 對外要重視禮貌與規矩

受訪父親會具體提到日常生活中教導子女禮貌與規矩，像是，要主動向別人問好、要有禮貌，除了是小時候父母很要求之外，也認為這是基本的生活禮儀。同時爺爺、奶奶也很重視這一點，顯現了代間教養一致的地方。除此之外，有位父親特別強調他會要求孩子有規矩，因為這是最基本的教養，給予孩子行為上的規範並且要養成習慣：

> 平常在生活上，我會要小孩子跟長輩打招呼，看到人要問好，像出門看到鄰居，就要主動跟人問好，他們回阿公阿婆家的時候，阿公阿婆也會這樣告訴他。（Y1-950317）

> 我都很要求孩子看到人要有禮貌，其實這蠻重要的，出去看到鄰居，會跟他說要叫什麼，要求他們跟大家打招呼，讓他養成習慣。以前我們家，要是客人來沒叫，等客人回去，就等著被修理。我覺得這是最基本的禮貌啦！我們隔壁鄰居就比較不在意這些，不會刻意去要求，隨小孩自由，不會主動跟小孩說要打招呼，要有規矩之類的。（Y2-950330）

> 規矩上要是有問題，都會被我唸，像我太太連吃飯都會要求，因爲我岳父家是習慣添好飯大家一起吃，如果爺爺奶奶還沒上桌，小孩子是不可以先吃的，要大家一起開動，我們很堅持這件事，這就是生活中規矩的建立，……。我們家跟鄉下，就看不出小孩幾歲，因爲不准他們在牆壁上啊什麼的亂畫畫，這就是習慣啦！不能讓他有第一次畫的機會。……，很多人說要尊重小孩子的興趣，可以畫，但是要畫在可以畫的地方，我沒有辦法接受一個家裡被小孩畫的亂七八糟，這是規矩的問題，我還是覺得不行。像我家兒子現在，如

果看到不喜歡吃的菜，就會有一堆理由，說要喝水啦！或是吃飽啦！可是我就會要求他吃完，或是跟他說：「媽媽煮什麼我們就吃什麼，沒得挑。」這種東西從小要求，我覺得是應該養成的習慣。（Y2-950518）

4. 教導子女為自己負責以及務實的工作與生活觀點

受訪父親談到對子女的期望時，並不像過去傳統以成績表現作為第一優先，反而是強調要培養孩子的獨立性格、為自己負責任、認真踏實進而在以後適應多元化的社會環境。

我教小孩子的時候，我也是跟他們說，其實你做什麼工作，只要你好好做，都很值得尊敬，我不會要求他一定要讀書或做什麼，當然不要做壞事是一定的，其他你做什麼我都覺得很好，藝術家什麼也很不錯啊！我覺得只要你認真做，都很好。（Y3-950330）

做父母的要考慮到他擅不擅長生存……如果他只適合唸書，可能在社會上不適合生存，也不好。我現在覺得孩子的生活能力好，適應能力好一點，就好了。我反而希望教孩子的對人處事，應對進退好一些，唸書啥的好不好，不是最重要的，不如培養他多一些自信心，多一些抗壓性，讓他能夠獨立的去面對這個環境，懂得解決他所面對的事情，能夠生存下來，對他的人生才是重要的吧！（Y2-950406）

我想，怎麼樣培養小孩子能夠去適應環境，培養他獨立的能力，應該在現在來說是很重要的，不能什麼事情都依賴爸媽。像他之前寫完作業，就會丟給我們檢查，我就會跟他說：「作業不是寫完是丟

> 給爸爸檢查就好，這是你自己學的東西，你寫完要自己先檢查一遍，再拿給爸爸看。」是想告訴他，作業是他自己的責任，有沒有寫對是他的事情，不是我們的事情，不然，他都為了想做別的事情，匆匆忙忙的寫完，也不管有沒有寫對，然後一丟，就變成父母的責任了，這樣不行，要讓他學習對自己負責，他才會慢慢學著怎麼去獨立。（Y1-950512）

總而言之，年輕一代客家父親教導子女上仍重視孝順父母、友愛手足、要做個守規矩、有禮貌的小孩；至於對孩子未來發展的期許則不再只是讀書第一，而是因應大環境需求，希望孩子能擁有適應社會的能力。這三位父親都認為子女人格養成與適應社會能力都應該是家庭教育的基礎工程！而他們所認知到這些和鄰里、同事不盡相同的教養價值觀點（例如看到長輩要打招呼、有禮貌、守規矩等），似乎也隱約透露了這幾位受訪父親的教養信念有其文化脈絡可循。因此我們繼續分析這些家庭對子女教養中所呈現的客家精神。

（三）子女教養中的客家精神

在客家傳統精神中，「祭祀祖先」、「孝順」、「講究倫理、輩分」與「節儉」等，仍舊是年輕一代客家父親視為應該繼續教導給下一代的核心價值。例如年輕客家父親認為，不管時代怎麼變遷，不管現在養兒是不是一定能防老，中國人期待老了能跟兒孫在一起的想法，是不會改變的，所以，陪伴在父母身邊侍奉、照顧，是為人子女最基本的責任。透過自己和長輩互動的身教與對子女的言教，希望下一代仍然保持看重這些客家精神。

> 我大兒子是長孫，比如說最近的話，要「敬阿公婆」（拜祖先），他們（祖父母）會希望帶著他，大的要帶著去，要他學，希望是他

一定要知道墓在哪，要準備什麼東西，要怎麼拜，香給他去拜，要拜哪裡啊！（Y1-950324）

像下禮拜的掃墓，我會要求小孩子一起去。現在很多年輕人都覺得掃墓沒有意義……。我帶小孩子去掃墓時，會講眞正的意義給他聽，他們也會問：「爲什麼要來這裡掃墓？」我會解釋一些祖先的歷史給他們聽。（Y2-950330）

我們都是盡量做，像我爸爸上次住院，也都是我去照顧他，我覺得這是我們該做的事，我就會去做，小孩子照顧父親跟你請特別護士是不一樣的。……我其實不大贊成老人家去住老人院，老人院就算好五星級，都沒有用啦！他們住在那裡，看著其他老人一個一個走，那種感覺對他們來說是很可怕的。對父母親來說，父母親不在身邊，心裡是會難過的，因爲畢竟我們親情的觀念還是一樣在。我相信總歸來說，父母還是需要子女陪伴的，即使以後我老了，我還是會這樣想，人老了會想跟自己的孩子在一起，這是人性，也是不會改變的一點啦！（Y3-950427）

那種輩分的觀念還是要有，我並不贊同說我跟小孩子二個我們勾肩搭背，像朋友那樣，我覺得這一點不是很好，還是要有倫理的觀念，因爲畢竟這是我們的傳統……。如果把他（小孩）當朋友，會有一些問題啦！朋友跟父子的感覺就是不一樣，以後要怎麼管小孩子，沒有人可以壓制他，所以我覺得還是要有倫理加進去，起碼我講的話他聽的下去……。朋友是有彈性的，父子不是說沒有彈性，可是它有一個層級，有點像層級，但它不叫層級，叫倫理嘛！還是要尊敬長輩，我覺得這樣應該在小孩子的成長過程中，會對小孩子比較好吧！（Y1-950512）

從小就是跟他這樣說，現在這麼大他也知道了，……我慢慢會讓孩子知道，賺錢不容易，他是一分子，幫忙分擔一點家事，是可以的。因爲錢來得眞的很不容易啊！尤其我在買這個房子的時候，我們有很深刻的體驗……，一切都要自己來。……，現在就開始要還那個貸款，像這種問題我們也會跟小孩子講，爸爸媽媽眞的很辛苦在維持這個家，……更了解「勤儉」的重要。（Y1-950324）

儉樸是我一直要求的，是傳統的部分……我記得我爸爸都會跟我講我阿祖、阿公他們那代努力辛苦的事情，他們創業經過我爸爸之後，然後到出來竹東，這就是我還有看到我父祖輩，我還很有印象他們辛苦的那一面，所以我現在知道說要懂得「節檢」，才會有比較好的生活，讓我的家人過比較好的生活。所以我也希望我的小孩可以知道儉樸的重要性，就是要懂得「留糧」。（Y1-950407）

當然都要省啊！……以前我們不能花錢，也不能隨便拿錢，拿錢沒講會被打死。以前我爸爸都會跟我說，要很省，很節儉，因爲他們本身就是這樣在做，我覺得我自己也是蠻省的，包括我老婆也是不會亂花錢，不會說有那種無謂的享受，我覺得這樣子過生活就好啦！小孩子要習慣，現在也不要給他們亂花錢。現在他們拿到的壓歲錢我會幫他們存起來，然後開學時就拿來繳學費。……我會跟孩子說要節省一點喔！要買什麼什麼，哪有那麼多錢，我會問他說：「你要吃什麼吃什麼，那買玩具錢從哪邊來？如果都拿來買玩具，那你唸書的錢從哪邊來？」所以他們有時候也會去想說：「啊！不要買好了。」我發現他們二個現在不會亂花錢或刻意要花錢。（Y2-950330）

綜而言之，受訪父親不斷在提到個人的教養信念與實際行為時流露出對客家傳統精神中「節儉」、「祭祀祖先」、「孝順」、「講究倫理、輩分」及「禮貌與規矩的建立」等特質的重要性。雖然現代生活環境有所改變，在做法上已有調整，但其中的核心價值仍被視為是值得保留的。正因為年輕客家父親們認同這些傳統精神，也就把這些傳統精神加以內化，形成其對子女的教養信念，並透過實際、具體的教養行為，以及自身的身教及言教，把這樣的精神教導給子女。

四、討論與建議

相較於一直以來對母職有清楚的定論，父職概念的定義其實是融合了社會變遷下，父親在意義、信念、動機、態度與行為上對於兒童生活影響（當代社會中對於教養兒女的論點與期待）所建構出來的。如何做父親比如何做母親更受到情境因素的影響（Doherty et at.，1998）。本研究的受訪父親十分強調親子關係中的倫理，並不認同於現在臺灣許多親職教育專家支持父母應該和孩子作朋友的觀念。儘管同事之間也有人認為現代小家庭講求平等，客家父親仍是堅持家庭倫理存在對孩子的好處，也不認為親子之間能真有平等的關係。由此明顯看到客家父親受到客家傳統精神（尊儒重道）的影響，「父子倫」的關係是他們在認知父親角色時重要的依據之一。但是對於和配偶一同承擔養育子女上，年輕一代客家父親卻又展現和上一代不同的角色分工觀點。例如他們就強調夫妻兩人同在工作，教養與照顧子女自然要同擔家務與工作，儘管是包含了一種「多少都要做一些」非積極態度，但基本上，客家父親承認在觀念上的確是發生了改變，尤其受訪的三個家庭皆為雙薪的核心家庭，以致於「沒辦法，要適應它」的這種大環境使得男性在父職擔任上有了不同於以往的做法。就社會腳本觀點而言，可知受訪的客家父親之男性的父親角色認知發展歷程中，既有個人內省的思考與選擇（屬於「自我內心的腳本」），也同時受到配偶以及子女互動經驗中的期待（屬於「人際間腳本」）影響。因而上述的研究發現除了支持吾人在探討已婚男性建構其父職角色概念上需要有環境系統脈絡的父職模式觀點外，似乎我們也可在未來加入共親職（co-parenting）的觀點，以期在系統中有更完整的詮釋。

此外，本研究的客家父親就「當父親」之前及之後，他們如何形塑其父親的角色歷程可發現，原生家庭父親顧家的身影與榜樣不斷出現在年輕一代客家父親的敘說之中。這也正說明了父親對於兒子來說，有著「楷模式」的影響。Daly（1995）的研究就指出，雖然父親角色有很大部分是自己的選擇和決定，但其所成長的社會傳統、價值、道德和標準，都會對自我的父親角色產生影響；而成長過程中的重要他人，如：原生家庭的父親，也會影響到他對自我認知的確認與修正，進而影響其形成父親角色與教養信念。因此，扮演父親角色與教養過程中，傳達哪些是身為一個家庭的父親必須具備的特質，都在在影響了家庭中的男性形塑父親這個角色的概念。也就是說，原生家庭中所傳達的價值體系，對家庭中的子女有著深遠的影響，若家庭中的子女對這些價值深信不疑，自然就會維持相同的價值認同。但是，若子女對原生家庭中所傳達的價值，經過自我覺察後，發現某些部分是很需要改變的，不希望不健康的模式再繼續傳遞給下一代時，就會尋求較高度的自我分化，讓自己獨立，擺脫原生家庭中需要改變的部分。例如在探討教養信念上，從訪談資料中發現，有別於年輕一代父母「以兒童為中心」的親子互動或是教養價值轉變，客家年輕一代父親仍然強調家庭倫理、長幼有序等價值觀念。這些價值觀點的留存很可能來自原生家庭與客家文化傳統的影響；相對的，訪談結果中也看到一些父親角色及教養方式上的改變，也都是來自於察覺到自己和父親原有的不良模式而在自己建立家庭，當了父親後，開始分化這些影響，建立一種新的互動模式，期望傳遞給子女的是個人理想中的親子互動模式。

至於客家文化與男性個人內在認定對父親角色的影響部分，以 Marsiglio（1995）的生命腳本觀點來看，男性形塑父親角色時，是由外在文化及內在認定所構成。所以，年輕客家父親從小在客家脈絡中成長，其外在的文化資訊自然而然會潛移默化到年輕客家父親心中，例如：訪談中客家父親就提到，父親或長輩從小教導自己，客家人應該節儉，或身為客家人該具備的特性等，都是一種文化對父親角色的影響。在王行與莫藜藜（1996）對於已婚男性的家庭價值觀所進行的研究中發現，家族觀念仍然深深影響受訪的男士們，他們提及「長子責任」的積極和消極的看法，「傳宗接代，祖德留芳」在他們家庭生活中的意義，以及現代「孝道」的觀念與實踐，都顯示出現代已婚男性「既現代，又傳統」的家庭價值觀，他們一方面接受社會變遷所帶來的觀念，有著自己的想法，想要顧家、顧妻子也顧兒女。在面對新的教養觀念與親職教育時，願意去學習這些教養觀點，調整自己的教養方式；但是，另一方面又具有不少傳統的想法，特別是在家族觀念及傳統精神方面，因此，當客家父親根深蒂固認為這些客家傳統精神具有延續下去的意義時，就會顯示出傳統的一面，堅持繼續把這些具有保留價值的精神延續下去。

總而言之，父職（fathering）不能只是被視為男性角色中的一些特質或行為，甚至也不只是父親與子女互動關係下的定義。它應該是一種融合了父親自己、母親、子女、家庭其他成員、社區和所處的社會文化以及社團的多元互動過程。

本研究以客家父親的觀點論述在客家文化脈絡下男性如何建構自身的父職角色認知以及教養實踐與信念背後的文化脈絡因素。對於在臺灣其他文化或社群（例如像是宗教信仰團體也會對於什麼是理想的父親或父職提供引導想法）脈絡下的父職角色認知經驗，則建議在未來的研究中可嘗試探討並進而釐清與窺探現代臺灣社會中更完整的父親圖像。

最後，本研究的結果分析與討論是否偏向以本質論論述客家父親的父職認知即受客家文化影響的觀點值得再思，有否可能三位受訪父親在許多觀點上相似的原因可能來自家庭結構（皆為雙工作的核心家庭）或年齡相近。回到研究動機之一，因著本文作者之一身為客家庄的子女，從小到大經常聽到父執輩談論「我們客家……」，致使吾人期待透過研究探查客家父親到底如何詮釋所謂客家文化並傳承或轉化到家庭以及子女的教養上。現代客家研究文獻確實越來越豐富，何謂「客家文化」的確值得吾人更多細查，因此企盼本研究拋磚引玉，致使對於文化脈絡如何影響個人的討論可以更加周延。然而本研究真正關心的還是在於家庭、親職以及子女教養，因此，三位年輕一代客家父親的相似觀點，除了所處地區相近（新竹縣），毋寧說是因為這三位父親皆處於同個家庭生命週期——養育學齡（及學齡前）子女階段的家庭且受訪者正好在受訪當時都已經成為父親有十年的時光。例如，父親都提到陪伴孩子的重要，作者相信這可能不獨有客家父親才會有的教養認知，而是因著養育這個階段子女的體會。但我們也看到三位客家父親不斷提到他們十分看重教導子女重視倫理輩分、尊重長輩等等的觀點與實際教養行為；而且有趣的是，這些父親認為（主體的詮釋）這是因著客家文化的一脈相承。因此，本文實則呼應到研究的出發點——客家父親包含於臺灣父親中，在父親角色的經驗上，他們有一定程度的相似處，但客家父親在傳統文化及精神的傳承上，也可能有其特殊性。

參考文獻

王大維，2000，〈父職參與或參與親職的父親？〉。《應用心理研究》7：12-18。

王　行、莫藜藜，1996，〈已婚男性的家庭價值觀及其對家庭的需求之探究〉。《東吳社會學報》2：57-114。

王叢桂，2000，〈促進參與父職因素的探討〉。《應用心理研究》6：131-171。

江運貴，1996，《客家與臺灣》。臺北市：常民。

全國意向顧問股份有限公司，2004，《全國客家人口基礎資料調查研》。臺北市：行政院客家委員會。

李淑娟，2003，《父育理論之建構與驗證：父親心理社會發展、父育知覺、父職參與及相關因素之研究》。國立臺灣師範大學人類發展與家庭研究所博士論文。

杜宜展，2006，〈幼年經驗、性別態度、角色認同、父職技巧及父職參與行為之研究〉。《家庭教育與諮商學刊》1（1）：49-72。

吳明燁，2000，《性別角色、教養觀與教養行為》。行政院國家科學委員會專題研究計畫成果報告（編號：NSC89-2412-H-031-002）

林文瑛，2004，《教養行為的文化變異：人性觀與教養觀層面的考察》（II-II）。行政院國家科學委員會專題研究計畫成果報告（編號：NSC92-2413-H-431-003）。

姜惠文、陳銀螢，2006，《客家父親的家庭概念及其子女教養信念：聚焦於世代間的家庭價值傳遞》發表並載於「東南亞家庭文化與家庭教育推展」國際學術研討會論文集，371-385。嘉義：南華大學家庭教育研究所。

高木桂藏，1992，《客家》（2版）。（關屋牧譯）。臺北市：關屋牧。

黃秋芳，1995，《臺灣客家生活紀事》。臺北市：臺原藝術文化基金會。

黃琴雅，2002，〈臺灣客家族群婚姻觀與家庭之探討：以客家女性為例〉。《中華家政學刊》32：123-134。

曾逸昌，2005，《客家通論：蛻變中的客家人》。苗栗縣：曾逸昌。

楊文毅，2006，《尋找臺灣客家的男性氣質：以桃園縣為例》。元智大學資訊社會學研究所碩士論文。

劉慈惠，1999，〈幼兒母親對中國傳統教養與現代教養的認知〉。《新竹師院學報》12：311-345。

謝明華，2002，《國小學童之父親參與、幸福感及學業成就之相關研究》。彰化師範大學教育研究所碩士論文。

Bronfenrenner, U., & Morris, P.A., 1998, "The ecology of developmental processes." In W. Damon & R.M. Lerner, Eds., *Handbook of Child Psychology: Vol 1: Theoretical Models of Human Development*, pp. 993-1028. New York: Wiley.

Daly, K., 1995, "Reshaping fatherhood: Finding the models." In W. Marsiglio, Ed., *Fatherhood: Contemporary Theory, Research and Social Policy*, pp.21-40. Thousand Oaks: Sage.

Doherty, W. J., Kouneski E. F., & Erickson M. F., 1998, "Responsible fathering: An overview and conceptual framework." *Journal of Marriage and the Family*, 60: 277-292.

Keller, H., Lamm, B., Abels, M., Yovsi, R. D., Borke, J., Jensen, H., et al., 2006, "Cultural models, socialization goals, and parenting ethnotheories: A multicultural analysis." *Journal of Cross-Cultural Psychology*, 37: 155-172.

Marsiglio, W., 1995, "Fathers' diverse life course patterns and roles: Theory and social interventions." In W. Marsiglio, Ed., *Fatherhood: Contemporary Theory, Research, and Social Policy*, pp. 78-101. Thousand Oaks, CA:Sage.

Sigel, I. E., & McGillicuddy-De Lisi, A.V., 2002, "Parental beliefs are cognitions: The dynamic belief systems model." In M. H. Bornstein, Ed.a, *The handbook of parenting: Vol. 3. Status and social conditions of parenting*, 2nd ed., pp. 485-508, Hillsdale, NJ: Erlbaum.

臺灣南北地區客家婦女大襟衫比較研究：
以清末民初至光復初期之傳世實物分析為例 *

鄭惠美

一、前言

早期客家人移墾臺灣的歷史，是由臺灣南部逐漸向北移動，南部六堆地區的客家移民開始於康熙 25-6 年（1686-7），而北部地區則是於雍正、乾隆（1723-1795）年間來臺。[1] 在居住地區與鄰近族群的互動和文化交流的影響下，雖然來自共同原鄉，生活形態與服飾文化發展，產生許多細節差異。日治時代明治 36 年（1903）刊行之《臺灣慣習記事》[2] 以及昭和 17 年（1942）所記錄的〈臺灣農村の廣東族〉[3] 文章中，論及臺灣客家人主要居住地集中在北部新竹州（包含桃、竹、苗地區）、臺中州以及南部臺南州與高雄州。中部地區的客家村主要集中在臺中東勢、石岡、新社等三個鄉鎮，而雲林、彰化一帶的客家人或因族群械鬥而搬離，或被周圍閩南福佬人同化成為「福佬客」，除了在

* 本文原刊登於《臺灣文獻》，2007，2 期，頁 167-213。因收錄於本專書，略做增刪，謹此說明。作者鄭惠美現任實踐大學服裝設計學系副教授。

1 曾喜城，1999，《臺灣客家文化研究》，臺北：國立中央圖書館臺灣分館。

2 臺灣慣習研究會，1903，《臺灣慣習記事》，臺北：臺灣慣習研究會。

3 謝氏春枝，1942，〈臺灣農村の廣東族〉《民俗臺灣》，第 2 卷第 8 號，臺北：東都籍株式會社，頁 12-13。

部分地區還聽得到客家方言之外，只留下極為稀落的蛛絲馬跡。[4] 臺灣客家婦女傳統服裝形式，從外觀上亦被概分為南部六堆地區與北部桃竹苗地區等兩大類型。[5] 一般人大都知道臺灣南部客家婦女過去習慣穿藍色或黑色的大襟衫，概稱為「客家藍衫」，但是臺灣北部客家婦女的服裝顏色、裝飾形式以及材質用料等卻大異其趣，本文將針對臺灣早期從清末民初至光復初期之南、北客家婦女大襟衫之裝飾形式、材質與色彩、釦子造型與裁剪結構等進行比較分析，揭示兩者之差異。

圖 1：臺北州客家婦女，引自 1903 年《臺灣慣習記事》

圖 2：1920 年代中壢客家婦女（朱陳耀先生提供）

4 劉還月，2003，《臺灣的客家人》，臺北：常民文化事業股份有限公司，第一版第二刷。
5 林成子，1981，《六堆客家傳統衣飾的探討》，臺北：作者發行。

圖 3：1930 年代屏東六堆客家婦女（江陳庚妹女士提供）

二、六堆客家藍衫

客家婦女傳統服裝，一般稱為「長衫」、「藍衫」或「大襟衫」（俗以右手為大手，而上衣右掩前胸的部分稱為「大襟」，相對的被掩在裏面的稱為「小襟」）[6]。「長衫」是指其衣長及膝，「藍衫」則是指稱其布料顏色，「大襟衫」則是以其開大襟的形式而言。[7] 臺灣早期漢族傳統服裝的開襟形式，大致上分為大襟、對襟和琵琶襟三種。琵琶襟大多用於背心類的服裝，對襟則多用於一般男性的外衣或婦女襖褂，而大襟則是衣襟彎曲向右開口一直延伸至腋下，然後順著脇邊與小襟重疊扣合，是臺灣早期漢族婦女服裝的主要開襟形式。六堆客家婦女服裝大都開右大襟、色彩以藍色為多，所以概稱為「藍衫」或「大襟

6 清代徐珂（1869-1928）著《清稗類鈔》〈服飾篇〉「大襟馬掛」條云：「衣衽右掩，俗以右手為大手，因名右襟為大襟」。引自徐珂，1996，《清稗類鈔》，北京：中華書局，頁 6181。

7 林成子，1981，《六堆客家傳統衣飾的探討》，臺北：作者發行，頁 112。

衫」。客家藍衫在大襟處、袖口反折部分大都有鑲緄裝飾，年輕婦女再於鑲緄配色布外緣加縫花邊織帶稱之為「闌干」，據傳這種藍衫式樣是從清朝時期流傳下來的。[8]

圖 4：傳統婦女服裝開襟形式：大襟、對襟（實踐大學服飾博物館收藏）和琵琶襟（作者收藏）

圖 5：六堆客家藍衫（日治初期，作者收藏）

8 鍾鐵民，1991，〈發展客家新文化〉《新个客家人》，臺北：臺原出版社，頁 50。

圖 6：1934 年代屏東客家江錦旺家族照（江陳庚妹女士提供）

六堆客家婦女大襟衫的形式，以所收集研究之 40 件[9] 傳世實物尺寸丈量統計結果，衣長大約為 90-105cm，袖寬約 22-25cm，胸幅約 55-60cm，衣身寬博掩蔽體態，袖子乍看之下似乎略短，其實是穿法上的變化。藍衫袖子總長度大都超過手腕，穿著時必須將袖子反折，以安全別針、布紐或是暗釦（日治時期使用）固定即形成袋狀空間，可作為放置東西之用，稱為「反袖口袋」。[10] 根據美濃鎮上老銀樓的老闆娘表示：「早期富有家庭的客家婦女對於固定袖口的別針也很講究，有錢人家的婦女使用黃金打造的蝴蝶別針來固定反袖口袋，日治時期受日本人影響，使用扇子造型的別針，普通人家則使用暗釦或一般別

9 傳世實物來源包括，國史館臺灣文獻館藏品 5 件、屏東客家文物館 15 件、作者收藏 20 件。

10 陳運棟，1992，《客家人》，臺北：東門出版社，頁 341。

針。」[11] 穿著藍衫時反折的袖子必定要折好釦正，只有在家中遇到喪事時才會放置下來，不露出袖口裝飾的配色與貼飾布以示哀喪。因為袖子較長、布寬度不足以及講求節省用料，客家藍衫在袖子部分常有多道剪接，而且接縫線皆在袖管正面，其目的在於反折袖口時看不到接縫線。此外，客家婦女在製作絲綢藍衫時，常為了節約絲綢布料的用量，會在袖子反折部位特別剪接其他棉布以節省絲綢的用料，雖然節省下來的布料不多，但將客家婦女勤勞節儉、精打細算的生活態度表現無遺。

藍衫在縫製時於脇邊與袖下縫份的處理上，特別以一道配色直布條作為鑲緄布邊，其作用為接縫線的布邊包縫處理，從衣身下襬沿脇邊一直延伸到袖口，將衣身接合的縫份包覆起來，包縫的貼邊直布條必須在腋下轉彎處稍做打

圖 7：袖口剪接棉布之提花絲質藍衫
（清末民初，作者收藏）

圖 8：反折袖口金蝴蝶，1935 年
（蕭義雄先生提供）

11 2005 年 12 月 5 日，高雄縣美濃鎮鍾喜梅女士訪談記錄。

褶以增加外緣的分量，一般大約打 5-6 褶左右，分量的大小製作者必須小心拿捏，才不會產生太大的落差。此布條一方面可包覆縫份（防止布料毛邊，昔日無拷克處理布邊），雖藏於衣身內並不容易看見，但在袖口反折時鑲緄的格子布、細花布、條紋布或較淺配色等貼邊布即會呈現出來。此種貼邊的製作方式，根據美濃中圳里的裁縫老師傅表示：「不但有加強袖下部分耐磨擦的作用，在雙手擺動時忽隱忽現的配色花布，也是一種裝飾。」[12]

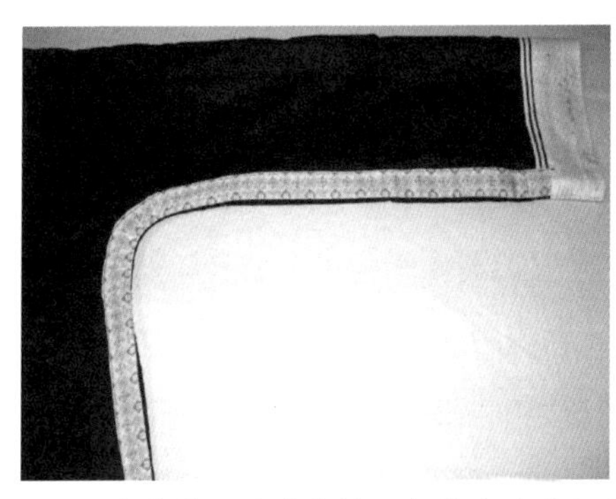

圖 9：客家藍衫脇邊與袖下包縫的貼邊布（日治初期，作者收藏）

根據田野調查記錄，數位報導人[13]認為此種袖下貼邊布的做法與客家保守的社會風俗有關。因為傳統客家婦女都非常保守，已婚婦女的服裝裝飾不能太多，否則就會遭到非議，所以藍衫上除了大襟及袖口的鑲緄配布之外，袖下的貼邊布也是一種簡單的裝飾，因為它會隨著手部的工作勞動，若隱若現地呈現出一種極為含蓄的美。袖下貼邊布的寬度大約在 2.5 公分到 4 公分不等，其

12 2003 年 12 月 16 日，高雄縣美濃鎮劉勤連先生訪談記錄。

13 高雄縣美濃鎮劉勤連先生、蘇英菊女士（2003 年 12 月 16 日）、高雄縣美濃鎮謝景來先生（2004 年 12 月 17 日）、屏東縣內埔鄉江陳庚妹女士（2005 年 4 月 12 日）訪談記錄。

所用的材質種類各有差異（並沒有固定的規制花樣），一般年長婦女穿著的黑色或藏青色藍衫，所用的貼邊布與衣身大襟上的裝飾布大致相同，年輕婦女的貼邊布則較多樣化，有格子布、小碎花布或是小圓點的印花布，此種衣身脇邊與袖下包縫貼邊布的做法，是辨識客家藍衫的重要特徵之一。

客家藍衫在裁剪製作上有其嚴謹的規範，在田野訪談時數位耆老表示，過去客家媳婦幾乎都要學會一手好女紅，新嫁娘初入夫家，婆婆會去檢查新媳婦帶來的嫁衣。客家藍衫的脇邊與袖下縫份在製作時有一定的倒向規定，脇邊開叉以上的縫份必須倒向後片，讓整件衣服的前身片平順地向前中心方向伸展，如果縫份倒向錯誤則稱為「反骨」，被認為會給婆家帶來不順與災禍。根據報導人美濃劉老先生表示：「如此的衣服稱為『不吉衫』，表示不吉祥的意思，因此每個新嫁娘都不敢大意。」[14] 然而依照服裝製作的習慣，衣身脇邊的縫份若不是左右燙開，則大都是向後片傾倒，在過去未有拷克車處理布邊的年代裡，以貼邊包綴縫份時，若將貼邊綴縫於後片則衣服的前身片就不會看到綴縫的針腳，是一種較為美觀的做法。

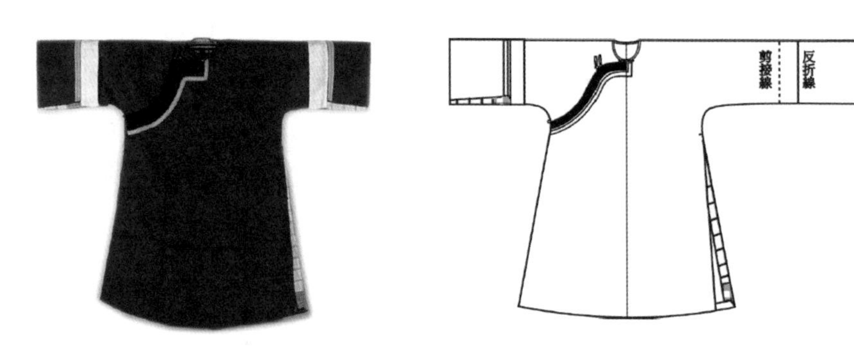

圖 10：客家藍衫袖口反折與鑲緄貼邊之配布線描圖
（日治初期，高雄市立歷史博物館收藏、作者繪圖）

14 2003 年 12 月 16 日，高雄縣美濃鎮劉勤連先生訪談記錄。

（一）裝飾形式

客家婦女藍衫裝飾非常簡單，以布料鑲緄配色以及花邊闌干（或稱為蘭冠）[15]貼飾為主。「闌干」是以鑲條代替刺繡的方式，利用現成的織帶或配布裁成細條來裝飾衣襟。中國明、清時期婦女服裝講究鑲邊、變化非常豐富，闌干就是指鑲緄在領緣及大襟的飾條。根據清代徐珂（1869-1928 年）《清稗類鈔》記載：「咸、同時（1870-80 年），京師婦女衣服之滾條，道數甚多，號曰十八鑲。」[16]其中所稱的「滾條」即是指裝飾在婦女領緣及大襟的織帶或布條，又稱之為「牙子」。[17]

客家婦女藍衫的闌干裝飾大多為提花織帶，寬度約為 2-2.5 公分，也有 1 公分左右的小織帶。禮服與日常服差異不大，常服裝飾少且大都以棉質布料製作，而禮服材質較高貴且「闌干」的裝飾也較精緻。大襟裝飾主要從前領口開始沿大襟鑲緄至腋下，後領與左領緣並無裝飾。製作藍衫已經超過 70 年的謝老師傳說：「客家婦女藍衫大襟上牽闌干大都用有花紋的織帶，也有縫上珠子作得歸鬧（熱鬧、漂亮）的珠邊，普通人用花布，婦人家用一或二條細窄的白色緄條。年輕女孩牽闌干的衣服要用雙緄，老人就單緄、用黑布、白布不用花布；用珠邊或是花邊的是年輕的細妹（女孩子），老人家穿花花的人家會說不自重。」[18]根據傳世實物分析藍衫上的「闌干」織帶，有棉質與絲織提花兩種，多半為白色底配飾提花織紋，年輕婦女的藍衫常用較鮮豔的桃紅、粉紅色織帶。貼飾的形式也有兩種，一種是開始於左領中段部分，然後轉向右大襟，另

---

15 指「蘭花一類的鮮明花草」，引自陳運棟，1992，《客家人》，臺北：東門出版社，頁 341。

16 徐珂，1996，《清稗類鈔》，北京：中華書局，頁 6187。

17 粘碧華，2003，《刺繡針法百種》，臺北：雄獅圖書股份有限公司，頁 120。

18 2004 年 12 月 17 日，高雄縣美濃鎮謝景來先生訪談記錄。

一種則只有裝飾在右身片的右大襟緣邊。若以前中心線為基準，前者跨越左右衣襟、製作方式較為繁複，後者則只從右襟開始而已。一般中年婦女藍衫不使用提花織帶或刺繡織帶，而是使用寬約 0.5 公分左右的二條白色布條鑲緄，老年婦女則大都穿著黑色或深色的長衫，除非是喜慶用的禮服，不然大都沒有闌干裝飾，整體形貌沉著而內斂。

對於藍衫襟頭鑲緄與闌干裝飾形式的差異，有人指稱其象徵婦女的結婚身分：「鑲緄織帶超過中心線者為「未婚」少女的藍衫，而止於中心線者為「已婚」。[19] 但是根據筆者在調查訪談時所收集到的老照片以及耆老口述，藍衫襟

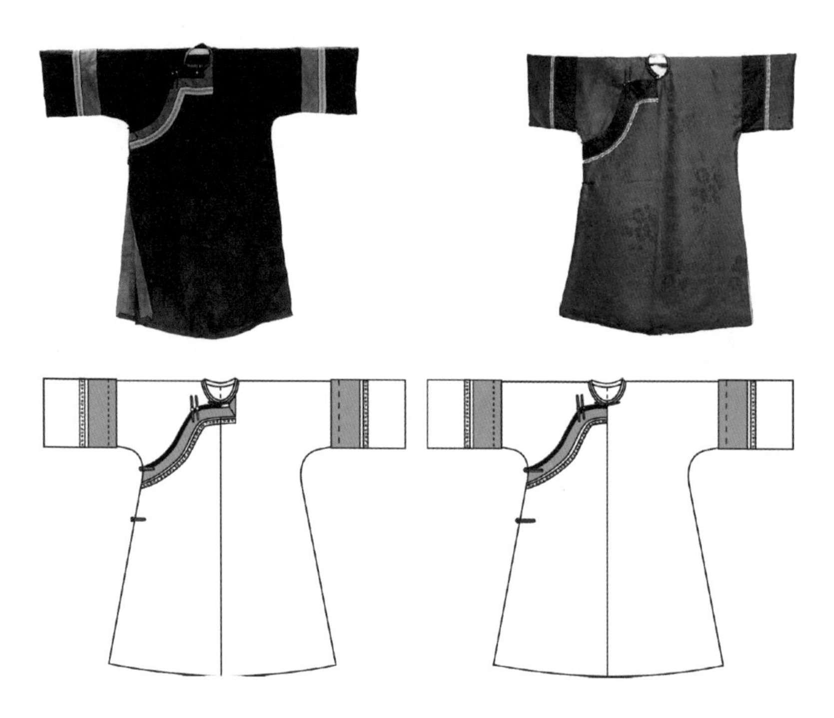

圖 11：藍衫大襟不同的裝飾形式與線繪稿（清末民初，作者收藏、繪製）

頭的鑲緄與織帶貼飾位置並無絕對的標準，大體上是依個人喜愛而製作。筆者於高屏地區所收集到的一些傳世老照片，有老婦人穿著的藍衫其襟頭鑲緄超越前中心線，也有年輕客家女子藍衫上的闌干只在右大襟部分而已。另外，在美濃地區中年婦女藍衫上所鑲緄的白色牙條，也超越前中心線一直延伸到左領緣上，因此以藍衫襟頭鑲緄形式來辨識已婚或未婚的說法，似乎並不完全可靠。

不過筆者分析所接觸過的藍衫傳世實物，老年婦女的藍衫襟頭鑲緄裝飾形式都較為簡單，而鑲緄配布超越中心線者，大都貼飾有亮麗的織帶，因此幾乎可以歸納出，襟頭鑲緄超越前中心線者大都用於較華麗的服款，或是布料較高級如絲或麻等較特別材質的藍衫，屬於較年輕婦女的服裝或是盛裝用的禮服。

圖 12：日治時代六堆客家年輕女學生、各年齡層婦女（蕭義雄先生、劉秀俐小姐提供）

19 2005 年 10 月 7 日行政院客家委員會召開「客家服飾特色與元素研商會議」記錄，頁 4。

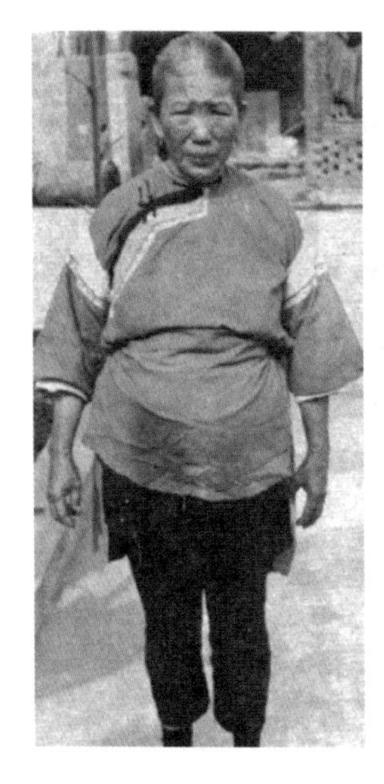

圖 13：客家老婦人
（1976 年高雄美濃、2005 年屏東西勢）

圖 14：藍衫襟頭不同形態的「闌干」
（高雄市立歷史博物館、國史館臺灣文獻館、作者收藏）

（二）材質與色彩

客家藍衫使用的材質以棉或麻質布料最多，根據研究分析 40 件南部客家藍衫材質發現，棉布使用最普遍有 20 件、麻布次之有 12 件，使用絲質布料有 8 件。其中絲質藍衫包含 5 件提花絲綢和 3 件平紋絲綢。在色彩方面，客家藍

衫顧名思義主要為藍色、黑色等深暗色彩，在40件研究樣本中深藍色、黑色超過三分之二的比例。（見下表1）

表1：客家藍衫的材質與色彩

材質與色彩	棉	麻	絲	毛	深藍色	淺藍色	青色	黑色
六堆客家藍衫	20	12	8	0	20	3	6	11

除了棉、麻、絲之外，屏東竹圍村江昶榮進士的第四代媳婦江陳庚妹女士還收藏一件黑色絨布製作的藍衫。根據江女士表示：「絨布一般用來製作細人的帽子（童帽）、翹鞋或拖鞋的鞋面，比較少用來製作整件的衣服，因為日治時代絨布是一種高級的布料，價錢很貴一般人家買不起，有錢的婦人家拿來作冬季的藍衫或褂袷（背心）穿。平常人家大都穿棉布藍衫，富有人家在夏季還有用涼爽的麻布、輕薄的絲料和花喬。」[20] 江女士保留了許多件不同材質的傳統藍衫，大都是其祖母和母親遺留下來的傳世寶貝。

圖15：輕薄空透的麻質藍衫、絲質提花藍衫、平紋絲綢藍衫
（清末民初，作者收藏）

20 2005年4月12日，屏東縣內埔鄉江陳庚妹女士訪談記錄。

圖 16：棉布、絨布藍衫

圖 17：植物染棉布藍衫
（清末民初，作者收藏）

客家藍衫的色彩以「藍、黑」兩色為主，鮮少採用其他鮮麗顏色。[21] 鑲緄配色以深、淺色調相互搭配，最典型的是以深藍色或黑色主布搭配青色或較淺的藍色緄邊，青色底布配飾黑色緄邊。近代美濃地區客家婦女在廟會、舞蹈或歌謠表演時所穿著的藍衫，大都是袖口搭配有鮮明的黃色布料、貼邊使用紅色的小碎花布裝飾，透過媒體傳播成為大眾所認知的傳統客家藍衫印象。根據屏東地區部分人士指出傳統藍衫的袖口搭配鮮明黃色者，是未出嫁的少女所穿著的藍衫。但是，謝景來老師傅則表示：「袖口搭配黃色布料是因為傳統的藍衫都是黑色或藍色的看起來很黯淡，為了讓藍衫看起來更加亮麗，所以選用一些較鮮明的布料來搭配，主要是為了好看。」[22]

---

21 李瑞宗、陳玲香，2000，《藍 ・ 臺灣的民族植物與消失產業》，臺北：陽明山國家公園管理處。

22 2004 年 12 月 17 日，高雄縣美濃鎮謝景來先生訪談記錄；謝老師傅在永安街上開設「錦興行」藍衫店，製作藍衫的歷史已超過一甲子。

圖 18：年輕、中年、老年婦女藍衫（日治時期，作者收藏）

在筆者經手分析過的傳世藍衫實物，包括私人收藏、博物館以及地方文物館的收藏品約 50 餘件，確實未見過古老藍衫中袖口有使用鮮明黃色的配布者，只有近代的藍衫才有黃色配布出現。另外，藍衫大襟及袖口的闌干裝飾部分，目前一般最常見的為紅花綠葉刺繡飾帶，謝老師傳說那是他很久以前（約 20-30 年前）以傳統藍衫織帶花紋為樣本，請工廠以機器車繡製作的，使用時將繡好花紋的布條剪下來，折入縫份車縫貼飾在大襟及袖口上，於外緣再加上紅白相間的波浪紋花邊，即成為目前普遍見到的藍衫襟頭和袖口的裝飾花樣。

近年來因為民族意識抬頭，傳統服飾廣被重視，象徵客家婦女堅毅刻苦、勤勞美德的藍衫，已成為客家精神的象徵性符號之一，在各種客家相關活動中，常有各種改良式的表演藍衫出現。主要的形式大多不脫離藍衫的輪廓形貌，有的簡化衣服的長度或是增加袖口的裝飾，也有的增加衣身脇邊的綁帶，以表現古時婦女工作時將衣襟拉起塞入褲腰帶的形態。此外，有心傳承客家文化的工作者，為發揚客家傳統服飾文化精神，以藍衫上的各項特徵作為創作的元素，設計出許多創新的生活藍衫，為古老的傳統服裝開啟了新的風貌。

圖 19：近代藍衫、藍衫表演服及藍衫創作展售

（2006 年高雄元宵燈會）

（三）鈕子造型

傳統客家藍衫縫製時，並不直接將鈕子裝置在衣服上，而是視需求才換置不同鈕子。早期許多客家婦女日常生活與參加正式活動，大都穿著同一套衣服，但在重要慶典或節日時，則換上銀或銅材質的金屬鈕子，就成了「正式禮服」。有的家境富有的婦女還會以黃金來打造鈕子，一方面具有保值作用，一方面也是非常高貴的裝飾。洗衣服時則可將全部的鈕子拆下來保存，平時甚至不使用鈕子，直接折取祭拜過後的香腳，別在鈕絆上扣合，其儉約惜物的用心發揮到了極致。

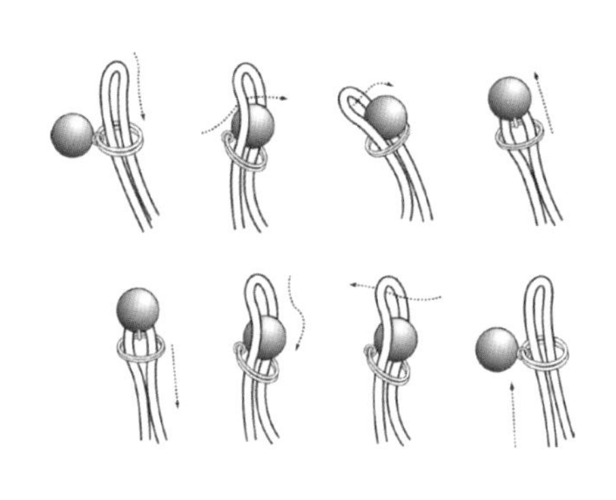

圖 20：金屬鈕子穿套、脫卻法與香腳別扣法（作者繪圖、收藏）

圖 21：傳統藍衫用的各種金屬鈕子（金、銅、銀材質，作者收藏）

藍衫的大襟上雖然有 5 對鈕子，但是一般金屬套鈕只作 3 個，因為金屬鈕較昂貴、稀有，只用在頷下以及胸前襟頭上的二對鈕子，至於腋下以及脇邊的地方，則直接以布條打結作成布紐。美濃鎮新安銀樓的鍾女士說：「因為這些地方看不見不需要用貴重的金、銀鈕來裝飾。日治中期逐漸不再使用套穿拆卸的方式，而是直接把鈕子穿套在扣絆上，這種金屬鈕子大部分為銅鈕，末端只有一個小洞，可以讓布紐穿過對折後直接綴縫在衣服上，如此的銅鈕就無法拆換了。日本人也有進口骨鈕子（塑膠鈕），但是幾乎沒有用在藍衫上。臺灣光復後，大部分的藍衫都是使用布扣直接縫在藍衫的襟頭上，金、銀甚至銅鈕子都很少見了。」[23]

23 2005 年 12 月 5 日，高雄縣美濃鎮鍾喜梅女士訪談記錄。

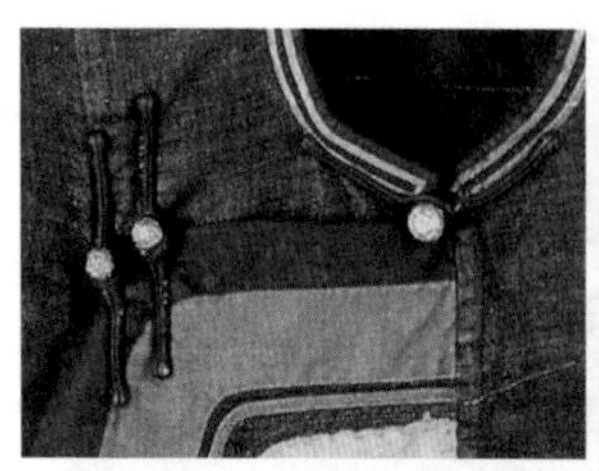

圖 22：固定式的鈕子樣式二款（日治初期，作者收藏）、銅鈕（黃崇信先生收藏）

臺灣漢族婦女的服裝鈕子，從清末到日治時期，鈕頭部分主要有金屬和布紐結兩種，兩端搭配的布條稱為「扣絆」。「扣絆」的製作要先將布料縫製成紐條，剪成長約 12-15 公分左右的小段，對折後合併縫成前端有開孔的雙併紐條，然後固定在衣襟上。在客家婦女的藍衫上，紐條前端所預留的孔洞，右衣身片上為扣眼、大襟上的則用來套穿拆卸金屬鈕頭。紐條製作成結狀的布帛扣稱為「紐子」，編結的紐頭現代人稱之為「葡萄結」或「蜻蜓眼」（從正面看上去像是蜻蜓的兩個大眼睛和弧狀的嘴巴造型）。這種一直線長條狀的扣子，稱為「直布扣」，在臺灣早期傳統男女服裝上使用非常普遍。直布扣的紐子根據結飾打法的差異有所謂「八眼」和「九眼」的區分，主要是因為紐結打製完成後，紐頭上呈現出八個或九個結眼的差別。根據製作藍衫的老師傅表示，傳統藍衫的紐子大多為九眼紐頭，雖然看起來外型與八眼紐結很相似，但是九眼紐子較飽滿結實，據說客家人喜用此種多一節頭的九眼紐子，因為其中蘊藏有「出頭」的涵意。[24] 其實八眼和九眼紐子的差別在多出最頂端的一面結頭，這可能是所謂「出頭」的由來。

24 2005 年 10 月 7 日行政院客家委員會召開「客家服飾特色與元素研商會議」記錄，頁 5。

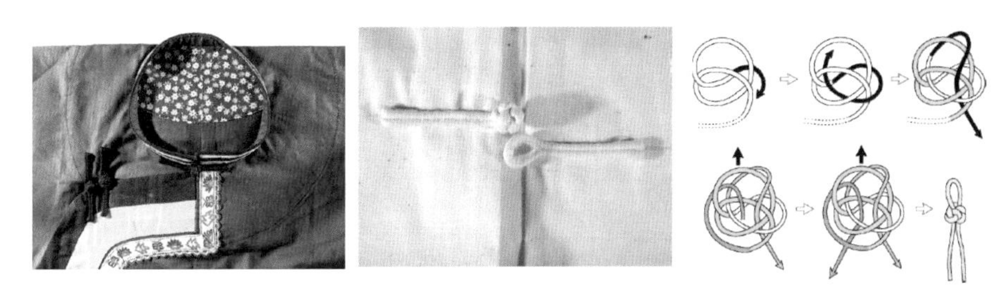

圖 23：直布扣、紐結與九眼紐頭打結方式（作者收藏、繪圖）

（四）裁剪結構

客家藍衫的結構是屬於平面裁剪的形式，裁片上沒有做任何的打褶或立體構成，衣、袖寬鬆是一種離身性很高的服裝款式，不但對穿著者的體形有極高的隱蔽性，同時也非常符合臺灣高溫溼熱氣候、衣著通風涼爽的需求。整件藍衫可以直接攤平張開呈 T 字形，寬闊的結構對於各種體型及工作勞動均有高度的適應性。另一項優點是在製作時不必非常準確的量身即可裁製，因此對於穿著者的高矮、胖瘦有較大的彈性，必要時家人的服裝還可共同穿用，因此一件好的藍衫可以母女代代相傳。

客家婦女不論貧富貴賤都非常勤於勞動，插秧除草、收割犁田或操持家務都是女人重要的工作，因此客家婦女對服裝的機能性有較高的需求。日常生活中為了便於工作勞動，客家婦女主要穿著衫褲而甚少穿著裙裝。客家婦女日常穿著藍衫時都是將前襟提高拉摺塞入褲頭位置，成為「前襟短、後襟長」的造型，只有在重大的慶典節日、祭祀拜神或是家中有喪事及重要場合時才會將衣襟放平。拉塞前襟時也要特別注意對直前中心線，不可以歪斜以彰顯端莊整齊。為了因應將衣裾塞入褲腰的穿著需求，藍衫兩脇邊衣裾都開有很高的衩，有的衩高長度超過 55 公分以上。

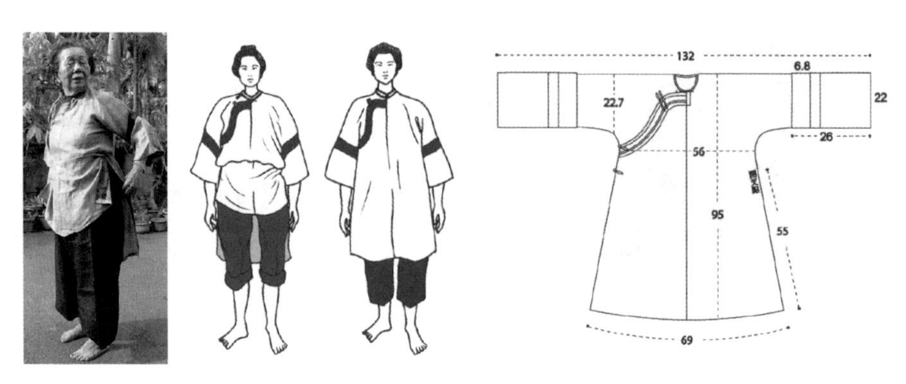

圖 24：客家藍衫衣襟長短造型與輪廓尺寸（作者繪圖）

對於藍衫衣襟拉塞在褲腰處的造形，過去傳統客家社會中有甚為嚴格的規範，只有在重要的祭典節慶或隆重場合中，才會把前襟拉回原狀，成為「前後襟齊長」的形式。傳統習俗上客家婦女平時不可隨意將藍衫衣襟放平，否則會受到公婆、長輩糾正，甚至嚴厲指責說：「你家死人了嗎？不然為何把衣襟放下來！」藍衫衣襟放平與反折袖口放下來的形式，在早期有相同的象徵意義，表示家中正在治辦喪事。[25] 在傳統社會中此種嚴格的規制，有部分的長者解釋可能是因為過去客家婦女都必須勤勞工作，把衣襟放平是處於非工作、休息的狀態，在無特別儀式或慶典的場合放下衣襟有可能被視為懶惰，因此會遭到長輩指責。不過這種習俗隨著西式服裝穿著普遍、藍衫淡出客家人的日常生活之後，逐漸不再有嚴格的限制。[26] 因此，近代有一些客家表演團體，為因應舞蹈或山歌表演需求而在藍衫衣身前片兩側加上綁帶，以方便模仿從前婦女將前衣襟拉塞在褲頭的模樣，顯見過去藍衫日常穿著的普遍形態。田野調查的過程中

25 2006 年 4 月 12 日，屏東縣萬巒鄉林瑞輝先生、邱梅蘭女士口述記錄。
26 2006 年 5 月 20 日，高雄縣美濃鎮劉勤連先生、蘇英菊女士訪談記錄。

有數位藍衫的縫製者，一再強調衣身兩旁加有兩條帶子的藍衫，並非古時傳統藍衫的形式，而是現代為了表演需求增加的變通做法，絕不是傳統的形式。

藍衫的裁剪縫製非常精簡，從傳世實物上經常可見到許多利用衣料特性來製作的例子。例如，藍衫的前後身片的裁剪縫製，大都利用布邊來作為前後中心線，只要縫合後將縫份燙開即可，不必作包縫或袋縫的處理，充分顯示其功能導向之服裝裁剪運用。另外，客家藍衫的布料裁剪有非常節儉且充分利用的例證，在小襟（或稱內襟，被掩蓋在裡面者）的處理上有許多剪接形式產生，有時甚至由 2-3 塊以上的布料組成，充分顯現出節儉的美德與物盡其用的巧思，對照閩籍婦女大襟衫強調五裾齊長的結構形態有很大的差異。閩籍婦女禮服強調完美無缺，大襟衫衣裾大多為沒有缺損，故右前身疊襟之衣裾與衣襬同長，與左前身（左、右兩裾）及後衣身（左、右兩裾）總計五片，故稱「五裾齊長」，此與客家婦女短襟或接襟的做法有很大的差異。客家藍衫在裁剪排版上由於布幅寬度的限制以及客家儉約的性格特質，接袖是必然的結果，接襟則是惜物、節儉的變通方式。短襟不只在一般人家的棉布藍衫上出現，富有家庭裁製絲質藍衫也是採用短襟的作法。但是根據美濃謝老師傅的說法，南部地區的客家習俗，婦女在製作結婚禮服時也注重五襟齊長的形式，稱為「五福」，有招致福、祿、壽、喜、財的吉祥寓意。

藍衫鈕子的縫綴編排，主要是在領口、大襟轉角處以及腋下和開叉頂點等處共有五對鈕子，大襟彎斜部分不縫鈕子，因為內襟通常加縫有一方小小的口袋，可以裝盛貼身物品。至於大襟、袖口等處的鑲緄配布，主要使用正斜布製作，可能有人會疑問一向精簡用料的藍衫，為何不使用直布裁剪鑲緄配布，而選用較為費布的斜裁。其實是因為棉布很容易縮水，特別是過去的布料不像現在有經過許多加工處理，而斜布有較佳的延伸性、鑲緄比較能夠確保外觀的平整，同時在斜布上折縫一道細邊的袖口配布做法，也是一種花樣變化，可以增

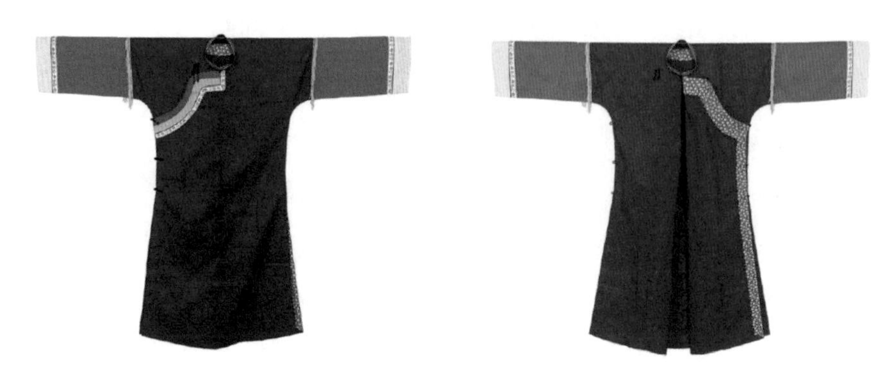

圖 25：美濃客家結婚禮服藍衫（傳統形式新製品，謝景來師傅製作、作者收藏）

添一些裝飾效果，美濃謝老師傳作如此的解釋。[27] 現代的棉布防縮水加工處理都作得相當好，所以現代藍衫的襟頭鑲緄大都採用直布裁剪，但是袖口還是使用斜布，並保留古法折縫一道細邊作為裝飾。

圖 26：閩籍「五裾齊長」與客家藍衫短襟、接襟形式比較
（第一件清末閩籍大襟衫、實踐大學服飾博物館收藏；第二件清末民初絲質藍衫、第三件日治初期棉質藍衫內襟，作者收藏）

27 2004 年 12 月 17 日，高雄縣美濃鎮謝景來先生訪談記錄。

三、北部客家大襟衫

北部客家婦女傳統的服裝，一般稱為「大襟衫」。林衡道先生在《鯤島探源》（1996）書中談到，新竹縣新埔鎮客家地區之傳統服裝：「在前清時期，此地居民無分男女還一律穿著無領的『大襟衫』，鈕扣在右邊，沒有任何線條的變化。」[28] 在清朝光緒 24 年（1898）修纂的《新竹縣志初稿》〈風俗考〉中記載女子禮服：「禮冠（髻），上衣為長至腳背的紅襖，下著裙、腳穿靴；常服則上穿半身長不及脛的短衣，下著褲或夾褲，農家婦女則僅穿短褲（水褲）荷蓑、荷，笠赤腳耕鋤。」[29] 在日治初期明治 36 年（1903）刊行之《臺灣慣習記事》中日本人對臺灣客家婦女的第一印象，是上身穿著大襟長衫、下身搭配深色長褲，足穿翹頭鉤嘴鞋的形象。從過去所留下來的傳世圖片、影像資料可以清楚看見，北部地區之客家婦女大襟衫，其襟頭上的鑲緄裝飾明顯比南部客家藍衫寬而大，並且從大襟領口繞經後頸緣，一直延伸至右前身片的小襟裡面，鑲緄配布之外的牙邊裝飾也不像六堆藍衫般只使用提花織帶而已，也有使用各種配布、織帶、花邊，情況與閩籍婦女的大襟衫較為類近。

昭和 17 年（1942）日人東方孝義在《臺灣習俗》中記錄臺灣「福佬種族」（閩籍）和「廣東種族」（客籍）婦女服飾時，對於禮服及日常服裝上並沒有特別的差異說明，但是至於履物（鞋子）部分就有明顯纏足與天足的差別記載，在髮型部分則有「（客籍）少女時梳髮辮，而嫁為人婦以及中年上梳髻鬃」的記錄。[30] 由於東方孝義任職於臺北高等法院檢查局通譯室，其所記錄的應為臺灣北部地區閩、客籍婦女的服飾情況。另外，1931 年出版的《日本地理風

28 林衡道，1996，《鯤島探源：臺灣各鄉鎮區的歷史與民俗》，臺北：稻田出版社。
29 陳朝龍，1993，《新竹縣志初稿》臺灣文獻叢刊第 61 種，臺北：臺灣銀行經濟研究室。
30 東方孝義，1942，《臺灣習俗》，臺北：同人研究會，頁 12-13。

俗大系 • 臺灣篇》[31] 刊登一張中壢地區客家男女照片，可以看到其中客家婦女的大襟衫並沒有反折袖口。根據作者研究分析 40 件 [32] 傳統北部客家婦女大襟衫傳世實物發現，只有少部分的大襟衫有反折袖口的形式，但普遍都不作為反袖口袋使用，許多大襟衫的袖子沒有反折袖口，袖端也不一定有鑲緄裝飾處理。值得注意的是，北部客家婦女大襟衫和閩籍婦女大襟衫的袖管寬度有類似的發展變化，清末民初婦女服裝的袖子普遍較為寬大，而越向日治後期有逐漸縮窄的趨勢。

根據傳世實物以及老照片比對發現，北部客家婦女的大襟衫在長度方面有禮服與常服的區別。一般而言，禮服的衣服長度較常服長，與藍衫長度類似長及膝蓋的位置，但是日常服則稍短大致蓋過臀部而已，此正符合傳統客家婦女「行不露臀、坐不露股」的穿衣原則。北部客家婦女大襟衫的長度，就 40 件傳世實物來分析比較，清末或日治初期者長度較長且衣身寬博，日治中後期則衣長逐漸縮短，一般家庭用的盛裝禮服，甚至有些人家的結婚禮服長度都只有 75-85 公分，比起六堆客家藍衫長度平均 90-105 公分之間，北部者大約短了 15-20 公分左右。

（一）裝飾形式

臺灣漢族婦女服裝在晚清以及日治初期，因為血緣、風俗習慣以及服裝材料來源等因素，受到大陸原鄉重大影響，其造型袖子寬大、衣身鬆闊，襟頭的裝飾複雜而多變化，有如意雲紋、吉祥花卉、螺旋紋等圖案造型。[33] 臺灣北部

31 仲摩照久主編，1931，《日本地理風俗大系 • 臺灣篇》第 15 卷，東京：新光社。

32 傳世實物 40 件來源包括國史館臺灣文獻館 5 件、屏東客家文物館 3 件、輔仁大學織品服飾博物館 1 件、陳達明先生 10 件、朱陳耀先生 10 件，莊金水先生 3 件、郭武雄先生 1 件、作者收藏 7 件。

33 蘇旭珺，1993，《臺灣閩族婦女傳統服裝的設計與變化 -AD1860~1945》，臺北：輔仁大學未出版之碩士論文。

圖 27：新竹北埔客家婦女禮服（1898 年）（邱萬興先生提供）

圖 28：臺北客家婦女禮服（1903 年）引自《臺灣慣習記事》

圖 29：中壢粵族夫婦常服（1931 年）引自《日本地理風俗大系 ・ 臺灣篇》

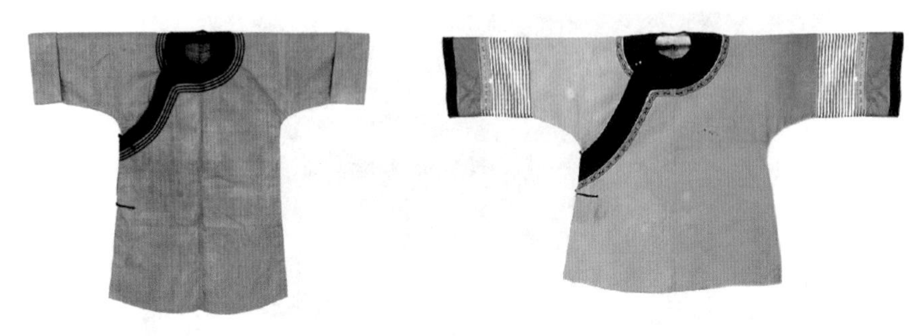

圖 30：新竹客家女衫（袖口反折）、中壢客家女衫（袖口不反折）

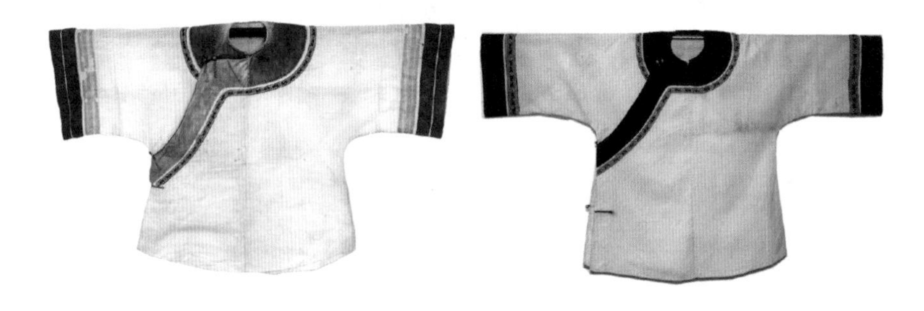

圖 31：北部客家婦女大襟衫：寬袖、窄袖（清末民初、日治時期，作者收藏）

客家婦女大襟衫裝飾重點主要在領緣以及大襟等部位，與閩籍婦女大襟衫非常接近，但是形式上較為簡潔且配色單純。北部客家婦女大襟衫的裝飾鑲緄形式不像南部客家藍衫只有在前衣身右片的大襟位置，而是從大襟部分一直延伸到衣身後片以及小襟，所搭配的鑲緄配布也寬窄不一並有多樣形式變化。日治中期以後，臺灣地區婦女因為學習洋裁以及 1920 年代引進縫衣機，同時受到日本布料和西洋服裝材質輸入的影響，大襟和袖口的鑲緄緣飾寬度逐漸變窄、變細，鑲緄樣式趨向單純，提花織帶裝飾部分逐漸被細小的芽邊取代。北部部分客家婦女大襟衫與閩籍婦女一樣有許多以牙子裝飾的花紋圖案，例如卍字紋、雙銅錢、盤長紋、水波紋等，日本研究者稱之為「大板衰、反出芽」。[34]但是此一時期臺灣閩籍婦女服裝流行在前後衣襬的四個角落綴縫葫蘆、蝴蝶、盤長紋或卍字紋等吉祥圖案裝飾，稱之為「四關鑲」[35]或「四官鑲」，此種紋飾在北部客家婦女大襟衫上幾乎未曾見到。

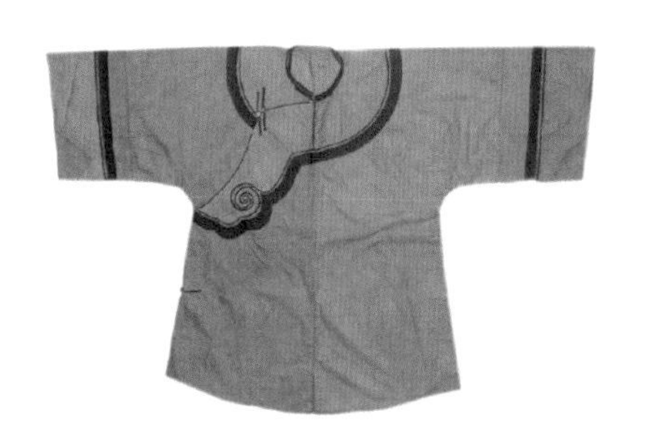

圖 32：清末民初北部客家大襟衫、閩籍婦女大襟衫

（陳達明先生、實踐大學服飾博物館收藏）

圖 33：1910 年代新竹客家大襟衫、閩籍「四關鑲」大襟衫

（朱陳耀先生、實踐大學服飾博物館收藏）

34 吉見まつよ，1942，〈晴著上衣〉《民俗臺灣》，第 2 卷第 7 號，臺北：東都籍株式會社，頁 42。

35 吉見まつよ，1942，〈晴著〉《民俗臺灣》，第 2 卷第 12 號，臺北：東都籍株式會社，頁 32。

臺灣漢族婦女的服裝在日治中期以後，大襟與袖口的鑲緄從「大板衮、反出芽」逐漸被被蕾絲花邊取代，甚至慢慢消失不見，這可說是中國漢族婦女傳統服裝的一大變革。[36]根據傳世實物分析顯示，北部客家婦女大襟衫的襟頭鑲緄裝飾，日治中期後確實有逐漸簡略的情形，也有部分富貴家庭婦女使用西洋蕾絲花邊代替織帶、珠邊，大襟處的配色鑲緄在日常生活服飾中逐漸消失，有部分的老年婦女傳世大襟衫在大襟和袖口部分，有非常簡單的緄邊或甚至沒有任何緣飾，而年輕婦女的大襟衫和禮服則有較多的美化裝飾。

從傳世實物來分析比較，北部客家婦女大襟衫的領緣裝飾形式比六堆客家藍衫有更豐富的變化，有的使用絲質多色提花及棉質雙色織帶，鑲緄配色在大襟處更有如意雲頭與弧形簡化雲頭紋等形式。牙子鑲緄寬度有細有窄，有一條、二條、三條甚至縫綴成卍字紋、盤長紋、雙銅錢等圖案，針線綴縫細密而精巧。領緣的鑲緄形式不只是樸素地圍繞在領子周圍，也有左右不對稱的剪接緣飾變化。概括而言，北部客家大襟衫的襟頭裝飾比南部六堆客家藍衫闌干織帶多樣而活潑。但是，裝飾豐富、服裝色彩多樣化的北客大襟衫，多數為禮服或年輕婦女的服式，因為鑲緄的形式與閩南婦女大襟衫類似，而且袖子也不一定有反折袖口，因此察看衣身脇邊是否有鑲緄邊飾，衣裾有無「四關鑲」以及翻閱衣襟內部小襟的裁剪形式等等，都是分辨北部客家與閩籍大襟衫的幾項差異特徵。

（二）材質與色彩

北部客家婦女的大襟衫材質較南部客家藍衫多樣化，從傳世實物中發現北

---

36 中國傳統服裝制度中，外衣的形制有兩個特點，一是袖子之末要有「袖端」，二是特別加飾緣邊。外衣上的緣邊不但有加強服裝的耐磨性，更能襯托出服裝的骨架，表現強烈的裝飾美感。沒有緣邊的衣服稱為「襤褸」，古時候只有粗賤的衣服才不作緣邊裝飾。引自王宇清，1989，《中國服裝史綱》，臺北：國立歷史博物館。

圖 34：北部客家婦女大襟衫大襟緣飾：如意雲頭紋飾（清末民初）、提花織帶鑲緄（清末民初）、牙子紋飾（日治時期，1910 年代）

圖 35：北部客家婦女大襟衫大襟緣飾：前、後領緣牙子裝飾與縫製針腳（1910 年代）

部客家大襟衫在冬季有使用毛料的情形，這是南部客家傳統服裝中幾乎未曾使用的材質。根據 40 件樣本研究分析得知所使用的材質分類，棉布亦是使用最普遍的棉布材質有 22 件、麻布 3 件，絲質布料 7 件（5 件提花絲綢、2 件平紋絲綢），以及毛料 8 件（包含 2 件呢料、[37]6 件平紋織毛料）。可見北部客家婦女大襟衫所使用的材質與南部客家藍衫的差異，其中麻質用料在比例上並不高，反而是毛料的使用比例甚至高於麻布。

根據部分北部地區的客家耆老表示，這可能與氣候和族群間互動影響有很大的關係，因為臺灣南部氣候炎熱，穿到毛料的機率可能性較低，婦女最主要

37 「呢」是一種較厚實的毛織物，織造時利用經緯紗不同浮長，使織物表面呈現豐厚的手感，適宜製作外衣。周汛、高春明，1996，《中國衣冠服飾大辭典》，上海：上海辭書出版社，頁 533。

的冬衣是夾襯棉花的「褂袷」。臺灣北部冬天的溫度通常低於南部許多，但是毛料是較為高級的衣料，大多用於老人和小孩。絲的料子用的人也不多，但是有一種「花喬」是絲質的布料，夏天穿著非常涼爽，是富貴家庭男女夏季愛用的高級衣料，不論在客家或閩南家庭中，都是一樣受到珍視。[38]

此外，與鄰近族群的互動關係較頻繁，可能是北部客家婦女服裝款式、材質應用多變的原因。根據李國祁〈清代臺灣社會的轉型〉篇章中載：客家人多務農，精誠團結、思想保守，對外來刺激每先採取自衛行動，形成六堆客家服裝的特殊風格。北部客家多為清代中期海禁開放後，第二批移民來臺的客家人聚居於桃、竹、苗一帶山區。[39] 此時期的客家移民與初期的六堆移民不同，一方面散居於閩籍聚落間，從事各種行業而互有往來。[40] 根據新竹、苗栗地區的耆老表示：北部客家婦女服裝的布料顏色不像南部六堆地區以藍、黑或深暗色彩為限，地方上並無染布作坊，大多是小販帶著染布工具或挑擔、推布車來販售現成布料，或是直接由市集布店中直接購買現成的布料，並沒有特定的代表性色彩。年輕婦女常用鮮明的白色、淡綠色、淺藍色作日常服裝，甚至喜慶宴會時喜歡用桃紅、大紅色等亮麗的色彩，而老年婦女則較多使用藍、黑等深暗顏色。[41] 本研究所收集到的 40 件北部客家大襟衫樣本中，色彩可分為白色系、藍色系、紅色系、綠色系、黑色等，色彩確實比六堆客家藍衫豐富而多樣。（如下表 2）

---

38 2006 年 3 月 5 日，苗栗縣南庄鄉林金蘭女士訪談記錄。

39 李國祁，1978，〈清代臺灣社會的轉型〉《中華學報》第 5 卷第 2 期，臺北：中華學報社，頁 131-159。

40 陳奇祿，1976，〈中華民族在臺灣的開拓〉《臺灣文獻》第 27 卷第 1 期，南投：臺灣文獻委員會，頁 1-6。

41 桃園中壢市鄭滿妹（2006 年 2 月 11 日）、苗栗縣南庄鄉林金蘭女士（2006 年 3 月 5 日）、新竹縣北埔鄉林道生先生（2006 年 3 月 11 日）訪談記錄。

表 2：客家大襟衫的材質與顏色

材質	棉	麻	絲	毛	絨布
數量	22	3	7	8	0

色彩	白色	淺藍	藍色	青色	黑色	紅色	粉紅	桃紅	淺綠	墨綠
數量	13	5	3	3	3	2	3	4	2	2

圖 36：日治時期北部客家婦女大襟衫——白色棉布（苗栗地區，屏東客家文物館收藏）、深藍色麻布（新竹地區，作者收藏）、桃紅色絲綢（中壢地區，張美文女士收藏）

圖 37：日治時期北部客家婦女大襟衫——青色絲質提花（新竹地區，作者收藏）、大紅色毛料琵琶襟禮服（苗栗地區，陳達明先生收藏）、墨綠色毛呢（竹東地區，莊秀菊女士收藏）

（三）釦子造型

在中國傳統的服裝中，布扣是從清代才被大量使用，明朝時大都使用布條或帶子來繫結衣襟。根據考證資料，在明朝萬曆年間，中國已有開始使用金屬材質釦子的紀錄，但主要是利用金或銀製成的一種「掀釦」，最初大都為貴族所使用，直到清代才開始普及一般平民。[42] 在臺灣早期南、北客家地區富有人家的婦女服飾或者肚兜上，也有使用此種「掀釦」。「掀釦」造型一邊有圓形凹槽孔洞，另一端則是一支棒狀的扣心，以扣心側身穿進釦孔凹槽卡住，即可緊密扣合。傳世實物中「掀釦」除了使用金、銀等貴金屬之外，也有銅鎏金的材質。

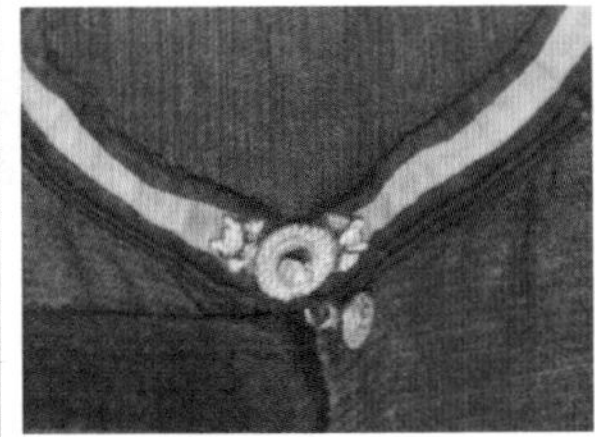

圖 38：金銀掀釦：新竹客家婦女大襟衫領子、六堆客家藍衫領子、六堆客家肚兜口袋

除了早期的掀釦之外，北部客家婦女大襟衫上的釦子，大都是使用布條結紐或以固定式金屬釦頭的方式製作。釦頭有各種小圓球或雕花的形式，雖然也有像六堆地區所使用附有雙環的釦子，但是不作拆換的形式。早期北部客家大襟衫的扣絆大都較細長而小巧，有的整對甚至長達 16 公分左右，比六堆客家藍衫扣絆長度平均為 8-9 公分多出約一倍以上。不過北部客家婦女大襟衫的扣

42 沈從文，1988，《中國古代服飾研究》，臺北：南天書局，頁 441。

絆長度，似乎有跟著閩籍婦女大襟衫日漸縮短的趨勢。另外，閩籍婦女大襟衫在日治中期以後，衣襟緣飾逐漸簡化，流行以各種花朵、蝴蝶、螺旋紋和吉祥文字圖案造型的花扣和盤扣，卻從沒有見到被應用在北部客家婦女大襟衫上。

圖 39：北部客家婦女服裝上的鈕子（黃崇信先生收藏）與扣絆形式

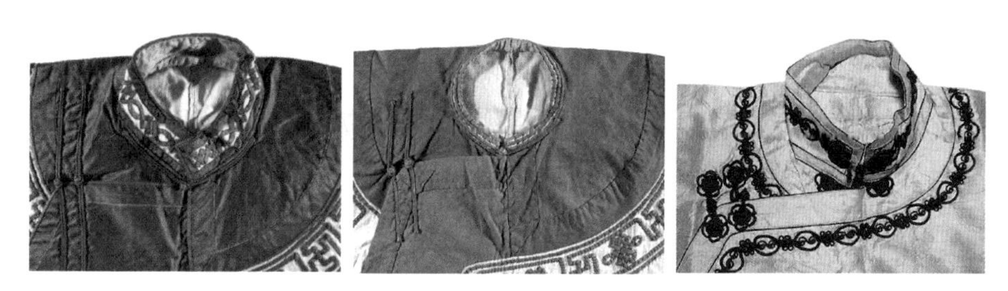

圖 40：北部客家婦女大襟衫紐扣二款、閩籍女衫花扣

（四）裁剪結構

北部客家婦女服裝所使用的領形有兩種不同的形式，一是「圓領」（無領，以斜布條緄邊），另外一種是「立領」。此種立領與南部客家的小立領有些許差異，南部藍衫的領子高度較低，平均高度約 1.5 公分，而北部客家婦女大襟衫立領的平均高度約在 2.5 公分左右，禮服的領子還有配色或牙子裝飾。依照

研究樣本以及北部地區客家長者的訪談資料顯示，大部分較正式的禮服或是年長婦女的冬衣，常使用有高度的立領，其他年輕婦女的服裝、夏季衣衫或是日常服，則較多使用圓領（無領）以斜布條緄邊的形式。在衣襟開口方式上，北部客家婦女上衣比六堆客家藍衫有更多樣化，除了大襟之外，還有琵琶襟以及琵琶襟直裾等三種形式。

圖 41：北部客家婦女上衣開襟形式：大襟（苗栗地區，作者收藏）、琵琶襟（中壢地區，莊金水先生收藏）、琵琶襟直裾（新竹地區，陳達明先生收藏）

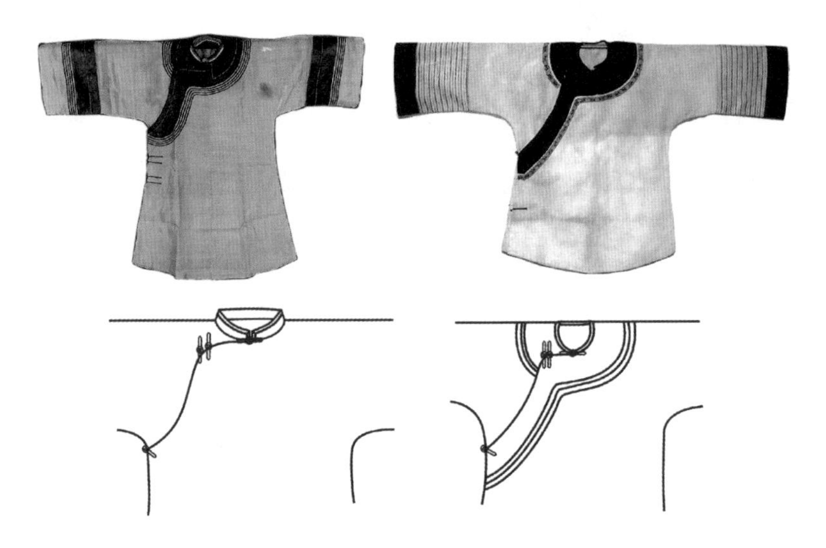

圖 42：北部客家婦女大襟衫領型：立領、無領與線描圖（國史館臺灣文獻館、作者收藏繪圖）

北部客家婦女大襟衫在裁剪結構上有二個明顯特色：

1. 內襟形式與裁剪結構：短襟與接襟的節儉用料與裁剪形式。北部客家婦女大襟衫與南部六堆客家藍衫一樣，有著節省用料的短襟和接襟形式，不僅在一般常服上見到，甚至一些高級材質的提花絲綢大襟衫也會使用其他廉價的棉布來接縫。還有一些平常人家作為結婚時穿用的大紅色禮服，也使用短襟的形式，並不像南部客家人在製作女性結婚禮服時會注重「五裾齊長」象徵招納「五福」的內襟形式。

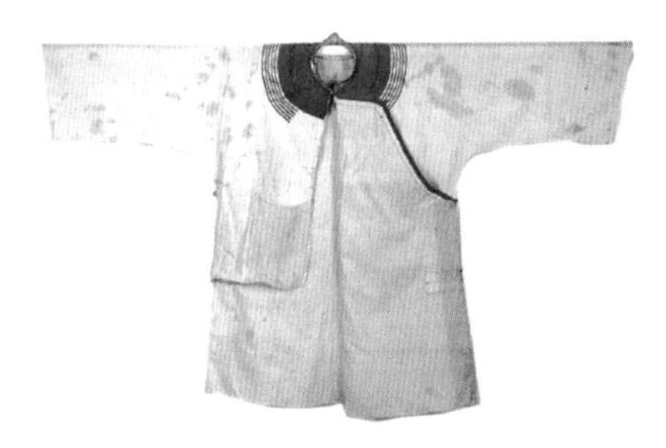

圖 43：日治時期閩客婦女大襟衫內襟比較：「五襟齊長」之閩籍婦女大襟衫（實踐大學服飾博物館收藏）、「短襟」之北部客家婦女大襟衫（屏東客家文物館收藏）

圖 44：日治時期北部客家婦女禮服（結婚用）與內襟形式（輔仁大學織品服飾博物館收藏）

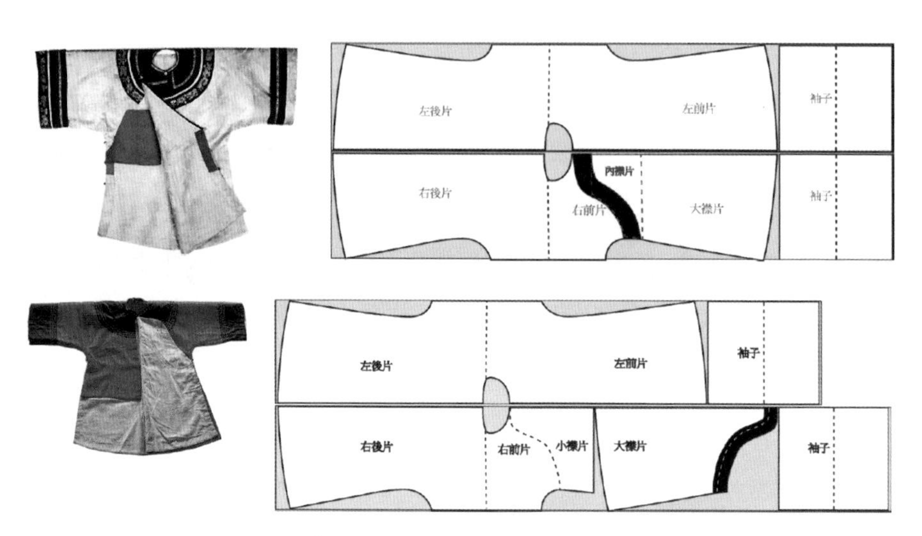

圖 45：北部客家婦女大襟衫「接襟」、「短襟」形式與裁剪排布圖

2. 袖口形式：在老照片以及傳世實物中發現，北部客家婦女大襟衫的袖子沒有一定的反折規制，袖口鑲緄也大都依照個人喜好，不論是有配色鑲緄和無緣飾的簡單形式，在老照片和傳世實物上均可見到。至於脇邊與袖下的縫邊處理上，有許多是以袋縫方式處理，有的則向六堆客家藍衫一樣加縫貼邊布，但大都不是以有花紋的別布作包縫裝飾。不過在某些袖口有反折的大襟衫上，依然可以見到客家女性特有的精簡用料裁剪做法。在筆者的收藏品中，有一件反折袖口的桃紅色毛料北客大襟衫，依照其服裝色彩、材質用料以及鑲緄的形式來判斷，應該是一件正式的禮服，但是在反折袖子部分發現使用了原色胚布的剪接，而內襟處更是使用「接襟」的裁剪方式，縫製者為了節省毛料的使用，不厭其煩地在看不見的部分剪接其他低價布料，雖然所節省的布料不多，但此種極盡節約的做法，不禁令人佩服客家女性的勤勞與智慧。

圖 46：1920 年代中壢客家婦女、新竹北埔客家婦女
（朱陳耀先生提供、金廣福公館翻攝）

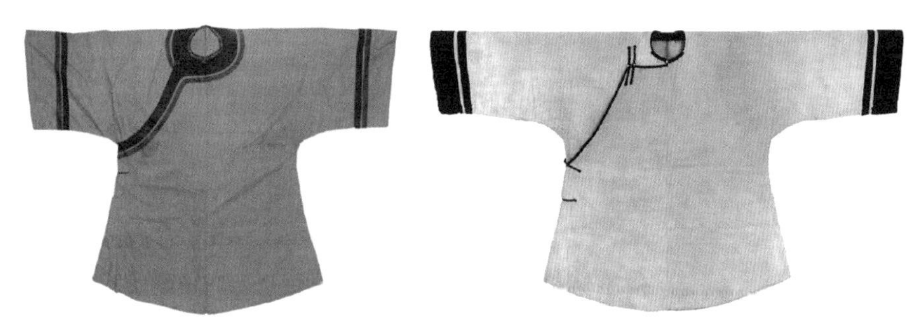

圖 47：苗栗客家婦女大襟衫（日治時期、反折袖口，陳達明先生收藏）、新竹客家婦女大襟衫（日治時期、無反折袖口，郭武雄先生收藏）

圖 48：中壢客家婦女毛料禮服
（日治時期，內襟、袖口部分胚布剪接，作者收藏）

四、南北客家婦女大襟衫比較

從以上分析發現，臺灣南、北客家婦女大襟衫的形式在外型輪廓上雖然類同，但是其中存在許多細部的差異。

（一）大襟裝飾形式

南部六堆客家藍衫的大襟裝飾較為簡單，不論常服或禮服都是以細窄的織帶、大襟單邊鑲緄為主，北部客家婦女大襟衫則變化較多，年輕婦女的上衣領緣、大襟處有使用貼布挖雲、織帶鑲緄或牙子紋飾等，從大襟環繞領圍延伸到後身再延續到右襟部分。

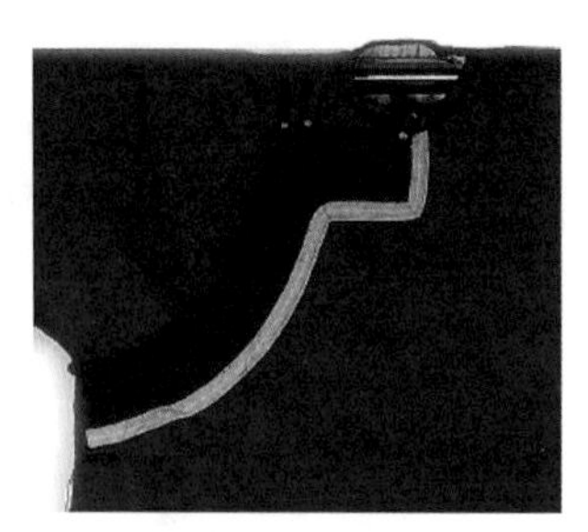

雙緄配色・提花織帶
（年輕婦女）

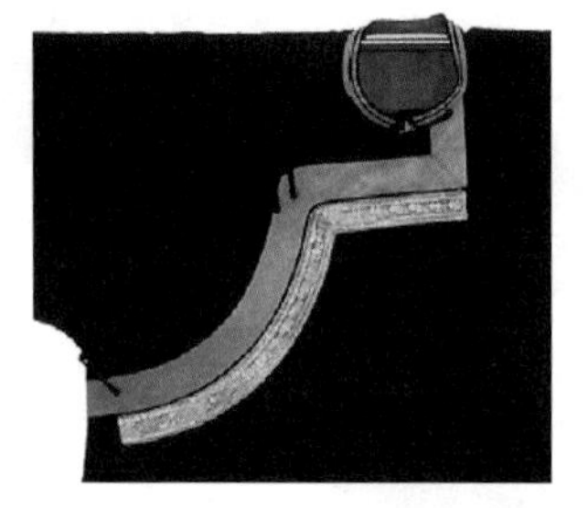

雙緄配色・提花織帶
（年輕婦女）

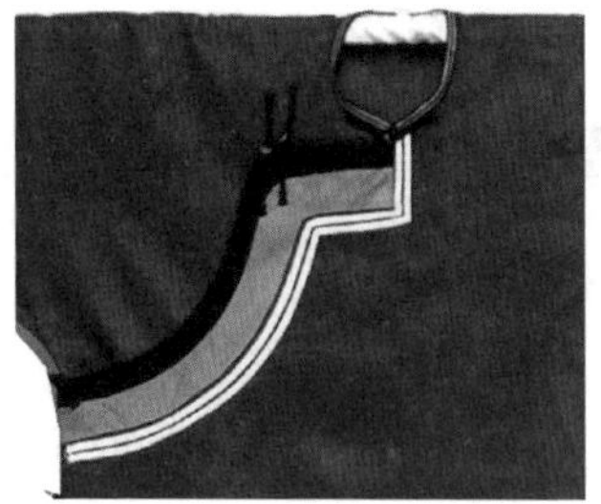

雙緄配色・棉布牙子
（中年婦女）

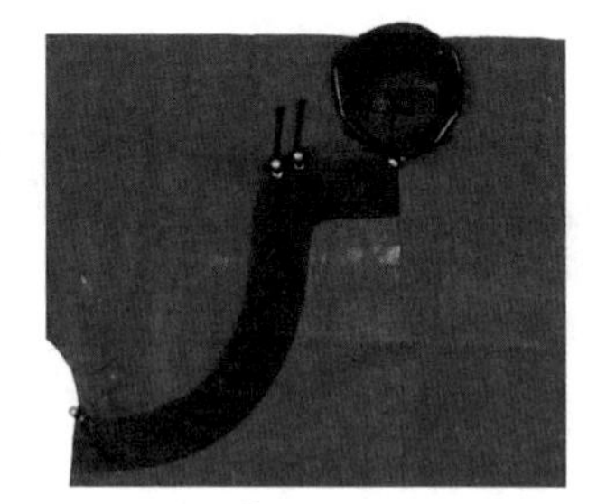

單色鑲緄
（老年婦女）

圖 49：六堆客家婦女藍衫之領緣裝飾

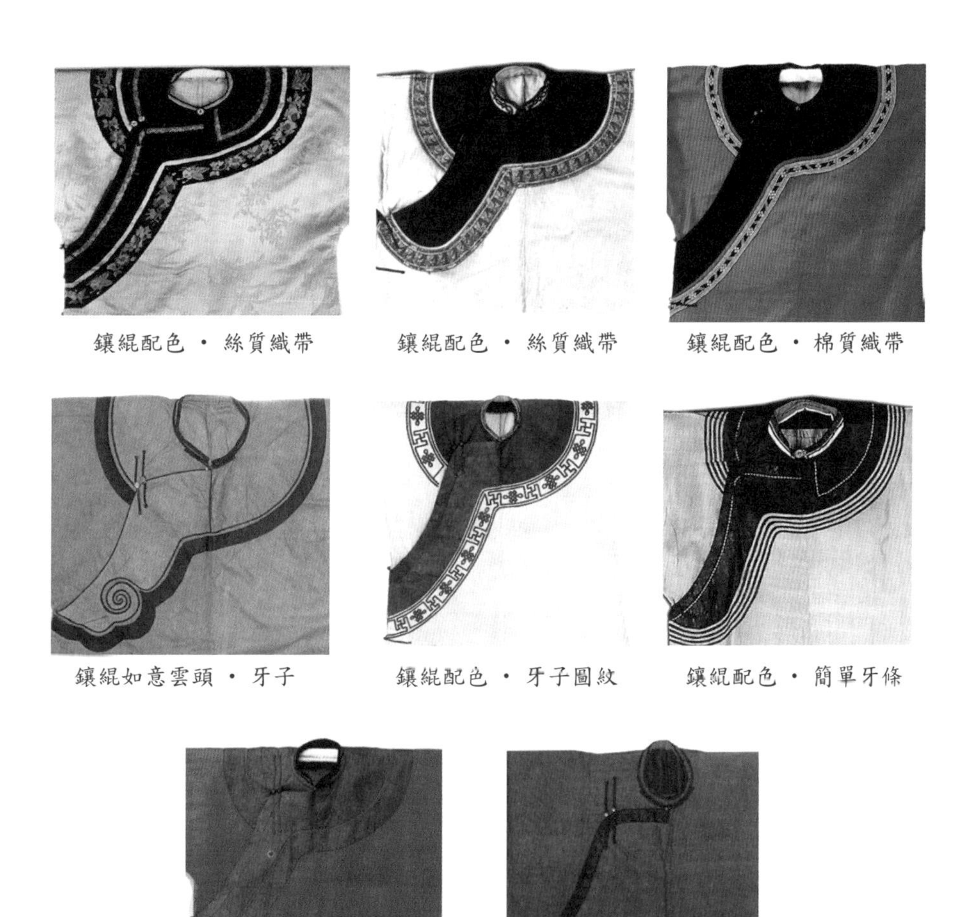

鑲緄配色　　簡單鑲緄（老年婦女）

圖 50：北部客家婦女大襟衫之領緣裝飾

（二）材質與色彩

根據南、北客家婦女大襟衫傳世實物樣本分析，所使用的材質與色彩分類歸納，使用最普遍的布料材質是棉布，北部地區使用毛料的比例高於麻布，而南部地區正好相反，顯示氣候對服裝材質使用的明顯影響。色彩方面六堆客家藍衫以黑色和藍色系為主，北部客家婦女大襟衫則是以白色系、藍色系和紅色系最多，黑色比例較少（見下列比較表）。

表 3：南部客家藍衫與北部客家大襟衫比較

材質與色彩	棉	麻	絲	毛	深藍色	淺藍色	青色	黑色
南部客家藍衫	20	12	8	0	20	3	6	11

材質與色彩	棉	麻	絲	毛	白色系	藍色系	紅色系	綠色系	黑色系
北部客家大襟衫	22	3	7	8	13	11	9	4	3

（三）釦子造型

傳統六堆客家藍衫的釦子有巧妙的拆換裝置，穿著者可以依照不同需求換置不同材質、花樣的釦子，使相同的服裝產生不同的風情。平時則直接折取祭拜過後的香腳來別合扣絆，日治中、後期直接縫綴固定式的金屬釦使用普遍，臺灣光復後則多用布結紐頭的直布釦。北部客家婦女大襟衫的釦子，則是使用布條結紐或直接穿套固定式金屬釦頭，縱使有使用像藍衫般附有雙環的釦子，也不作拆換的形式。北部客家婦女大襟衫雖與閩南婦女大襟衫有許多類同之處，但日治中期後閩籍婦女的大襟衫流行以盤扣、花扣來裝飾，卻未見用於客家婦女的衣衫上。客家婦女衣襟上的布結紐頭，概為九個結眼的造型，比一般八眼布扣多出一個結頭，有象徵「出頭」的涵意。

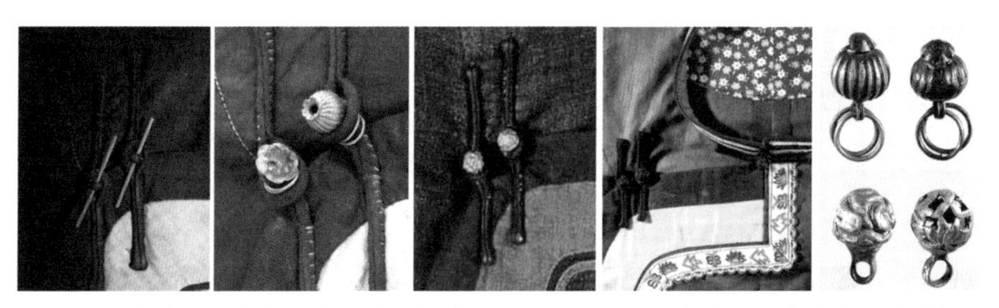

圖 51：客家藍衫的扣合形式：香腳扣合、雙環套鈕、固定式穿鈕、直布扣、雙環套鈕和銅鈕

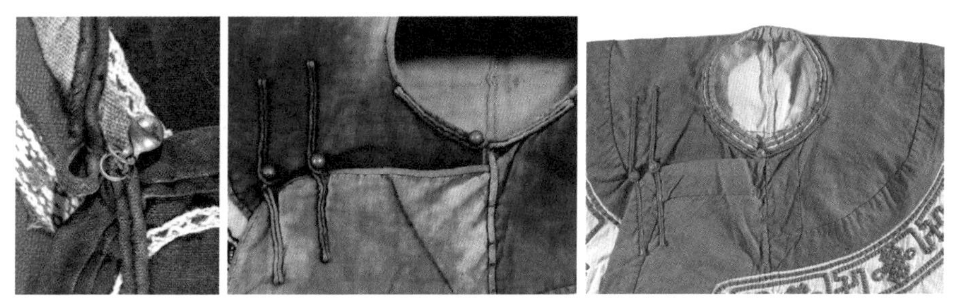

圖 52：北部客家婦女大襟衫扣合形式：雙環套鈕（直接固定）、固定式穿鈕、直布扣形式

（四）裁剪結構

臺灣早期南北客家婦女大襟衫的外型輪廓差異不大，但是衣形長短、袖口形式和裁剪結構有些許不同：

1. 均為 T 字形的平面構成服裝，但平均長度藍衫較北部大襟衫長，平均約多出 15-20 公分左右。衣長及膝的六堆客家藍衫，為因應工作勞動的需求，在衣脇兩側開高衩，以便將前襟拉起折塞入褲腰帶，形成「前襟短、後襟長」的工作服形態。

2. 六堆客家婦女日常穿著藍衫，袖口必定反折，且使用別針或暗釦固定成口袋，所以「反袖口袋」是其重要特徵之一；北部客家婦女大襟衫則不一定有反折袖口，但在一些有反折袖口的服裝中，常可發現精簡用料剪接其他廉價別布的做法。

圖 53：北部客家婦女大襟衫與客家藍衫比較：白色無反折袖大襟衫（北部，衣長 71cm）、紅色反折袖大襟衫（北部，衣長 78.5cm）、青色客家藍衫（南部，衣長 107.5Cm）

3. 六堆客家藍衫之脇邊與袖下縫有貼邊布，其兼具有處理縫份、增加堅牢度以及隱約乍現的裝飾效果。北部客家婦女大襟衫的脇邊與袖下，不一定有加縫貼邊布，許多傳世服裝袖下都是以袋縫方式處理。

4. 六堆客家藍衫與北部客家婦女大襟衫在內襟的裁剪方式上，因為在共同著眼於節省布料的觀念下，短襟、接襟是相當普遍的做法，但是美濃地區新娘穿用之藍衫禮服，內襟形式與閩南婦女一樣，有講究象徵招納「五福」的五襟齊長形式，但是在北部客家婦女大襟衫上並沒有類同的做法。

圖 54：北部客家婦女大襟衫禮服與客家藍衫婚服內襟比較：接襟、短襟（北部）與五襟齊長（南部）

五、臺灣客家婦女大襟衫差異之源由

從以上分析發現，臺灣早期南、北客家婦女大襟衫雖然在外型輪廓相當類同，但是其中存在許多細部差異。在調查訪談的過程中，幾位北部客家地區的服飾文物收藏家，大都一致認為北部客家婦女大襟衫的裝飾形式，可能是受到鄰近閩籍婦女服裝的影響；但是在田野訪談時部分北部地區的客家長者聲稱：「從以來祖先傳留下來就是這樣，並沒有太大改變！」[43]

查閱 1995 年大陸出版《客家服飾文化》書中記載客家婦女日常外衣有兩種，一為短大襟衫（長度以遮住臀部為宜），另一種是「中長大襟衫」（長約遮住大腿）。其中短大襟衫形式簡單、襟頭無鑲緄配色，長度與臺灣北部客家大襟衫相仿，也沒有反折袖口；而「中長大襟衫」與六堆客家藍衫的長度、小立領、襟頭鑲緄和袖口反折等細部均非常類似，唯一差別是下襬的鑲緄配色。

---

43 中壢市鄭滿妹（2006 年 2 月 11 日）、苗栗縣南庄鄉林金蘭女士（2006 年 3 月 5 日）、新竹縣北埔鄉林道生先生（2006 年 3 月 11 日）訪談記錄。

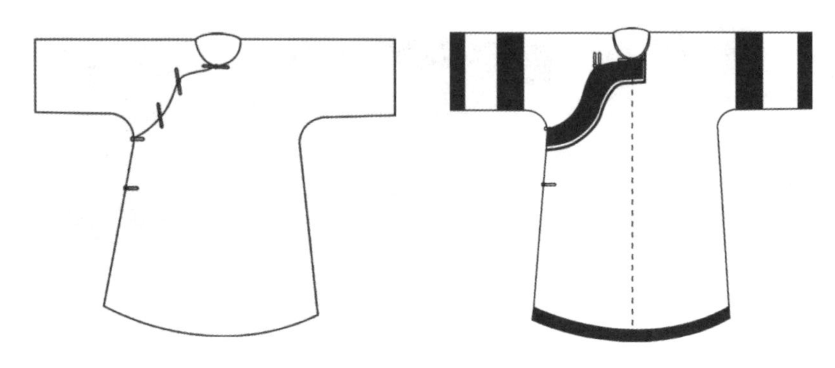

圖 55：大陸客家婦女「短大襟衫」和「中長大襟衫」線繪圖[44]

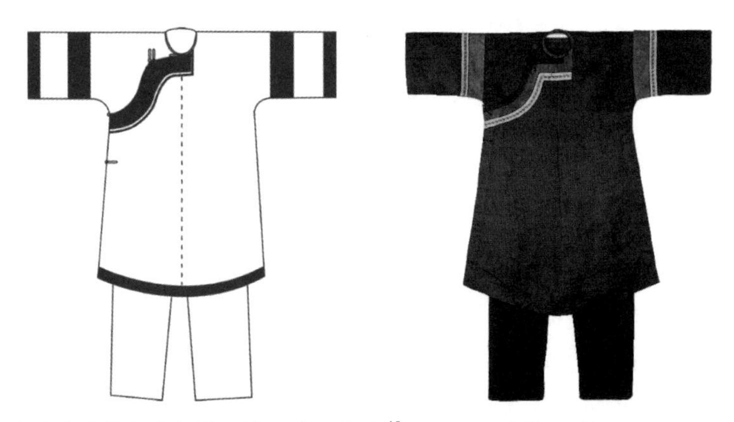

圖 56：大陸客家婦女「中長大襟衫褲」繪圖[45]和六堆客家藍衫黑褲（屏東客家文物館收藏）

44 根據郭丹、張佑周，1995，《客家服飾文化》，福州：福建教育出版社，頁 28，作者重繪。

45 根據郭丹、張佑周，1995，《客家服飾文化》，福州：福建教育出版社，頁 28、32，作者重繪、配套。

雖然大陸出版的客家服裝研究書籍中所刊載之「中長大襟衫」與臺灣地區六堆客家藍衫極為類同，但與 1992 年香港出版的《羅衣百載》內收錄當地客家農村婦女服裝形式卻有極大差異。港版農村客家婦女大襟衫不但襟頭、袖口無任何鑲緄紋飾且無反折袖口，樣式極為簡單與大陸客家婦女「短大襟衫」相仿，衣服外所加的圍裙在臺灣地區幾乎未曾看過；反而是當地農村福佬女性的服裝雖然衣長短及臀部，但是其造型與襟頭鑲緄形式與六堆客家藍衫極為雷同。

一般人認為南部客家藍衫的衣襟上，樸素的單邊鑲緄與織帶裝飾形式，是客家婦女服飾的重要特徵，北部客家婦女大襟衫是因為受到閩南婦女服裝的影響，而有較多花俏的鑲緄或牙子紋飾。[46] 但是有研究者認為這種大襟單邊的裝飾形式，可能與經濟因素有關，簡單的大襟、袖口鑲緄既保有中國服裝必備之緣飾傳統，又能達到節約的經濟效益。[47] 根據司徒嫣然《羅衣百載》（1992）中記載：「客家人移居香港始於清代中葉祖居地為福建、江西和廣之東江、北江及韓江盆地，由於移港時間較晚只能在較貧瘠偏遠的地區務農維生。服裝保留古老傳統的大襟形形式，但以經濟實用為主。」[48] 在中國大陸許多農村地區都可以見到這種只裝飾右大襟的做法，雖然裝飾簡單但也達到正式服裝須鑲緄緣邊又兼具經濟儉約、穩定服裝輪廓的效果。

46 2005 年 10 月 7 日行政院客家委員會召開「客家服飾特色與元素研商會議」記錄，頁 2。

47 蘇旭珺，1993，《臺灣閩族婦女傳統服裝的設計與變化 -AD1860-1945》，臺北：輔仁大學未出版之碩士論文，頁 32。

48 司徒嫣然，1992，《羅衣百載》，香港：香港市政局，頁 82。

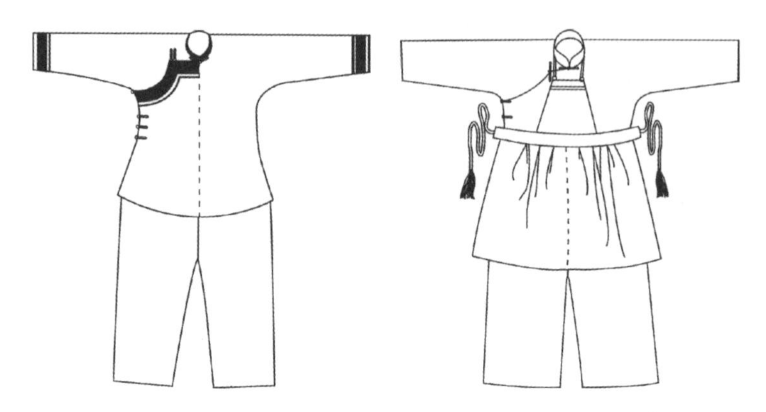

圖 57：福佬婦女傳統服飾（香港）、客家農村婦女傳統服飾（香港）[49]

圖 58：福建畲族、廣東客家婦女大襟衫、貴州漢族婦女服裝
（黃英峰先生、陳達明先生收藏、蔡淑慧小姐提供）

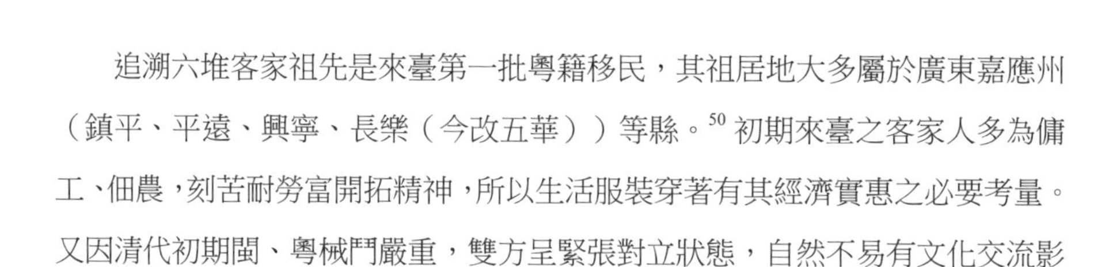

追溯六堆客家祖先是來臺第一批粵籍移民，其祖居地大多屬於廣東嘉應州（鎮平、平遠、興寧、長樂（今改五華））等縣。[50] 初期來臺之客家人多為傭工、佃農，刻苦耐勞富開拓精神，所以生活服裝穿著有其經濟實惠之必要考量。又因清代初期閩、粵械鬥嚴重，雙方呈緊張對立狀態，自然不易有文化交流影

49 根據司徒嫣然，1992，《羅衣百載》，香港：香港市政局，頁 92、94，作者重繪。

50 連文希，1971，〈客家入墾臺灣地區考略〉《臺灣文獻》第 22 卷第 3 期，臺中：臺灣文獻委員會，頁 1-25。

響。另一方面，北部地區客家原鄉祖居地除了部分來自嘉應州之外，有許多來自沿海的惠、潮兩州，其民風與生活形態自然不同於內陸的嘉應州。北部客家人雖然保有原來勤儉的精神，但是多少受到鄰近閩籍人士的影響，服裝整體形式輪廓、材質用料雖然保有客家慣有的樸素，但裝飾風格則趨近以於閩籍婦女的裝飾形式。

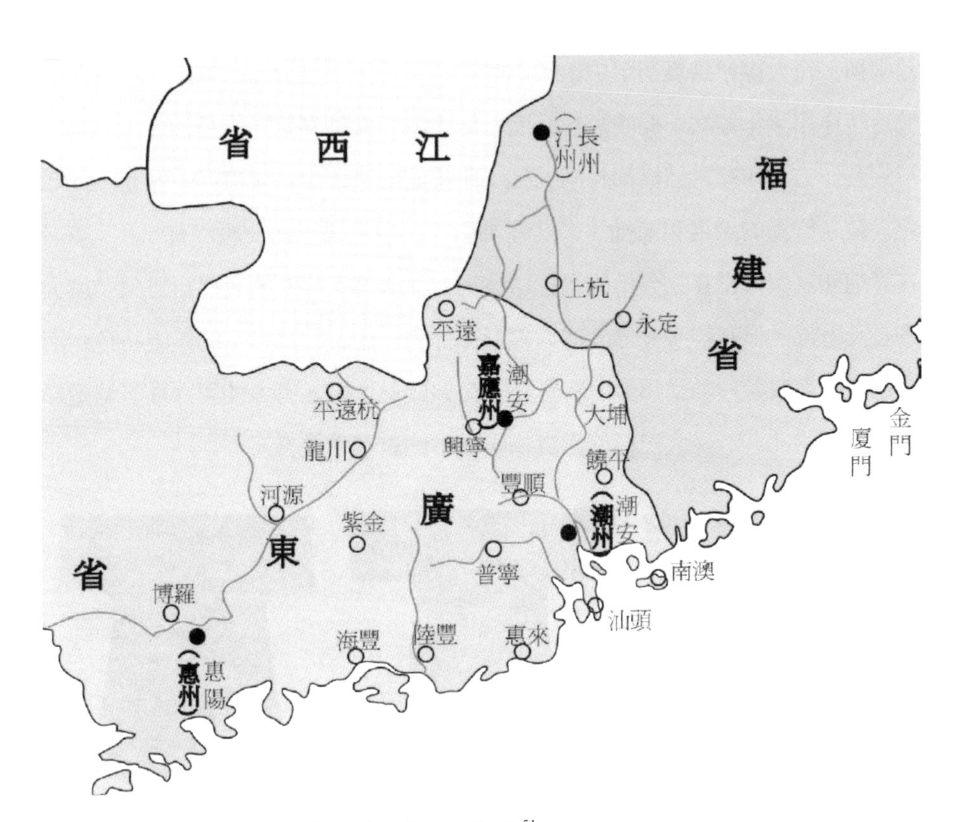

圖 59：臺灣客家祖籍地：嘉應州、潮州、惠州[51]

51 根據周婉窈，2003，《臺灣歷史圖說》，臺北：聯經出版事業公司，頁 67，作者重繪。

從以上資料似乎可以看出，臺灣北部客家婦女大襟衫之形式源自於大陸客地之「短大襟衫」祖型，又因臺灣北部客家人散居於閩籍聚落之間且相互工商往來，受到鄰近閩南服飾的影響，年輕婦女服裝的襟頭裝飾逐漸趨向繁複多樣的變化，而六堆客家藍衫大體上是承襲自傳統客家「中長大襟衫」的形式，因生活聚落穩固緊密，因此維護且延續傳統的服飾風格。根據郭丹、張佑周《客家服飾文化》中記載：「大襟衫是客家女性最常穿用的上衣，有短衫和中長衫兩種。短大襟衫供夏初至中秋天氣較熱時穿用，中長大襟衫為冬、春季天氣較冷時穿用。年輕女子偏愛短衫，而年紀大的婦女則喜歡穿中長衫。兩種大襟衫的製作方法和基本結構都相同。——所不同的是，中長大襟衫一般有不同顏色、較為鮮豔的滾邊和滾袖（尤其在袖口），短大襟衫則一般沒有。」[52] 筆者在實地訪談與傳世實物分析的過程中發現，北部客家婦女的大襟衫雖然長度大約長及臀部，但有許多老婦人的大襟衫卻保有「中長大襟衫」的鑲緄特色，與南部六堆客家藍衫非常類似。特別是在苗栗頭份地區，有多件與六堆老婦藍衫頗有類同的北客老婦大襟衫傳世實物，可供比對其中差異。

圖 60：清末民初苗栗縣頭份鎮客家老婦大襟衫二款（陳達明先生收藏）與六堆客家老婦藍衫（作者收藏）比較

52 郭丹、張佑周，1995，《客家服飾文化》，福州：福建教育出版社，頁 28。

另外，在早期南部六堆客家地區婦女日常生活並非都只穿藍衫一種服式，根據謝景來老師傳說：「古早的時候婦人家都穿長長的大襟衫，在他媽媽的年代婦人家睡覺的時候都穿短大襟衫，出門的時候不敢穿短衫，要穿長的才敢出門。短的是睡衣稱為『短衫仔』，很簡單沒有什麼裝飾，大都是白色或灰的。但是日治時代在戰爭的時候，布料要配給，日本政府要大家改穿短的，衣服、袖子、褲子都改得比較短，甚至連要行嫁的女孩子幾乎沒有長長的藍衫可以穿。臺灣光復後很多人在家時都是穿短的大襟衫，連外出的時候也穿，不像以前只作睡衣。」[53] 所以在一些光復前後的老照片中，可以看到六堆地區的婦女穿著形式是長短並存的樣子。

圖 61：1954 年屏東縣內埔鄉婦女穿長短大襟衫照片（穿藍衫的婦人到親戚家作客，李秀雲先生攝影、黃祝英女士提供）、六堆客家婦女短大襟衫（光復初期，作者收藏）

53 2004 年 12 月 17 日，高雄縣美濃鎮謝景來先生訪談記錄；謝老師傅 102 歲高齡於 2011 年辭世。

六、結語

臺灣南、北客家婦女大襟衫的差異問題，從以上的探討脈絡中可以發現，六堆客家地區確實是保有較傳統的客家祖源服裝形式，藍衫屬於祖居客地的「中長大襟衫」是客家婦女較正式的服裝，短大襟衫在傳統上被六堆客家婦女當作睡衣，日治後期才逐漸成為日常家居服。然而，臺灣北部客家婦女普遍穿著的短大襟衫，年輕婦女的服飾受到閩南服裝的影響，襟頭裝飾、袖口寬度大小隨著時間的推移與流行風潮而產生變化；但是老婦人的大襟衫，仍保有祖居客地的「中長大襟衫」形式，如細窄鑲緄的小立領、右大襟簡單鑲緄和反折袖口等元素，只是長度較短而已。經過訪談記錄、實物分析比對，發現其實臺灣南、北客家地區的老家人都說得都沒錯，「從以前祖先傳留下來就是這樣，並沒有改變！」不同的是六堆客家婦女將傳統的「中長大襟衫」傳承為客家標誌的「藍衫」，北部客家婦女以原始的短大襟衫祖型，納入鄰近族群的裝飾形式，而產生單純與繁複並存的大襟衫裝飾風貌。

衣飾文化是人類生活物質文化中變化最快的項目之一，Kroeber A.L. 認為服裝的風格會隨著時代的變動而改變，一般而言在動盪的時代（如戰亂），服裝變化快，而安定的時代，服裝的變化較慢；文化的接觸頻繁，族群互動關係密切的地區，服飾文化變化也較快。[54] 臺灣南、北客家先民移居臺灣的時間不同、祖源皆來自相同的大陸客地，但是一方面源於祖居地有近山以及靠海的地域差異，加上來臺之後的居住環境、村莊聚落形態以及與鄰近族群的交流關係，使得南、北客家地區的婦女大襟衫服裝款式、裝飾形式以及材質用料都產生明顯的差異。唯有勤勞節儉、物盡其用的精簡樸實精神蘊藏在衣襟、袖口裡面，就像客家婦女堅毅勤勉、刻苦沉靜的性格歷久不變。

---

54 Kroeber, A L 1963, Style and Civilization, University of California Press, Berkeley.

參考文獻

王宇清，1989，《中國服裝史綱》。臺北：國立歷史博物館。

司徒嫣然，1992，《羅衣百載》。香港：香港市政局。

仲摩照久主編，1931，《日本地理風俗大系・臺灣篇》第15卷。東京：新光社。

吉見まつよ，1942，〈晴著〉。《民俗臺灣》2（12）：32。臺北：東都籍株式會社。

______，1942，〈晴著上衣〉。《民俗臺灣》2（7）：42。臺北：東都籍株式會社。

李國祁，1978，〈清代臺灣社會的轉型〉。《中華學報》5（2）：131-159。臺北：中華學報社。

李瑞宗、陳玲香，2000，《藍・臺灣的民族植物與消失產業》。臺北：陽明山國家公園管理處。

沈從文，1988，《中國古代服飾研究》。臺北：南天書局。

周　汛、高春明，1996，《中國衣冠服飾大辭典》。上海：上海辭書出版社。

周婉窈，2003，《臺灣歷史圖說》。臺北：聯經出版事業公司。

東方孝義，1942，《臺灣習俗》。臺北：同人研究會。

林成子，1981，《六堆客家傳統衣飾的探討》。臺北：作者發行。

林衡道，1996，《鯤島探源：臺灣各鄉鎮區的歷史與民俗》。臺北：稻田出版社。

徐　珂，1996，《清稗類鈔》。北京：中華書局。

粘碧華，2003，《刺繡針法百種》。臺北：雄獅圖書股份有限公司。

連文希，1971，〈客家入墾臺灣地區考略〉。《臺灣文獻》22（3）：1-25。臺中：臺灣文獻委員會。

郭　丹、張佑周，1995，《客家服飾文化》客家文化叢書。福州：福建教育出版社。

陳奇祿，1976，〈中華民族在臺灣的開拓〉。《臺灣文獻》27（1）：1-6。南投：臺灣文獻委員會。

陳朝龍，1993，《新竹縣志初稿》臺灣文獻叢刊第61種。臺北：臺灣銀行經濟研究室。

陳運棟，1992，《客家人》。臺北：東門出版社。

曾喜城，1999，《臺灣客家文化研究》。臺北：國立中央圖書館臺灣分館。

臺灣客家公共事務協會編，1991，《新个客家人》。臺北：臺原出版社。

臺灣慣習研究會，1903，《臺灣慣習記事》。臺北：臺灣慣習研究會。

劉還月，2003，《臺灣的客家人》。臺北：常民文化事業股份有限公司。

謝氏春枝，1942，〈臺灣農村の廣東族〉。《民俗臺灣》，2（8）：12-13。臺北：東都籍株式會社。

鍾鐵民，1991，〈發展客家新文化〉。《新个客家人》，頁 50。臺北：臺原出版社。

蘇旭珺，1993，《臺灣閩族婦女傳統服裝的設計與變化-AD1860~1945》。臺北：輔仁大學織品服裝學系碩士論文。

Kroeber, A L 1963, *Style and Civilization*, University of California Press, Berkeley.

為何客家婦女（不再）以「妹」字命名？
一些觀察與想法 *

李廣均

一、前言

> 假如你要判斷一個人他是否爲客家人，可以問他的母親叫什麼名字，或看他的身分證母親欄，其母親的名字爲 XXX 妹，你問他是否爲客家人，他會告訴你他是客家人沒有錯。當然，假如他的母親名字不是 XXX 妹，並不代表他不是客家人（楊國鑫 1988：22）。

上述一段引文告訴了我們客家人的命名特色，以「妹」字命名不僅是客家人的命名習慣，也是客家婦女的命名特徵。但環顧身邊的客家婦女，以「妹」字命名者似乎已不多見，即使有，也多屬年長之人。那麼以「妹」字命名還算是客家婦女或是客家文化的特色嗎？現代客家女性為何不再以「妹」字命名？我們又該如何看待此一文化特色的存續與改變？在尚未有機會進行較具規模的實證研究之前，本文想從研究議題（research issue）的角度來討論「客家婦女

* 本文原刊登於《客家文化研究通訊》，2007，9 期，頁 178-191。因收錄於本專書，略做增刪，謹此說明。作者李廣均現任國立中央大學法律與政府研究所副教授。

以『妹』字命名」的文化現象，也希望可以對客家研究提出一些觀察與想法。

本文將先針對名字的文化與社會意涵進行討論，然後以先導研究（pilot study）的方式在經驗層面上檢驗客家婦女以「妹」字命名的做法。經過檢索中時電子報資料庫之後，筆者發現，以「妹」字命名的客家婦女有一定的比例，但其年齡分布普遍偏高。因而一個有趣的問題是，如果以「妹」字命名曾是客家婦女的特色，為何此一特色沒有保留下來？我們又該如何解釋此一命名特色曾經存在的事實與消失原因？筆者相信，對於這些問題的思考與探究應可豐富客家研究的視野。在進入這些問題的討論之前，讓我們先整理一下「名字」所具有的文化與社會意涵。

二、名字的文化與社會意涵

字的決定和使用是人類社會特有的文化現象（文化共通性），不過由於歷史經驗與文化傳統的不同，許多地區的人們取的名字並不一樣（文化差異）。影響命名差異的因素很多，包括人口數量、社會組織、語言特性、都市化、民族國家、大眾媒體、官僚體制等。

以採集漁獵社會為例，其生產技術較低，人口數量成長緩慢，命名方式也較為簡單，多以身邊事物與自然現象為命名參考。隨著生產技術的提高，人口逐漸增加，社會組織日趨複雜，名字也開始承擔更多的社會功能。當部落社會轉變成園藝農耕的生產型態之後，常會發展出親子連名制、親從子名制等命名方法，主要就是為了反映愈來愈重要的家族關係和親屬團體（Miller 1927；林修澈 1976）。華人社會中以家譜輩分為依據的命名方式（區分嫡庶男女）就是為了解決因為財產繼承分配所衍生的問題（歐陽宗書 1997a；歐陽宗書 1997b）。

政治型態的改變也會影響名字的決定和使用。古代帝王統治時期，天高皇帝遠，人與人之間的互動辨識並不常使用名字，多是根據角色或關係來稱呼（如老爺、外甥、管家）。隨著現代民族國家的出現，戶政的推動與落實成為國家重要施政目標。為了落實人口統計，嬰兒出生之後馬上要報戶口，也因此需要取個名字，而且不能隨意更改。至此名字成為一個生活必需品，也是承載個人權利義務的基本單位。現代都市生活的出現與大眾媒體的興起，也會影響我們決定名字的方式，一方面我們愈來愈重視名字的第一印象是否好聽好記，另一方面公眾人物或流行趨勢也會成為命名的參考對象。

除了文化意義之外，名字也有豐富的社會意涵，可以視為不同社會階層（性別、族群、階級、世代）之間的文化差異與「象徵」界線（李廣均 2006）。首先，性別是個人名字之中最清楚傳達的社會訊息。我們看到一個名字時，最容易判斷的不是當事人的階級或年齡，而是性別。兩性的命名差異代表了權力與社會地位的差距，男性通常是命名者，女性則是被命名者。另外在名字的決定與使用上，女性不僅不能使用字輩命名，結婚之後也無法使用自己的名字，只能稱氏並冠夫姓，因此才有「待字閨中」的說法。

名字的決定和使用也反映個人擁有的文化與社會資本，尤其是命名者（如父母）的教育程度。教育程度較高者有較好的文字能力，可以參考較多的媒體與資訊，所決定名字的重複性也較低（Lieberson 1984）。整體社會結構的開放性也會影響不同階層的命名方式。在一個可以容許向上流動的開放社會，中下階層的命名偏好容易出現向上仿效的作法，模仿對象包括公眾人物、影視明星等。

從族群角度觀之，名字的使用原本可以表現出各個族群的語言特色與文化傳統，不過歷史經驗並非如此。對於文化傳統比較接近而且沒有權力落差的不同族群而言，他們在名字的使用上原先或許有些差異，但經過接觸通婚之後，第二代或第三代在名字的使用上會出現模仿、融合的現象，名字的選擇與使用也因此可被視為是文化融合的指標（Zelinsky 1970；Watkins and London 1994）。[1]

但是如果族群之間存有權力落差或是不對等關係，優勢族群為了統治之便並維持既有的宰制關係，常會要求其他族群改變其傳統的生活方式和文化習慣，包括命名。以日本殖民統治為例，臺灣總督府自 1937 年開始推行皇民化運動，要求臺灣人習日文、講日語，也鼓勵改取日本姓名。經過日人統治數十年，加上皇民化政策的推動，臺灣民眾在取名字時自然會受到日式習慣的影響，「雄」字在很短的時間內受到歡迎和使用就是一個明顯的例子（李廣均 2006：22）。弱勢族群被迫「同化」改名的情形以臺灣原住民最為明顯，原住民使用名字的經驗前後共經歷了（一）清朝賜姓政策、（二）日本皇民化姓名政策、（三）國民政府時期回復姓名等三個歷史階段（王雅萍 1994）。

客家人是臺灣社會的主要族群之一。隨著臺灣社會本身的現代化、全球化與國內族群關係的變動，客家人的命名方式、自我認同和性別意識會有什麼改變？面對來自多數族群的同化壓力，客家人又如何確保自己的族群意識與文化界線？本文試圖以客家婦女是否以「妹」字命名為例，探討客家人族群意識與文化界線的發展與變化。

三、經驗分析的初步結果

雖然目前尚未有機會進行較具規模的實證研究，但為了能掌握經驗資料作為初步討論的根據，本文以中時電子報資料庫進行檢索，搜尋的關鍵字是「客家婦女」，看看是否會出現客家婦女的名字，又這些名字是否有以「妹」字命名的現象。

---

1 相關研究主要是以美國境內義大利移民與猶太移民後裔的命名變化為主要分析對象。

初步檢索發現，從 1994 年（中時電子報資料庫建置起始時間）至 2007 年 3 月間，符合「客家婦女」關鍵字的搜尋資料共有 262 筆，其中可以清楚確認個人姓名資料的共有 80 筆。其他與「客家婦女」有關的檢索資料則是沒有指涉個人，多是以集體層次（aggregate level）的描述方式出現，如文學作品對於客家婦女角色的討論或是有關客家婦女服飾的介紹等。

進一步分析，在這 80 筆可以清楚確認個人姓名的資料中，以「妹」字命名的客家婦女共有 33 位，她們名字中的「妹」字都是出現在次名。至於年齡特徵，在這 33 位客家婦女中，有年齡資料（以當時報導年代計算）可查的有 20 位，其中年齡最小的是 57 歲，最大的是 105 歲，她們的年齡分布情形可見表 1。

表 1：客家婦女年齡分布

年齡	次數
50-59	1
60-69	4
70-79	5
80-89	4
90-99	3
100-109	3
小計	20

資料來源：中時電子報資料庫

除了年齡特徵之外，我們還可以進一步分析這 33 位以「妹」字命名之客家婦女的首名用字，這些用字的分配情形可見表 2，共有「二、五、冬、平、玉、石、戍、有、自、免、良、招、威、美、胡、財、梅、統、惠、意、新、義、滿、盡、福、領、緞、蓮」等28個用字。[2] 比較而言，表2所列命名用字和一般漢人女性命名用字有些不同，背後原因值得探討。

根據李廣均（2002）的發現來看，一般漢人兩性命名單字的相似程度非常有限（見表3）。表3中，最常出現的前20個命名單字中只有一個兩性通用字：「華」。以前20個常用字來看，男性常用字依序是「明、榮、雄、華、文、生、仁、輝、德、祥、賢、源、隆、昌、興、民、成、忠、平、銘」，女性常用字則依序是「玲、華、珍、珠、美、芬、娟、芳、惠、英、蘭、玉、貞、雲、琴、卿、慧、香、梅、麗」。

就命名單字代表的意義和意象而言，兩性名字有很大的差別。表3中前20個最常出現的男性命名單字所傳達的意象大致可分為以下幾類：（一）以個人品德學識為主，如「明、文、仁、德、賢」等；（二）以家族興旺盛衰為主，如「榮、生、源、隆、昌、興」等；（三）以國家符號為主，如「華、中」等；（四）以陽剛堅毅為主，如「雄、龍、松、山」等。相對於男性命名用字中對品德學識、家族興旺、國家符號、陽剛角色的重視，女性命名用字則有著完全不同的面貌。前20個最常出現的女性命名單字所傳達的意象大致可以分類為以下四種：（一）美好的感官經驗（嗅覺、視覺），如「美、芬、芳、香」等；（二）稀少寶物，如「玲、珍、珠、玉、如」等；（三）自然花木景物，如「英、蘭、雲、梅、鳳、霞、月」等；（四）傳統婦德，如「貞、惠、秀、慧」等。

2 有些用字出現不只一次。

表 2：以「妹」為次名的首名分配

排序	單字	次數	排序	單字	次數
1	二	1	15	胡	1
2	五	1	16	財	1
3	冬	2	17	梅	1
4	平	1	18	統	1
5	玉	1	19	惠	1
6	石	2	20	意	1
7	戌	1	21	新	1
8	有	1	22	義	1
9	自	1	23	滿	4
10	免	1	24	盡	1
11	良	1	25	福	1
12	招	1	26	領	1
13	威	1	27	緞	1
14	美	1	28	蓮	1

資料來源：中時電子報資料庫

表 3：常見次名用字：兩性差異

排序	男性			女性		
	單字	次數	%※	單字	次數	%
1	明	160	2.2	玲	303	5
2	榮	130	1.8	華	231	3.8
3	雄	115	1.6	珍	213	3.5
4	華	111	1.5	珠	213	3.5
5	文	108	1.5	美	207	3.4
6	生	96	1.3	芬	179	2.9
7	仁	93	1.3	娟	166	2.7
8	輝	90	1.2	芳	154	2.5
9	德	88	1.2	惠	152	2.5
10	祥	87	1.2/14.7	英	132	2.2/32
11	賢	82	1.1	蘭	118	1.9
12	源	81	1.1	玉	117	1.9
13	隆	79	1.1	貞	115	1.9
14	昌	78	1.1	雲	98	1.6
15	興	78	1.1	琴	95	1.6
16	民	74	1	卿	92	1.5
17	成	72	1	慧	87	1.4
18	忠	70	1	香	83	1.4
19	平	68	0.9	梅	83	1.4
20	銘	66	0.9/24.9	麗	83	1.4/48
30	宏	51	0.7/32.5	君	50	0.8/58.6
40	志	41	0.6/38.7	春	35	0.6/65.7
50	聰	33	0.5/43.7	秋	23	0.4/70.2
100	鵬	18	0.2/61	鈺	9	0.1/82.2
	（略）			（略）		
總計	962 字		100.0%	637 字	6088 人	100.0%

※：斜線後的數據為累積百分比。
資料來源：李廣均（2002：236）。

進一步比較表2與表3的女性命名用字可以發現，雖然表2有傳統女性用字，如「美、蓮、梅、玉」，也有表示與出生時節或出生順序有關的用字，如「冬、戍、二、五」，但表2也出現了一些男性命名常用字，如「威、領、財、福、統、義、新」等。和一般漢人相比，最後這些男性命名用字很少出現在漢人女性命名用字之中。這不禁令我們好奇，為何客家婦女的命名會出現這些「男性化用字」？如今客家女性不僅不再以「妹」字命名，也似乎不再使用具有男性特色的命名用字，這些具有特色的客家命名方式又為何會逐漸消失？

四、社會變遷與客家文化

隨著外在環境變化，族群文化會有所變遷，客家文化也不例外。根據上述資料，我們可以確定的是，客家婦女的確曾經有一定的比例（33/80）是以「妹」字命名，不過她們平均年齡偏高，多在60歲以上（見表1）。換言之，隨著年紀降低，客家婦女也就愈不容易出現以「妹」字為名的情形。我們要如何解釋此一現象的存續與改變？值得瞭解的是，臺灣社會在過去幾十年或百年來發生了什麼事情，如何影響了客家文化或是婦女命名特色的改變？這些問題的梳理可以幫助我們掌握客家文化變遷的本質與原因，也才能務實思考客家文化面貌的過去與現在。如果不能瞭解族群文化的變遷特性，我們對於客家文化的保存與振興很容易陷入一種懷舊或復古的思維模式，也無法掌握客家文化的新面貌。[3]

本文認為，名字使用上的男女差異普遍存在於許多文化之中，主要是為了維持兩性區隔（Alford 1988）。可是客家人在名字使用上維持兩性區隔時，還

3 例如，在許多以客家婦女為主題的圖片資料或影像報導中，總是會出現穿藍布衫的高齡婦女，這是否是一種刻板印象？我們是否應該關心，除了藍布衫之外，那些新的意象可以代表客家婦女的身分內涵與族群意識？這些新的身分意象又是如何產生？

保有不同「性別」的命名方式，我們從「美妹、蓮妹、梅妹、玉妹」，「冬妹、戌妹、二妹、五妹」，「威妹、義妹、財妹、新妹」等名字的存在可以得到印證。換言之，對於客家人而言，除了區分男人的名字和女人的名字之外，還可以看出「不一樣女性」的名字。這些「不一樣女性」的名字所代表的文化與社會意義非常值得我們玩味探究。

首先在兩性區隔上，「妹」字的使用可以幫助我們判斷這是個女人的名字，但在所有以「妹」字命名的女性之中，仍有一些內在差異。有些名字很女性化，如「蓮妹、美妹、玉妹、梅妹」，但也有些名字很男性化，如「威妹、義妹、財妹、新妹」等。這似乎印證了文獻中許多將客家婦女視為男人婆的討論，也就是把女性當男性看待的文化傳統。例如，從「田頭地尾」一詞的流傳就可看出，客家女性在經濟生產過程中扮演的角色與重要性並不亞於男性。[4]

果真如此，那為何這個文化特色會消失呢？這是否也意味著女性角色的改變？在過去這一百多年內，臺灣社會到底發生了什麼事情，足以改變客家婦女的命名方式？根據許多研究顯示，臺灣社會經歷的重要改變至少包括，政治型態遞變、經濟生產結構轉型、都市化、教育普及、全球化等。在不否認其他因素的影響下，本文的討論將聚焦在經濟生產結構的改變所帶來的社會影響。

研究工業化與都市化的學者（Boserup 1970）曾經指出，工業化會產生女性邊緣化（female marginalization）的現象。根據此一理論，資本主義生產過程將兩性角色進行絕對劃分，影響了兩性的社會分工：男性負責經濟生產（production）的工作，女性負責生育與家庭照顧（reproduction）的工作，「男主外、女主內」的性別分工就是最好的寫照。

4 對於客家婦女的角色而言，除了「家頭教尾、灶頭鍋尾、針頭線尾」之外，還有「田頭地尾」一項，也就是要能「播種插秧、駛牛犁田、除草施肥、收穫五穀，不要使農田荒廢」（張典婉 2004：33）。

如此一來，男性成為主要的經濟來源（breadwinner），可以積極投入與公領域有關的活動並累積權力與權威，女性從事的則是無酬家庭勞務（但卻被母職婦德所美化），逐漸在經濟生產過程中被邊緣化。雖然後來有些學者發現，隨著工業化的深度發展，女性也有回流勞動市場的現象，但多以低收入、非技術性的工作為主（Humphrey 1987），兩性分工的結構現象並沒有因此而改變。

如果我們可以接受上述有關女性邊緣化理論的觀察，這或許可以幫助我們解釋為何那些具有「男性化」特質的客家「妹」命名方式會因而消失。如該理論所預測，當臺灣在二次大戰後經歷了快速的工業發展，此一經濟結構的改變牽動了生產活動中的兩性角色與關係。當男性成為主要的生產者與經濟來源，女性則是從經濟生產活動中逐漸退出，新興浮現的男女分工也反映在兩性的命名考量之上，深化了「男人要像男人、女人要像女人」的性別角色，兩性命名差異也因此成為鞏固「男主外、女主內」此一性別分工的象徵力量與象徵宰制（symbolic power and symbolic domination）。[5]

除了女性邊緣化理論之外，另外一個不能忽略的因素是族群接觸之後的同化壓力。隨著工業化與都市化的快速發展，當客家人為了尋找工作而脫離傳統客家庄，進入了必須與各種不同族群接觸的現代都會之後，一些微妙的族群互動也隨之發生。身為少數族群，客家人或是不願曝露自己的客家身分，因此不希望在名字的使用上被別人識別出來，這就出現了客家人的自我隱形化。當然，不再以「妹」字為女性命名可能只是客家人因為自我隱形化而出現的諸多文化調整機制之一。

族群文化的存續與變遷（ethnic continuity and change）是族群研究的核心議題，客家婦女命名方式的探究正可提供我們一個機會來了解族群變遷（ethnic

5 有關象徵力量與象徵宰制的討論，有興趣的讀者可參考 Bourdieu（1989；2001），Bourdieu and Wacquant（1992），李廣均（2006）。

change）的本質與原因。過去有關客家文化的討論，焦點多側重從政治角度（如國民黨政府推動的國語政策）分析客家語言文化的消長。[6] 本文認為，除了政治環境的分析之外，我們還需要採取更寬廣的觀察角度（如現代性開展或經濟生產結構的改變）才能理解客家文化面貌的改變。黨國威權體制終有消解的一日，但世俗化與都市化的影響則不會輕易消失，客家文化變遷也難以避免，客家婦女不再以「妹」字命名即為一例。

釐清族群變遷的本質與原因之後，我們才不會以一種懷舊或復古思維去看待族群文化的改變。簡言之，我們不再期待客家婦女是否一定要以「妹」字命名或穿上藍布衫，正如我們不會期待原住民每天都必須外出打獵覓食一樣。族群文化會有消長，但也不斷會有新的文化面貌出現。也許如今客家人不再以「妹」字為女性命名，但是否會有其他新興的客家意象或文化創新？新興的身分意象與文化創新又是如何產生，會帶來何種社會或政治影響？這些問題的答案都有待後續研究來回答。

以研究都市族群生活網絡而著名的德裔美國社會學家 Herbert Gans（1979），曾在多年前提出一個有趣而重要的概念：象徵性族群（symbolic ethnicity）。Gans 認為，在世俗化與都市化的影響下，我們已無法再回到過去第一代移民所曾經歷的以鄉村生活為主的族群網絡。如今在都市環境成長的移民後代，只能以一種象徵性的方式去「參與」或「重現」過去的族群經驗與文

6 針對國民黨語言政策的檢討，我們除了掌握人權的觀念之外，也要有文化權的視野，因為僅只是強調人權來保護弱勢語言與文化是不夠的。只強調對於語言使用之基本人權的重視與爭取，仍然無法對抗主流語言的競爭優勢，因為主流語言具有的市場優勢最終還是會淘汰弱勢語言。面對此一語言困境，我們需要爭取的是文化權（多元文化權）來維護弱勢語言與文化的生存機會，也就是透過文化權來創造一個可以讓語言文化永續發展的政策環境。

化活動。對於觀察當代臺灣社會客家文化的發展而言，H. Gans 的看法或許可以提供我們一個適當的分析角度與研究起點。

就經驗資料的收集方式與分析討論而言，本文還有許多可以加強改善的空間。未來若有機會對於本文主題進行更具規模的經驗研究，相關資料的補強勢不可免。首先，我們應該收集更為完整的戶籍資料（以特定區域為主），如此才可繪測出客家婦女命名特色的歷年變化趨勢。其次，田野訪談的進行則可以幫助我們瞭解命名者的動機、文化考量與當事人（被命名者）的生活經驗，並從看似複雜多變的個別案例中，梳理出可以進行文化比較的理論觀點。對於未來此一研究目標的達成，希望本文可以踏出穩健的一步。

參考文獻

王雅萍，1994，〈他們的歷史寫在名字上：透過姓名制度的變遷對臺灣原住民的觀察〉。《臺灣風物》44（1）：63-80。

林修澈，1976，〈名制的結構〉。《東方雜誌》10（2）：52-61。

李廣均，2002，〈男人的名字和女人的名字：以「國家考試金榜題名錄」中民國六十五年至七十四年考試及格人員為例〉。《女學學誌：婦女與性別研究》新刊一號（原《婦女與兩性學刊》第十三期）：83-121。

______，2006，〈志明和春嬌：為何兩「性」的名字總是有「別」？〉。《臺灣社會學》12：1-67。

張典婉，2004，《臺灣客家女性》。臺北：玉山社。

楊國鑫，1988，〈客家婦女名字「妹」的研究〉。《三台雜誌》16：22-31。

歐陽宗書，1997a，〈中國的字輩文化（上）〉。《臺灣源流》8：24-30。

______，1997b，〈中國的字輩文化（下）〉。《臺灣源流》9：49-57。

Alford, Richard D., 1988, *Naming and Identity: A Cross-Cultural Study of Personal Naming Practices*. New Haven, Conn.:Hraf Press.

Boserup, Ester, 1970, *Women's Role in Economic Development*. London: Allen and Unwin.

Bourdieu, Pierre, 1989,"Social Space and Symbolic Power." *Sociological Theory* 7(1)：14-25.

______ , 2001, *Masculine Domination*. UK, Polity Press.

Bourdieu, Pierre and Loïc J.D., Wacquant, 1992, *An Invitation to Reflexive Sociology*. Chicago: The University of Chicago Press.

Gans, Herbert, 1979, "Symbolic Ethnicity: the Future of Ethnic Groups and Cultures in America." *Ethnic and Racial Studies* 2:9-17.

Humphrey, John, 1987, *Gender and Work in the Third World*. London: Tavistock Publications.

Lieberson, Stanley, 1984, "What is in a name ？ ... Some Sociolinguistic Possibilities." *International Journal of the Sociology of Language* 45:77-87.

Miller, Nathan, 1927, "Some Aspects of the Name in Culture-History." *American Journal of Sociology* 32:585-600.

Watkins, Susan Cotts and Andrew S., London, 1994, "Personal Names and Cultural Changes: A Study of the Names of Italians and Jews in the United States in 1910." *Social Science History* 18 (2):169-209.

Wilson, Stephen, 1998, *The Means of Naming – A Social and Cultural History of Personal Naming in Western Europe*. London, UK: UCL Press.

Zelinsky, Wilbur, 1970, "Cultural Variation in Personal Name Patterns in the Eastern United States." *Annals of the Association of American Geographers* 60:743-69.

客家微型創業婦女的勞動初探：以橫山鄉為例*

呂欣怡

一、前言

筆者自2007年開始進行新竹縣橫山鄉客家社區與產業研究，調查過程中發現，婦女在地方經濟體系的活躍角色，是值得深究的現象。以商業活動密度最高的內灣村為例，走在內灣觀光老街上，四處可見「X媽媽」、「X阿嬤」、「X姐」等等以女性親屬稱謂為招牌的店家，依據我們在2010年所做的商家普查資料，目前假日在內灣營業的固定店面與流動攤販共300多家，其中六成的店主為女性。高比例的女性業者除了帶來經濟收入，也影響了地方公共事務的性別圖像。第一次去旁聽內灣商圈促進會的會員大會時，[1]最吸引我們注意的是幾位在會場忙著招呼來賓並主導會議發言的中年婦女，她們都是當地的小商家老闆，也是社區組織的主要幹部。內灣前任村長正是橫山鄉地方自治史上第一位女村長，她告訴我們，在內灣做生意的女人很多，平時商圈組織的維持，如清潔費徵收、活動宣傳等等，在地婦女都是主力；社區發展協會現任理事長也是

* 本文原刊登於《客家研究》，2011，4卷2期，頁99-140。因收錄於本專書，略做增刪，謹此說明。作者呂欣怡現任國立臺灣大學人類學系暨研究所副教授。

1 內灣商圈促進會成立於1998年，以在內灣做生意的店家為會員，定期向店家收取清潔維護費。

女性，她笑稱，內灣「男生都很聽女生的話⋯⋯不像外面的社會，女生一定說：『我回去問我先生』，內灣不是，女生決定就可以了」（訪談記錄 2009／01／05）。這些說法讓筆者開始思考，當眾多女性以小本創業方式，成為地方經濟體系中活躍的行動者時，是否有助於女性在地方公共事務上的參與及發聲？除了經濟收入之外，自雇創業式的商業勞動是否也為女性帶來其他正面效益？

婦女勞動研究一直是客家學的重要議題（張典婉 2004；張翰璧 2007），從早期西方傳教士在華南的記事到晚近臺灣客家學者的著作，都一再強調客家女性同時支撐家務與農事，兼負社會再生產與經濟生產的角色，對於族群文化的承載及族群生命的延續貢獻卓著（羅香林 193；徐正光 1991；薛雲峰 2008；謝重光 2005）。不過，研究客家婦女勞動的既有文獻絕大多數集中於家庭勞務及農事（尤其是茶葉及菸草），以及若干工廠女工研究（如彭桂枝 2004），探討女性商業活動的文獻幾乎空白，這與客家傳統生計偏重農牧林礦等初級產業相關。然自 1990 年代中期之後，文建會提出「文化產業化、產業文化化」政策，鼓勵鄉村社區發展具地方特色的產業，許多客家村落因而投入此波產業轉型，以觀光與工藝來振興地域經濟（陳板 2007）。橫山鄉的客家人口占 90% 以上（行政院客委會 2008），傳統產業以農、林、礦為主，在 1970 年代到 1980 年代之間，該鄉面臨了客庄村落在工業化過程中共同經歷的困境：初級產業凋零，人口逐漸外流。1995 年新竹縣政府以「內灣線的故事」作為文藝季題，是為橫山鄉轉型文化觀光產業的濫觴，往後幾年，來自文建會、經濟部商業司、內政部營建署及地方政府的各種建設經費資助，將礦業沒落的內灣村打造成為觀光局認定的國內旗艦觀光景點，原本衰退的地方經濟因為觀光產業而再度活絡（呂欣怡 2009）。地方產業結構的轉型創造了許多新的就業機會，其中以小商家數量增加最快，[2] 許多客家婦女得以投入微型創業，以店面或攤位形式經營自己的生意，這些女性的商業勞動如何進行？與客家婦女的勞動傳統是否有關聯？都是尚待客家研究學者探索的議題。

二、相關文獻評述

（一）客家婦女研究

依據研究方法及詮釋觀點的不同，我們大致可將客家婦女勞動文獻分為類，第一類是以客觀指標來評估勞動參與率與女性地位的關聯。學者一般同意，客家女性平均勞動付出高於其他族裔女性（張典婉 2004；張翰璧 2007），但高勞動參與是否讓客家女性獲取較高的家庭及社會地位？學者則有不同看法。莊英章（1994）比較兩個客家與閩南村落，以纏足、生育率、農事參與、決策權等作為指標，結果發現，閩客族裔之間對於婦女地位的認定並無顯著差異。張維安（2001）比較當代客家婦女及閩南婦女在家庭中的地位，卻發現前者的家庭決策權力比後者低。另外，陳玉華等（2000）與林鶴玲、李香潔（1999）在外省、閩南與客家三個族群的家庭比較研究中發現，若以家庭經濟決策權及性別資源分配比例來做評估指標，則客家女性的家庭地位平均低於其他族裔女性，因此可以推論的是，客家婦女在家務勞動與家計收入上的高度出，並未換來高於其他族裔女性的家庭決策權力。不過，隨著年代與社會經濟條件的變遷，傳統客家性別文化或許會有鬆動，如張翰璧（2007：125）所言，對於客家婦女的研究應該更細緻地考量「階級、世代間的差異」如何影響女性經驗。呂玉瑕（2010）在竹東客家社區的研究，即顯示了世代與社會階層兩項變數對於女性地位的影響：以 1970 年為界，在工業化之前，傳統道德規約是

2 根據中國生產力中心所提供的會議資料顯示，2000-2007 年間內灣商圈的店家由 17 增加到 250 家，創造 650 個就業機會。

決定女性地位的主要因素，較低社經階層家庭的妻子反而有較大的家庭決策權力，在工業化之後，傳統性別規範逐漸失去影響力，妻子的收入愈高，在家庭中的地位也越高。

第二類文獻大都藉由口述資料，從女性主體立場來詮釋勞動的意涵。洪馨蘭（2010）分析瀰濃地區的「敬外祖」儀式，認為從該儀式所蘊涵的社會互動可以看出，傳統客家女性的勞動責任不只是操持家務，也在於生育男嗣；簡美玲、吳宓蓉（2010）分析客家年長婦女的山歌敘事，認為女性藉由勞動以實現生命價值，並且將生養子女與日常勞動視為圓滿自身必經的路程。潘美玲、黃怡菁（2010：311）則指出，採茶勞動提供峨眉鄉中高齡婦女一個「開創自由的女性自主空間」，除了增加個人經濟收入，也建立了家庭之外的人際網絡與社交空間（類似論點亦見張慧君 2009）。彭桂枝（2004：89）研究新埔鎮紡織廠女工的工作經驗發現，對於這群成長於臺灣農村工業化早期的客家婦女而言，工廠工作帶來上一世代婦女缺乏的金錢收入，使她們成為家庭經濟的實質貢獻者，同時增進了自我肯定與社會資本，部分婦女並且藉由工會組織，將個人賦權轉他為集體性的賦權。總的而言，家庭角色是影響已婚客家女性勞動經驗與工作選擇的最重要因素；再者，從女性主體經驗觀之，即使主要勞動內容隨著生命階段變化而有所不同，但勞動的意義都是正面的，既是必盡之家庭責任也是個人成就感之來源。

（二）婦女創業研究

女性勞動力對於臺灣經濟發展所提供的關鍵貢獻，一直都是經濟社會學者相當關注的主題。既有文獻中有關女性勞動的研究可分為三個區塊：以工廠受雇者為主題的女工研究（Diamond 1979；Kung 1994；Lee 2004；張晉芬 1996）；以無酬家屬為主題的小家庭企業研究（呂玉瑕 2001、2006；李悅端、柯志明 1994；高承恕 1999）；以及以做小生意的女性為主題的微型創業研究

（Simon 2003；Gates 1996），性別文化、產業結構與家庭角色如何影響女性就業，則是這些研究共同的關懷。成露茜、熊秉純（1993：41）指出，「父權體制（patriarchy）與資本主義（capitalism）透過家庭結構、產業組織和政府政策，強化了對婦女勞動力的剝削……臺灣婦女內外兼顧雙重角色，其實是臺灣能在競爭激烈的世界經濟體系裡躋居一席地位的必要條件」，這種對女性勞動力雙重剝削的情況，在以家庭成員為基底的小型企業中最為嚴重。Gates（1991）提出，家庭企業具有快速適應、彈性成本的特質，因而構築了戰後臺灣經濟成長的力量，然而，這些小企業的利潤經常建立於家族女性廉價甚至無酬的勞動力上（亦見呂玉瑕 2006：83），Greenhalgh（1994）也批評，儒家倫理的道德制約，讓臺灣的家庭企業得以掩飾家族女性成員在性別及工作上的雙重從屬地位。

相較於身為工廠女工或無酬家屬的婦女，自創事業的女老闆是否能從職場困境與家族束縛之中突圍，開拓自主的經濟活動空間？這是兩本以臺灣微型創業婦女為主角的民族誌所共同關心的問題。Gates（1996）在臺北與成都的婦女創業者比較研究中發現，兩個城市裡眾多婦女自行創業的推力來自她們在受雇工作中的挫折感。雖然臺灣與中國已有大量婦女進入勞動市場，但傳統漢人父權意識並未因此消失，企業規模越大型，性別階層化的情況愈明顯，一般女性很難能在大型企業中找到超越性別階序、發揮所長的薪資工作，勞動市場上的性別局限催化了婦女自行創業的動力。根據 Gates 的觀察，兩地的婦女創業者大都遵循小資本主義生產（petty capitalism production）模式——以家人為基底的雇員、資金來自自家或非正式部門。雖然這些創業婦女的成功必須依循著市場經濟發展模式，以高度個人競爭及私有利潤積累來取勝，但 Gates 認為市場經濟邏輯強調個人主義，讓有能力的女性可以擺脫性別文化的制約，有助於拉近兩性經濟成就的差距。

Simon（2003）的研究從創業婦女的主觀敘事出發，以深度訪談配合問卷調查，從臺北 14 位女性創業者的生命史分析她們的創業歷程，主要關懷是她們如何在性別、家庭、族群及階級等等結構力量之間建構身分認同。結果發現，創業帶來賦權，讓女性有足夠的物質基礎在父系家庭結構之外建立新的身分位置，從而挑戰社會性別規範。Simon 相當忠實地呈現了女性創業者豐富的生命經驗，以及她們如何在多重社會力交織之中發揮能動性，是其研究的優點，但是太貼近當事人的觀點讓 Simon 忽略了政治經濟結構及性別文化對於女性創業類型與規模可能造成的限制（呂玉瑕 2005）。

雖然 Gates（1996）是從結構觀點分析，Simon（2003）是從行動者觀點來探討婦女創業的意涵，但兩位學者都同樣認定經濟資本的增加必然導致賦權，這個簡約的因果邏輯也是大多數發展經濟學者所持的觀點，認為創業是培養個人自主性進而向上流動的有效管道（Sen 1999，引自 Simon 2003：5）。近年來，國際發展組織與 NGO 機構都將女性創業視為家庭脫貧、婦女地位提升的有效策略（呂玉瑕 2005），發展中國家的經驗顯示，婦女微型創業貸款的清償率普遍高過以男性為主的中型企業，以小額貸款（microcredit）來鼓勵並增加女性創業比率遂逐漸成為發展政策主流。但是人類學者從文化觀點出發，指出「創業」、「賦權」這些跨國發展組織認為無可質疑的概念，必須透過在地文化意義結構的調解，才能產生實質作用。例如，Freeman（2007）在加勒比海地區的研究發現，當地自創小企業的婦女並不完全符合 Schumpeter（1949）所定義的創業者原型，也就是具備創造力、能夠承擔風險、勇於擾動現狀並改變文化的獨立個體（Russell & Faulkner 2004）。相對而言，加勒比海的微型婦女創業者時時得在發揮個人自主性與尊重傳統性別階序的兩端之間保持平衡，她們也必須遵循傳統文化價值中「共享」、「謙遜」等有別於西方個人主義的觀念，才可能在市場競爭中獲利。Moodie（2008）在印度 Rajasthan

的研究則顯示，幫助婦女微型創業的小額信貸金額並不會增加婦女在家庭中的經濟決策權，但申請信貸的過程卻可能成為鄉村底層女性在日常生活中的交流平台，帶來了新的語言及文化資本，讓這些婦女得以重新思考並談論她們對於結構性不平等（包括種姓制度、貧窮、性別歧視）的不滿，並且藉著分享這些不滿而建立村落中的女性網絡。她因而結論，女性賦權這個概念應做多元化的定義，除了經濟資本之外，社會關係（社會資本）、在地知識（文化資本）都可以作為賦權的基礎及指標；創業帶給婦女的收穫可能與金錢收入完全無關，而是開拓了文化上的新可能性，以及藉以重思日常生活的概念及語言工具。

雖然 Moodie（2008）的研究對象是窮困的印度底層婦女，她們為了生存，必須藉由小額信貸幫助創業，與本研究大多數受訪者的家庭經濟背景並不相同，[3] 但 Moodie 的分析著重在創業婦女經濟行為與其身處的社會關係及文化邏輯之間的關聯，可以作為本研究思考架構的參考：傳統性別角色如何影響婦女創業考量？婦女如何取得與運用創業資金、專業技術與人力資源？在社區與家庭場域，創業帶來了什麼樣的社會與語言資本？婦女在地方經濟體系中的生產及交換活動，如何能構成超越家庭角色的社會聯結？是否有助於女性在當地公共領域中的參與及發言？

三、研究對象與方法

本研究以橫山鄉經營小生意的客籍微型創業婦女為對象，探討其創業動機、創業歷程、創業效益，以及創業工作的意義，除了藉此補充客家學文獻較為缺乏的婦女商業勞動研究，並且進一步思考，在地方產業的脈絡中，性別文化與市場邏輯的交織互動如何展現於女性的創業場域。以下詳述研究對象的選

3 筆者非常感謝一位匿名審查人指出這個對比。

擇方法以及資料收集的階段步驟。

（一）微型創業的定義

據經濟部中小企業處的定義，微型企業是資本額低於 100 萬元，員工人數少於 5 人的企業；人類學者通常是以研究對象的自我認知為準，只要受訪者認定自己是老闆，資金可以完全自主運用，員工來源大都以家族成員為基底（甚至老闆就是唯一的員工），即是「微型創業者」。Simon（2003：4-5）指出，微型創業者就是臺灣民間所稱的「頭家」，他並且提醒，當夫妻同時經營一個微型企業時，並不見得都遵循「男主外，女主內」的經營模式，許多「頭家娘」其實是創業想法的源頭、資金主要調度者，而且也負責與外人互動，她們才是家庭企業真正的老闆。

本研究混合上述的定義，將婦女微型創業者定義為「投資 100 萬元以下的創業成本、承擔盈虧風險、聘雇 5 人以下的專職員工、鄰居／生意伙伴／顧客皆認定為老闆」的女性。

（二）研究方法說明

本研究的資料來自問卷調查與深度訪談，研究過程分述如下：

1. 問卷調查：為了初步了解當地小商家性別比例與婦女創業類型，我們以橫山鄉商業活動最密集的內灣商圈作為普查地點，在 2010 年 3 月由兩名訪員針對週末及週間所有在內灣營業的業者做簡短的問卷訪談，調查的問題包括店面型態、售貨內容與店主性別三項，由於顧慮到受訪者的意願，我們並沒有詢問店家的營業額及收入。

2. 深度訪談：我們的訪談對象都是請當地朋友與熟識店家引介，而非根據客觀標準做樣本挑選。採用此種滾雪球方法除了容易建立與受訪者的關係之外，更可以將「婦女微型創業者」這個社會科學概念名詞放入當地語境脈絡，以理解「客家婦女」以及「微型創業」的在地意義。由於當地人傾向推薦的是地方公認、聲譽較佳，而不單只是營業所得最高的婦女店家，這也讓我們能夠更細緻地分析婦女微型創業者如何在性別文化、鄉里關係，與市場邏輯的不同期待之間斡旋並搏得「名聲」（Freeman 2007）。

第一階段的訪談在內灣進行，受訪者為當地社區組織與商圈活動中相當活躍的 3 位婦女店長，很快的我們發現必須擴大研究對象的地理區域、年紀與營業類型才能更深入地理解創業在客家鄉村的意義，以及性別文化與家庭角色對於婦女創業歷程的影響。於是第二階段的訪談移至鄰近內灣的新興村與沙坑村。新興村為橫山鄉鄉治所在地，有相當數目的婦女店家；沙坑村位於橫山鄉界西北邊緣，傳統茶產業衰退之後，村中幾位婦女開始自營外燴，算是該村婦女的獨特行業。在新興村與沙坑村的訪談之後，第三階段的訪談又回到內灣，針對原本就設籍於內灣，在觀光產業發展之後開始販售客家米食的婦女業者。

訪談工作自 2009 年 9 月到 2010 年 9 月截止，成功訪問 16 位婦女創業者，每次訪談時間長度皆在 90-120 分鐘左右。16 位受訪者皆會說客語，其中 13 位的原生家庭為客家籍，2 位原生家庭為福佬籍，1 位原生家庭為外省籍，所有受訪者的配偶都是客家籍。[4] 訪談以客、國語混合進行，使用客語的比例與受訪者的年齡成正相關。訪談過程皆經由受訪者同意錄音，再謄寫逐字稿。除了訪談外，也經由參與觀察法了解婦女創業者工作情況，創業現場包括其店面、工作環境與節慶現場等等。

---

4 行政院客家委員會在 2008 年完成的《97 年度全國客家人口基礎資料調查研究》中，以「血緣」及「語言」兩個條件界定客家身分（頁 44）。本研究依據該調查所採用的客家人定義，3 位原生家庭非客家籍的受訪者雖然不符合「血緣認定」條件，但她們會說流利的客語，而且認同自己是客家家庭的成員，符合客委會所設定的「語言認定」條件（頁 3）。另外，推薦這 3 位婦女業者的當地朋友雖然知道她們原生家庭並非客家籍，但並未將她們排除在「客家婦女」範疇之外。

表 1：本研究 16 位受訪者的背景資料（依訪談順序排序）

代號	營業村落	出生年	教育程度	營業內容	經營現業年數	同居家人	配偶職務
A	內灣	1952	高職	野薑花粽	15 年	配偶、兒子、媳婦	藥局老闆
B	內灣	1955	高商	工藝品	6 年	配偶、女兒	計程車司機
C	內灣	1955	高商	野薑花粽	10 年	母親、兒子	已歿
D	沙坑	1946	小學	外燴	32 年	配偶	小學教師
E	新興	1964	國中	麵店	10 年	配偶、子女	無業
F	沙坑	1932	無	外燴	30 年	兒子	鐵路局（已歿）
G	新興	1962	高職	金香店	14 年	配偶、公婆	工廠幹部
H	新興	1951	國小	菜包	21 年	配偶	鞋匠
I	新興	1965	五專	早餐店	10 年	配偶、子女	科技公司員工
J	新興	1965	高中	美容護膚	14 年	配偶、子女	工廠幹部
K	內灣	1964	國中	早餐店	18 年	配偶、公婆	工廠勞工
L	內灣	1941	小學	香腸、春捲	12 年	兒子、媳婦	貨車司機
M	內灣	1953	無	菜包	10 年	配偶	菜農
N	內灣	1940	高商	餐廳	4 年	配偶、子女	工廠勞工
O	內灣	1941	國小	野薑花粽	12 年	配偶、孫子	煤礦場幹部
P	內灣	1928	無	野薑花粽	10 年	配偶	職業軍人

四、婦女創業類型

內灣村的現籍人口共約 1400 人，自 1990 年代中期開始，內灣成為文建會及縣文化局所選定的地方文化產業發展據點，開始了一系列與文化觀光相關的論述構築及硬體工程，2000 年經濟部商業司選定其為「形象商圈塑造計劃」執行的示範點之一，由中國生產力中心參與輔導商圈更新再造工程，以客家老街的懷舊意象、客家美食與客家手工藝品作為觀光商品吸引都會區觀光客。幾年之內，這個原本寧靜的小村落迅速發展為全國知名的內灣形象商圈，假日時遊客如織，商販林立。[5] 內灣之外的鄰近村落雖然並沒有如此密集的商業活動，但近幾年來橫山鄉公所與新竹縣政府持續進行鄉內的觀光產業整體規劃，將內灣周邊村落納入所謂的帶狀景點（新竹縣政府 2008；橫山鄉公所 2002），即使這些觀光規劃的實際成效尚待長期觀察，但內灣觀光發展的確產生外溢效果，假日經過鄰近地區的遊客人數增加，部分居民因而期待自己村莊也能轉型觀光（詹雲雅 2009）。

我們所普查的業者包括店面、騎樓、鐵皮屋中的固定攤位與路邊的流動攤販。就如大多數觀光地區的經濟活動週期一樣，內灣平日及假日的業者數目有明顯差距，據我們統計，平日開店有 146 家業者，假日開店為 331 家，我們成功訪問了其中 318 家業者，另外 13 家為拒訪或不在。這 318 家中有 5 家投資超過 100 萬元的庭園餐廳並不屬於微型企業（其中 4 位男性店主，1 位女性店主）。合乎定義的 313 家業者之中有 179 家為女性店主，97 家為男性店主，37 家為夫妻共營。總計女性店主的比例占 57%。

5 根據呂欣怡、蔡世群（2010：168）的調查，內灣商圈成立之後，吸引了大量的外地人來此開店，估計週末假日營業的商家之中，超過四分之三是設籍於其他地區的外地居民。不過本研究所訪談的婦女業者均為客家籍。

表 2：內灣商家販售商品類別統計數據

營業別		男性店長	女性店長	夫妻共營	總計
飲食類（共 229 家）	小吃店、麵攤、餐廳	5	20	2	27
	客家米食	0	13	2	15
	食品（不含客家米食）	45	78	23	146
	飲料	5	19	3	27
	冰品	0	13	1	14
雜貨類（共 42 家）	雜貨店	11	15	1	27
	衣服飾品	4	9	2	15
藝文類（共 26 家）	工藝品	13	8	2	23
	藝文活動	2	1	0	3
遊戲類（共 23 家）	遊樂店	12	10	1	23
其他服務業（共 8 家）	水電建材	0	1	1	2
	煤氣	0	3	1	4
	美容院	0	2	0	2
總計（328 家）		97	192	39	328

資料來源：本研究所做之問卷調查（2009.9-2010.9）

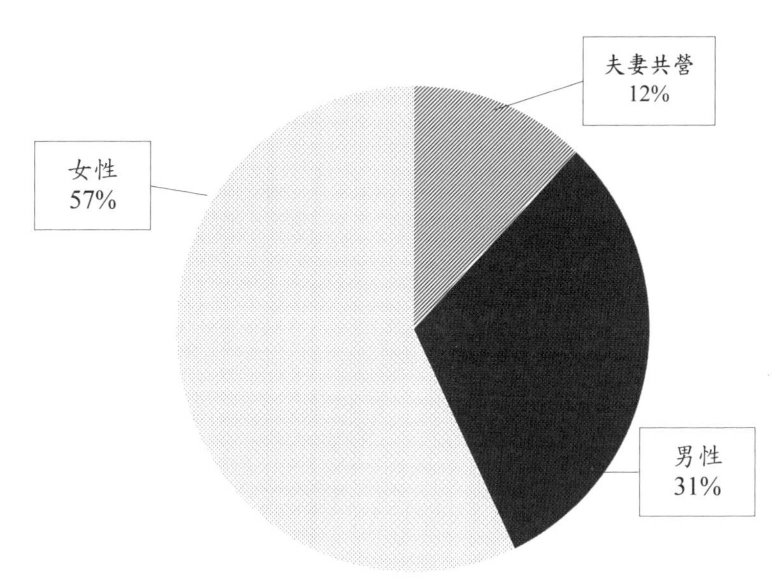

表 3：內灣商家店主之性別比例

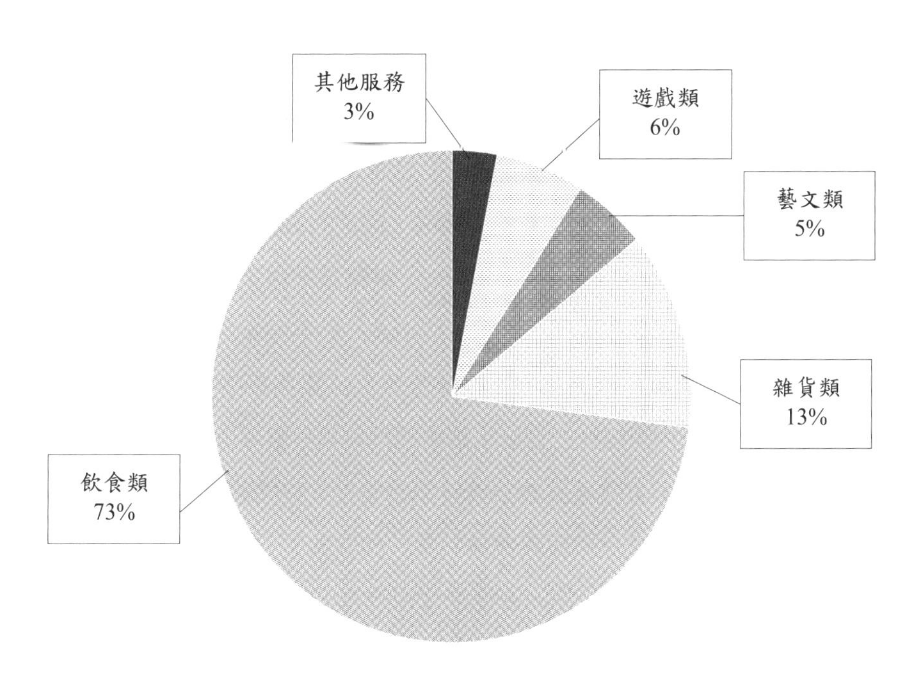

表 4：內灣女性店主之營業類型比例

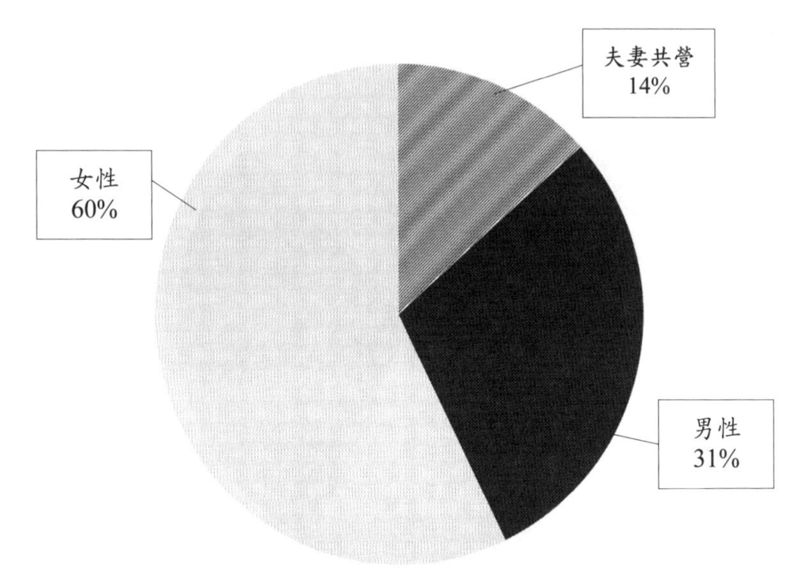

表 5：內灣經營飲食業之店主性別比例

內灣的眾多小店絕大多數是在 2000 年之後才創設的，只有 16 家例外，這顯現了觀光產業振興小商業經濟的成效。然而，觀光產業並非構築內灣商業經濟的唯一基礎。根據劉女豪（2006：68-69）所做的資料分析，1958 至 1963 年間內灣國小學生家長從商比例占 18.70%，服務業則占 11.0%，商業加上服務業的比例高於橫山鄉其他地區。她認為這項統計數字顯示內灣是以「提供外來者從林、從礦消費服務機能為主的農業聚落」（劉女豪 2006：69）。我們的實地調查也發現，內灣婦女一直以來都會運用家事與農事之外的時間從事副業賺錢，而且副業類型會隨著經濟結構轉型而變化。在煤礦業極盛的 1950-1960 年代，內灣有一些婦女以做粄或賣麵為業，如個案 L 自 1950 年代中旬還是青少女年紀開始，就扛著祖母做的各種米食到內灣車站，賣給搭乘清晨第一班火車到站的礦工，此種婦女賣小吃的傳統在 1970 年代中旬隨著礦場關閉而中斷，之後到 1990 年代中期以前，內灣在地就業機會很少，但當地婦女仍然盡量做些養豬、種茶、電線加工或托兒育嬰等等家庭副業以賺取微薄收入。2000 年以後隨著觀光產業的發展，婦女小吃業又重新復甦。個案 M 的先生祖母也曾在內灣賣水粄（碗粿），後來間斷，直到 2000 年之後才由她接續家族女性的米食生意傳統。

觀光人類學者 Kinnaird et. Al.（1994）與 Swain（1995）都指出，與族裔觀光及鄉村觀光相關的婦女就業機會大都局限於傳統定義下的「女人工作」，我們的內灣普查結果也是如此，缺乏高資本額與高學歷的婦女，所選擇的營業內容多半隸屬於傳統性別分工中的女性勞動領域：73% 的內灣女性業者從事低資本額的餐飲業，大多數是販售熱食、小吃及飲品的小店或攤販，其中專賣客家米食（野薑花粽、菜包、粿為主）的 15 家食品店中有 13 家的老闆為女性，2 家為夫妻共營。深度訪談的受訪者營業類型也反映相似模式：16 位受訪者之中有 13 位從事餐飲業。幾位受訪者告訴我們，與食物相關的行業如小吃店、早餐店等並不需要太多的技術訓練，都是她們從小在家耳濡目染，早就會做的工作，例如，在新興村賣菜包的 H 說：「做粄的技術是我們原本還沒嫁過來，那時小孩子，我爸爸媽媽……都是耕種，一下雨天他們自己就做來吃，就做那個水粄、菜色，都自己做。」個案 P 的原生家庭在鄰近內灣的南河村，家裡擁有幾甲的茶園，從 11、12 歲開始她就幫忙祖母包粽子給茶園工人當點心，60 年後，童年做粽子的技術為 P 帶進近千萬元的收入。

16 位受訪者的創業成本各有差異，不過幾乎都在 50 萬以下，其中以早餐店的平均成本最低。個案 I 在三個地方開過早餐店，成本大約都是 20 多萬，個案 K 說，婦女中年轉業最常考慮的是賣早餐，除了「技術入門門檻很低」之外，也不需要太多資金，20、30 萬元就足以購置基本設備，如果沒有固定店面只以餐車方式經營，則創業成本更低。因為資金需求小，這些受訪者都沒有向銀行貸款，而是從自家存款或親友資助取得創業基金，有些還會收到親友餽贈的家具或廚具，如個案 E 的麵店開張只花了約 10 萬元，因為碗盤、廚具大多是她的堂表親戚送的；個案 G 的金香店有部分櫥櫃是公婆開的雜貨店裡的舊家具，她自己則大概花了 20 萬元裝潢費。賣客家米食的業者需要磨米機、蒸籠、冰櫃等等較為昂貴的機器，因此投資金額較高，M 估計她總共花費近 100 萬元，但這些設備並非一次購齊，而是隨著營業量的增高逐漸添購。

五、創業動機

16 位深度訪談受訪者皆已婚且有小孩，這並非研究者刻意擇選的結果，而是本地做生意婦女的常態：年輕未婚女性多半從事薪資工作或協助家庭企業，自己做小生意的一般都是已婚成家的女性。呂玉瑕（2010）在鄰近橫山鄉的竹東鎮經濟調查中發現，1990-2000 年代婦女就業比例為 74.38%，遠高於 1970-1980 年代的 31.88%，主要原因為女性教育程度提高以及產業轉型之後工業部門成長，增加大量的製造業工作機會。我們若以 1955 年出生，亦即是否受惠於「九年國民義務教育」，[6] 作為本研究 16 位受訪者的世代分界，則發現 1955 年（含）以後出生的 7 位受訪者自學校畢業便一直從事薪資工作，直到結婚（E、I）生育（B、C、G、J）或裁員（K）之後她們的工作史才首次中斷；1955 年以前出生的 9 位受訪者除了 N 曾在工廠上班之外，其他 8 位在自己做生意之前都沒有專職工作，有些個案是兼做零星副業的家庭主婦（D、F、L、M、O、P），有些個案則為家庭企業的無酬勞動者（A、H）。無論她們是否曾有專職工作，所有受訪者在結婚之後除了操持家務以外，都會以各種副業（如育兒、電線加工、養豬等等）來貼補家計。

6「九年國民義務教育」實施於 1968 年，即出生於 1955-1956 年的世代為國中第一屆。

為什麼會決定自己做生意呢？我們可以從結構因素與個人動機兩層面來探討。首先，幾位受訪者的工作史中可以清楚看到產業結構變遷對於農工階級就業的影響，創業是一種因應配偶或自己失業的經濟適應策略。例如個案 H 原本協助先生的手工製鞋業，但 1980 年代末期臺灣鞋廠開始外移，手工製鞋生意沒落，為了家計她便決定開店賣小吃；個案 K 原先就職的紡織工廠在 1990 年代中期裁員，讓她必須面對中年轉業問題；M 夫妻原本是在山坡地種薑、高麗菜與藥草的自產自銷小菜農，1999 年 6 月底政府開放中藥進口，國內藥草價格下跌，他們那時候快 50 歲了，不可能受工廠僱用，加上內灣觀光產業正在興起，所以就在家裡開店賣客家菜包。N 夫妻都是新竹縣某家紡織廠的資深員工，人事縮減風潮中 N 提前退休，讓她轉換職場開小吃店。個案 E 則是因為久居鄉下的先生一直沒有穩定工作，只好在娘家附近開麵店。

然而，從受訪者觀點而言，家計壓力並不是激發她們創業動機的唯一因素。我們發現，受訪者的主觀感受中，待在家裡不工作賺錢是自身能力與生命的閒置。當子女尚年幼時有些受訪者必須全時投入母職，但到了小孩上學之後她們就會想要充分利用空閒時間。個案 A 形容還未創業前的自己是「很無聊的人」，被鄰居取笑成「不事生產」只知「吃飯排泄」的閒人；個案 B 說服先生讓自己開工藝店的理由竟然是，「當家庭主婦……我在家就是花錢，你賺再多錢我幫你花光光……還不如讓我去創造一個地方……然後這個地方是可以傳承下去的。」個案 G 說，「慢慢小孩大了覺得說，也不能老是閒在家裡啊，然後相對的妳有一筆收入對家裡也是好的……不用一直都是跟我老公伸手要錢」，所以她把公婆家的一樓改造成金香店，做起賣金香的生意。個案 J 婚後原本是幫忙看著婆婆的雜貨店，但她覺得被綁在一家沒有什麼生意的小店很痛苦：「我真的不希望我的人生就是這樣過，以前顧雜貨店帶小朋友的時候穿得很邋遢耶，真的就是休閒服，然後天天就這樣子……我不喜歡過這種生活」，於是她決定去學美容，考到證照之後就在婆婆的雜貨店裡面另外裝潢了一個美容護膚的空間，兩年下來客源逐漸穩定，雜貨店生意就收掉了，專門經營美容業。個案N則說，剛從工廠退休那一年待在家裡非常難受，「確實無聊啊，在家裡面沒目標啊！」因為她對做菜很有興趣，所以到觀光客眾多的內灣村開小吃店。

有幾位受訪者的工作史並未因為生育而中斷，但在職場上碰到個人無法突破的結構局限，因而決定自己做生意。與受制於公司管理階層的薪資工作相較，自己當頭家除了可以自己控制時間，更可以突破某種程度的性別制約，例如個案I是一位工作能力相當強的女性，隨先生遷回橫山鄉之後，先去學習電腦繪圖軟體，結業後在科學園區某家高科技公司擔任工程師，但幾年之後發現，就算自己能力再好，也會受到女性身分限制，升遷到某個位置後就很難再向上流動了，她說：「那感覺就是，女孩子在那個區塊不可能爬得上去……他不會因爲妳的能力很強，他給妳同樣的薪水，他會認爲妳是女生」。即使I的位階已經是工程師而非助理，上司卻經常要求她做助理的工作，只因她是部門中唯一的女性。所以她想，既然都得打雜，還不如自己開店當老闆。個案K在工廠人事縮減時被資遣，她幽幽地嘆說，中年婦女很容易成為公司裁員的首要目標，剛好外婆也需要她照顧，所以才到母親的故鄉新興村開早餐店。

六、創業教益

相較於出外上班而言，自己開店最大的優勢是工作地點離家很近（或者就是住家），可以同時兼顧家事（尤其是小孩照顧）與工作。前面已經提到，結婚或生育是讓1955年之後出生的受訪者退出薪資職場的首要原因，也限制了她們再度就業時工作選項的地域範圍。像個案G與個案J原先都在工廠上班，生了小孩之後辭去工作，等到小孩稍大的時候想重新進入勞動市場，但考量到照護小孩的責任，於是便在夫家附近開店，可以一邊帶小孩一邊看店；個案K是比較特殊的例子：她一直在工廠上班，並未因為唯一的兒子出生而中斷工作，但在10多年前因為外婆年紀大了又是獨居，母親不放心所以要求她在外婆家開早餐店，順帶照料老人家，兩位妹妹結婚生子之後也到早餐店來幫忙。事實上，除了個案B、K與N之外，其他受訪者的店面都是在自家附近，或甚至家裡就是店面，而她們選擇現有創業地點的考量，也正是為了能夠同時照顧工作與家務。個案J就驕傲地說，她的小孩都不用去安親班，也不曾出現鄉下孩童常有的隔代教養問題。

自己開店固然有著時間彈性的優勢，讓受訪者可以自行調配時間，但也意謂著她們需要兼顧工作與家務雙重責任。某些個案如D、E、F與L的家務責任可由家族中年長女性（婆婆或媽媽）共同分擔，其他受訪者在經營生意之餘，都需要承擔所有家事，這造成她們每天都得投入兩倍工作時間。個案K是家中長媳，必須承擔比其他妯娌更多的家務工作，她很不平地說，女人實在太辛苦，「結婚後就失去自我……為什麼同樣是在外頭工作，先生一回來就可以休息，而我還有家務事要忙，結了婚後就像佣人一樣，還要被人家嫌」，不過，即使如此勞累，她還是不願待在家裡當專職家庭主婦，就像其他受訪者一樣，雖然內外兼顧很辛苦，但創業所帶來的多重效益讓她們繼續堅持自己的事業。

（一）經濟上的自主

創業最顯而易見的效益是為這些女性帶來經濟收入。由於與陌生人談論金錢在客家村落還是一種文化禁忌，我們並沒有要求受訪者提供確實的營業額與利潤，而是邀請她們以相對比較的角度（與工廠薪水相比）來談，大多數受訪者都說她們的店面收益相當於一份公司或工廠基層員工的薪水，個案D則說她30多年來的外燴收入平均比她擔任小學老師的配偶薪水還多，當然這是未扣除超時工作、水電、交通等等隱形成本的毛利。

少數幾位受訪者願意坦誠告知收入，例如個案G的金香店每月營業額可達6、7萬左右，相當於先生的薪水。個案I的早餐店每天營業額達1萬元（約200名客人），她估算材料成本占六成左右，另外還得支付兩位員工每月各2萬元的薪資。個案M在生意最好的那幾年（2000年到2005年）之間，每個週末可以賣出7、8千個菜包，週間每天平均也可賣出600個，以每個菜包利潤5元來計算，她那幾年每個月的收入都在20、30萬元左右。個案P則用生動的話語描述，剛開始包粽子那兩、三年，每天的現金收入都在10萬元以上，錢多到「裝不起來」，短短數年她就累積了近千萬的存款。不管收入多寡，金錢都帶來某種程度的自主性，個案G自嘲說，無薪家庭主婦的日子是「換飯吃」，以家務勞動換取溫飽，卻連買菜的錢都無法自給，個案K也說，即使經營早餐店再累，都比待在家裡跟先生「伸手要錢」的感覺要好。

至於創業收入如何使用？我們發現不同世代運用自己收入的方式有顯著差異。出生於1955年（含）以前的受訪者收入大都併入家用，受訪者並不會自行支配自己賺來的金錢，像個案D與F往日的外燴收入都得交給公婆統籌運用，唯一例外是個案P，她的先生是外省籍，家中並無公婆，自70歲左右她才開始因為野薑花粽生意而賺進大筆現金，在這之前都是從事無酬或低薪的農務或家庭代工。70歲時她的小孩早已成家立業，先生領軍人退休俸，家中並無經濟壓力，所以先生原本並不贊成她出來做生意，但她說，「從來身上沒有很多錢裝到啊，怎麼樣我現在生意做，我為什麼不做呢？……怎麼有錢我不賺呢？我不管他了，賺的錢我也不給他講，到現在我存好多錢，他也不知道。」手頭寬裕的她，堅持不資助已經成年的子女，而是分了數百萬元給孫子女當作教育或成家基金，另外，她勤於捐獻做善事：「現在我自己快樂快樂，哪裡有什麼困難，我做得到的，我會幫忙，比如說學校，我會幫忙，廟裡，我現在不靠小孩子，靠我自己我還會幫忙，哪裡有什麼很困難的，我會……多錢沒有啦！三五萬這樣子，我會幫。」

出生於 1955 年（不含）之後的 5 位受訪者對於創業收入使用都有完全的主導權。個案 E 是家中收入唯一來源；個案 I 與先生共同負擔家計，她是主要的管帳者；個案 G、K 的收入就是自己的零用錢；個案 J 則說，她家裡全部開銷都用她先生的薪水，她賺的錢都可以存下來，希望能作為自己與先生的養老金，退休後用來遊山玩水。

（二）建立家庭以外的社會關係

多位受訪者提到，創業具有一項經濟收入以外的誘因，就是讓她們能夠擴展人際網絡，脫離家庭主婦與社會隔絕的生活方式。自己做生意雖然很忙很累，但與客人、自己的雇員（像外燴辦桌所請的人）、同業等等所建立的社會關係是支撐她們繼續下去的動力。個案 D 與個案 P 所僱用的人手就是她們最好的朋友；個案 K 在接受我們訪談之後的那天下午就要跟同業們去郊遊；個案 E 的麵店營業額在外環道路打通之後快速減少到原本營業量十分之一以下，但她認為自己麵店除了賣麵，還是提供當地人重要的聚會與訊息集散場地，她甚至說：「我今天會做到現在，那是因爲我們這邊還需要我，這邊的人民還需要我們，才會這樣做下去」；個案 I、K、J 都說，她們把客人當成朋友看待；經營美容業的 J 更經常在一小時的保養療程中成為客人傾吐心聲的對象。

如 Brown（2000）在加勒比海法屬馬提尼克島（Martinique）的觀察，微型創業婦女所能運用的人力資源與專業技術通常來自於親屬與地緣關係。個案 P 稱呼她長期僱用的三位婦女工為「姐妹伴」，其中一位過世時她非常傷心，就像失去一位親人一樣，這些情同姐妹的朋友會跟著她一起趕工到深夜。個案 A 堅持只用內灣居民，尤其是弱勢家庭出身的鄰居，她說：「我們內灣的一個阿公，他說他女兒有點智能不足，唉唷找不到工作，媽媽又死啦，好啦！我就，我就把葉子給她……我跟她教怎麼洗啊！」個案 D 與 F 當外燴老闆之前，都先跟著鄰居或親戚幫忙辦桌，學會手藝並累積足夠資金以後才獨立創業，而她們每次外燴所僱用的臨時工也大都是居住在同一村落、年紀相似的客家婦女，經過一段時間之後，也有好幾位她們的員工自己出來開業。有趣的是，這幾位居住於同一村落的外燴女老闆彼此之間並不會惡性競爭，反而經常分攤同一場筵席的生意，我們曾去記錄沙坑村一位百歲人端的生日壽宴，當天共有 60 桌客人，由個案 D 以及另一位同村的婦女業者各分攤 30 桌。

這些僱傭關係與同業情誼在日常生活中藉著女人之間的互惠交換而維持，而食物則是這些客家女性建立與滋養社會關係的主要媒介。個案 H 與 I 都會把當天賣不完的菜包與早餐送給鄰居，當成敦親睦鄰的禮物；個案 N 才到內灣開店 4 年，卻已建立深厚的在地人脈，主要就是因為她盡量購買當地人所販售的食材。像我們前去訪談的當天，就有鄰居送來自家種植的青菜與豬肉。身為研究者的我們也時常受惠於客家婦女熱誠的待客之道：每次訪談我們都會準備小禮物以感謝受訪者提供協助，而無一例外地，經營飲食業的受訪者都會以食物，如粽子、菜包、豆干等等回贈，個案 N 甚至親自下廚請我們吃了一桌熱騰騰的客家菜。

七、創業勞動性質

如前所述，對於已婚婦女而言，自己當老闆意謂著自己控制工作時間，可以兼顧家務的彈性。換言之，絕大多數受訪者將自己開創的小生意視為家庭與事業間多重工作技能的一部分，而非首要的勞動場域。然而，不論其創業動機是否與家庭相關，也不論其所承擔的家務責任比重，我們的受訪者在投入職場之後，無一例外地都盡量將自己的勞動力運用到極致。以謝國雄（1997）所提的概念架構來說，這些創業婦女都具有「長工時」、「彈性生產」、「以速制價」的小頭家意識。我們以創業婦女的產品銷售對象做區分，可以分為服務觀光客的客家小吃業者與服務本地住戶的餐飲／雜貨業者兩類，以下分述其勞動情景：

（一）客家小吃業者

McKercher & Cros（2010：33）指出，觀光是一種「不確定的」、「易變」的產業，供給者難以控制或預測觀光市場的走向。造訪內灣的遊客數量受到來自天候、路況、媒體曝光度與景氣循環等等因素的影響，當地販賣菜包、野薑花粽等客家米食的婦女業者幾乎無法預測她們每一天將售出多少數量的產品，因此彈性加班是必要且常見的情況。我們去訪問個案 A 的前一日傍晚快收工時，有客人打電話來訂了數百顆粽子，第二天上午就要取貨，她說，「阿婆昨天晚上做到 7 點。就應付今天早上的，但是昨天晚上要睡覺再點一下，不夠兩百顆，結果早上她們 5 點就起來做，應付客人的需求。」據受訪者估算，扣除食材與人工成本之後，每賣出一顆粽子或一粒菜包約可賺取 5 元左右，如此微薄的單位利潤與波動起伏的消費需求讓這些婦女業者長期處於趕工壓力，她們的因應之道是盡量延長工時，以及增進生產速度。

以內灣居民公認生意最好的兩位女性店主 A 與 P 為例，2000-2005 年之間是營業量的高峰時期，每天可以賣掉數千顆粽子。如何達成這麼高的生產量呢？兩位婦女業者各自採用不同的生產方式：A 是採用「外包制」僱三組工作人員分別處理採葉子、清洗葉子、以及包粽子等三項生產步驟，最核心的烹調工作則自己負責。A 所僱用的人員均以論件制來計算工資，像包粽子是一顆 1 元，採葉子是一斤 15 元等。她很生動詳實地向我們描述她的員工訓練程序，即使是洗葉子這種看似簡單的工作，也必須力求動作的精簡：

> 我都會這樣整疊葉子拿來，全部同一個方向，這邊刷刷這個頭，再刷下去，翻過這邊，刷這個頭，再刷下去，一片葉子，四個動作，

然後呢，第二片也是這樣刷，這邊翻過來刷背面，然後刷一疊，再拿去。

A 說，沒有受過「訓練」的人，即使只多一個動作，清洗一整天下來就會「很慘」，不但速度慢，身體也容易疲憊不堪。包粽子雖然是當地婦女做慣了的家務工作，但 A 還是認為要讓她們經過一些簡單的訓練，才能做得快：

剛問始哦，她們覺得，幹嘛要這樣做？「我以前是怎樣做、我以前是怎樣做」，可是……我跟她講，我教妳包的是，最快速、最不會動到葉子，因爲我有研究過。

經過 A 的職前訓練之後，動作最快的婦女 40 分鐘可以包 210 顆粽子，每顆工資 1 元。

除了員工的訓練之外，A 也持續不斷地改進自己的工作效率。粽子的主要成分是糯米飯，A 用傳統的檜木蒸籠來蒸飯，並且得意地說：「一般而言，20 斤的飯要 40 分鐘，可是經過我改良以後，30 分鐘」少了 10 分鐘就可以省掉 10 分鐘的瓦斯。至於如何找到改良的方法？她說是靠「讀書」、觀察氣流去改良的：

我是怎麼去改？就是看看氣是這樣來嘛對不對？那我就做了兩個到三個那種桶狀的，米不會下去的，然後有氣可以冒出來的，鑽洞，然後這樣放在中間，米就放在這四周中心，因爲最慢熟的是中心的，所以呢，我放在中心……意思就是說整個層面可以這樣，整個就這樣一起來熟，所以我 30 分鐘就搞定了。

個案 P 投入粽子生產之初，因為沒有店面又缺乏資金，所以 1999-2000 年期間她在自己家裡做粽子，再以每顆低於市價 5 元的價格批發給 A 的店面販售。換句話說，P 所得到的利潤比 A 更低，無法再將工作轉包，一切步驟只能自己來。P 以非常生動的話語形容當時不眠不休的工作狀況：

> 那沒有什麼睡覺了，那想起來……現在我想我自己不知道怎麼樣耶！那時候我自己做，早上起來包了粽子給人家，到下午十二點多，我要開始去割葉子，自己山上割葉子，都是一手自己辦，去割葉子，用那個買菜的那個籃子，我拉一筐回來，泡到水裡，我馬上又要做其他的事情，一直做，做到差不多三點多了，要洗葉子了，洗葉子有時候一洗下去，洗到晚上一點多，一點多洗澡，洗好上床睡覺，上床睡覺一點、兩點，兩點到三點我又要起來了，又起來泡米了，米泡下去，接著我就下來，那個時候 XXX 殺豬，那個時候豬肉沒有載到這裡給我，我自己下來，飯放上去蒸了，我就下來拿肉，豬肉自己拉拉拉回家去，趕快就下鍋了，就飯就好了，就炒飯了，飯炒好那還沒天亮，我就包啊自己包，包了等一下他要上來拿，包了十串八串，放在那個地方，我就整天一直包一直蒸一直包，蒸好我自己又在那兒包。

到了 2000 年之後，P 累積了一些資金，開始添購器材、租店面，並且在中國生產力中心顧問的輔導下申請了自家品牌商標，經營起自己的店面，此時她才有能力僱用人手。目前她的女兒每天從臺北夫家通勤到內灣來幫忙，另外還聘用了 5 位住在內灣的老鄉居一起包粽子。

（二）以本地顧客為主的餐飲／雜貨業

在新興村開雜貨店與早餐店的幾位受訪者，所服務的消費者大都為在地居民，客源穩定，但是營業量不可能像觀光業那麼多。受訪者都提到，維持一個店面需要固定成本，即使店面是自家的房子，少了房租壓力，還是需要支付水電費，因此她們多半以延長工時的方式來增加營業空間的產值。個案 G 的店面是公婆家的一樓，她說：

> 我們這個店就是說，我們只要門一打開來就開始做生意，因爲這裡是住家，只要門一打開來就做生意，我們只要準備睡覺了，門關起來就打烊了，所以你說中午休息時間呢，我也很少中午關店休息，因爲我也沒去樓上睡覺，我們頂多就是沙發上躺，然後客人來，進來他們會因爲就是主顧客，所以他們進來都會叫，都會叫說「有沒有人在啊」？然後，〔不論〕他要幹嘛，你就可以起來了，就是這樣子。所以我就說做這個生意營業時間非常長，有一次那個鄉公所小姐打電話問，她說「妳們營業時間多久？」我說，「我們營業時間哦，妳自己算好了，我們從最基本六點半起床好不好，閉門到晚上十點打烊。」

個案I的第一個店面是租來的，為了充分運用每月店租 1 萬 5 千元的空間，她曾經嘗試在一天不同時段販賣不同的產品：

> 最開始時，我不只做早餐，我還做中餐晚餐，很認眞賺，因爲你租了地方，然後你就會想說，很認眞的把那個地方用，所以，我也賣過自助餐，賣過麵，賣過水，也賣過牛排，也賣過鹹酥雞……很認

眞做，可是人不是鐵打的，做了之後身體就垮掉，你雖然有那個意志精神很認眞去做，可是你身體受不了啊！我就是身體上，我耳朵很差。

個案I的先生在此時插話：

打個岔不好意思：那時候早上賣早餐，中午賣自助餐，晚上賣牛排，她從早到晚，只是因爲我們租店面，有店的壓力，而且我們年輕剛結婚，沒有什麼積蓄啊！因爲剛結婚，什麼都沒有，因爲我們是白手起家，對，那時候我的收入也不好，那我頂多也兩三萬塊這樣子而已，我收入也不高，那，整個新婚夫妻，結婚沒什麼收入，一直住在店，我們也不太會挑，只想做生意，也比較沒有經驗，一挑那個房租都很貴……因爲房租比較高，所以我們有很大的壓力，所以那樣做完，她身體受不了，她做了幾個月之後，她身體受不了，耳膜就破掉了，就是兩邊耳膜同時破掉，因爲太累了，她就沒有辦法做，就住院了，開刀，因爲要縫合，後來就把店收掉，只做早餐……一年 365 天都沒有休息，連初一到十五都沒有休息，一樣，我們全家跟著投入。

搬回新興村後少了房租壓力，I因此只賣早餐，每天半夜 2、3 點起床磨豆漿，直到上午 11 點多，收店午休，下午還得去新竹市場採買食材。雖然每天工作時間超過 8 小時，她自己卻覺得目前的工作情況比以前輕鬆多了。

年紀較長的受訪者會用「兩頭黑」來形容自己的工作時程，意指她們天亮之前就得出門，回來的時候又是天黑了。經營外燴業 30 多年的D說，料理午宴的時候如果桌數超過 50 桌，她必須在午夜 1、2 點就起來準備，桌數較少的時候至遲也得在 3、4 點起床。

訪問者：有天還沒亮（就起床的經驗）嗎？

被訪者：哪有天亮，沒有，兩點多就起來耶，因爲我們起來要，那個雞哦，還生的要來去走啊！妳前一天煮好不新鮮，就是要當天煮才新鮮。

訪問者：所以是早的話，是差不多一、兩點鐘就要起來？

被訪者：對，差不多。

訪問者：凌晨兩點。

被訪者：差不多幾乎兩點就起來了，兩點、兩點多就起來了。

訪問者：就，慢一點的話就……

被訪者：怕來不及啊！這個東西來不及怎麼賣？

訪問者：三、四點都要起來就對了。

被訪者：一定要起來，不起來不行吶！三、四點就起來。

據我們實地觀察發現，婦女業者之所以必須投入這麼長的工作時間，除了降低僱工成本之外，也與她們的工作方式有關：雖然名為「老闆」，這些婦女並沒有階層分工的觀念，各種層次的工作，從決策、聯絡、管帳、生產到場地的清掃維護，她們幾乎全做，即使有其他人手協助也是如此。像個案 B 就開玩笑地說，自己是「校長兼打鐘的」，一個人要做許多人的工作，從裡到外全部都得自己處理，在籌備店面過程中，她白天得跑「外場」，到各地與進貨廠商接洽，晚上回來則處理文書工作，從貨流管控到帳目管理，幾乎所有與營運相關的事情她都得做，還得空出時間來思考產品規劃的問題，她的店面剛開始營運時，每天忙到凌晨 2、3 點才能回家。我們曾觀察個案 D 在沙坑村某個生日壽宴的外燴現場，發現她也是什麼都做，從事前的食材採買、菜餚準備，到現場的蒸炒煮炸、分菜飾盤，到事後的點收桌椅、打掃會場、清洗碗盤，雖然她當日請了 6 位女性幫手（都是住在沙坑村的中老年婦女）以及 3 位端盤子的青少年工讀生，但她們的工作關係並非階層式的分工，而是大家共同完成每一項程序，並且隨時配合支援其他人的工作。Brown（2000）觀察法屬馬提尼克島的微型企業組織，發現男性老闆與女性老闆的工作模式具有明顯的性別差異，男性老闆採用階層分工的運作方式，習慣將工作分派給員工，而女性老闆則大都凡事親為，與員工共同工作，從客家婦女業者身上我們看到，Brown（2000）提出的性別化工作模式概念具有跨文化的普同性。

八、結語

本研究以女性口述工作史作為主要分析資料，探討客家微型創業婦女的創業動機、創業經驗以及創業效益，除了補充客家婦女商業勞動研究的經驗資料，也提供具性別與族群文化面向的微型創業研究。在結語中我們整理出幾項可以與既有文獻對話的主要發現：

（一）微型創業的地方鑲嵌性

有關婦女創業的既有文獻中一個核心問題是，創業是不是一種文化創新，讓女性藉由自主的經濟行為開創有別於傳統性別角色的施為空間？放在客家社群脈絡中，我們可以這樣提問：微型創業婦女的勞動模式究竟是延續傳統客家村落的性別分工，還是在新工作機會與收入的創造過程中轉化了原先的性別文化規範？本研究的資料分析似乎偏向前者，受訪者的營業內容如烹飪、美容化妝等等，幾乎都衍生自傳統家庭領域內的婦女勞動內容，她們的僱傭關係建立在家族與鄰里網絡之上，創業資金取自私房錢或家族資助等非正式管道，而創業技術與資訊則大多來自日常生活中禮尚往來的女性網絡。Gentry（2007）曾用「家庭主婦化的工作」一詞來形容貝里茲微型創業婦女的商業勞動，據她的觀察，該地婦女所經營的小生意並不被認為是「事業」，而只是家庭副業的延伸；而且，她們的營業內容與工作方式大都符合當地對「女性工作」的想像，因此，創業場域展現的是傳統性別分工概念的再強化。本研究所觀察到的現象與 Gentry（2007）確有相似之處，大多數微型創業婦女的勞動模式是鑲嵌於既有的社會關係與性別邏輯之中，並不是一種文化創新。

不過，有少數個案的確藉著創業而改變了她們原先的性別角色。個案 A 與 B 原本都是家庭主婦，在照顧家庭之餘輔助配偶事業並兼任社區義工，地方觀光產業的發展成為她們創業契機。A 是在內灣商圈成立之後順勢創業販售客家米食，B 原先是某個社區團體的媽媽志工，長期積極參與該組織所舉辦的課程活動，從中學到以傳統手工藝（如客家花布、稻草編織等等）來布置家庭空間的技能，進而說服先生投資，開了一家專售工藝品並推廣地方藝文活動的店面。值得注意的是，兩位女性的配偶原先都是家庭收入主要來源，但在 A 與 B 成功創業之後，其配偶也加入她們的事業經營，成為妻子的助手。消費者與訪客都尊稱個案 A 為「老師」，個案 B 為「館長」，換言之，她們是老闆而非老闆娘。社區文化產業創造了一個「地方文史專業者」的身分，帶來商業契機與政府補助管道，原屬於私領域的女性知識（如個案 A 的野薑花粽與個案 B 的家庭室內裝飾）得以在這個新的文化施為空間中轉化為代表社區的產業技術，熱心參與地方公共事務的女性也因而取得超越家庭角色的專業主管身分。

（二）家庭與婦女創業的關聯

文獻回顧中已經提及，客家女性的家庭角色與其勞動參與程度的相互關聯，是一個並無定論的複雜議題，必須更細緻地檢視世代與教育程度差異如何影響家庭決策模式（張翰璧，2007；呂玉瑕，2010）。然而，本研究的訪談資料顯示，年齡與教育程度並非影響女性是否出外工作的重要變數。除了個案 P 的配偶以外，其他 15 位受訪者的家人都是從一開始就支持她們的創業決定，有些受訪者（個案 D、E、K）的婆婆或母親會分擔家務，讓她們可以有更多時間在外工作。這或許是因為本研究的受訪者大都以補充家計並且兼顧家務作為主要創業理由，家庭是比她們個人經濟收入或個人工作成就更重要的考量，因此並未造成工作與家庭之間的衝突，此點與 Dahles and Bras（1999）研究峇里島女性小店家的結論相仿。

我們更進一步地檢視受訪者對於「家庭責任」的主觀理解，發現她們列為最優先考量的家人是子女，而非先生或公婆。事實上，受訪者口述的創業過程裡很少出現配偶的影響——包括配偶的需求以及配偶是否提供意見與協助，在初任母職的生命階段中，某些受訪者因為考量子女照顧的需求而中斷或改變自己的職業軌道，轉而經營一個可以同時兼顧工作與母職的小店面（例如個案 B、G、J），而當生意逐漸穩定之後，與子女相關的生活經驗也成為她們成就感的主要來源，不論是高品質的教養照護（個案 I、J）、教育基金的儲存（個案 G、P）或是自己事業的世代相承（個案 A、B）。

（三）創業與客家女性勞動意識

我們的研究發現，婦女在婚後仍應有獨立收入，並非現代化之後才出現的新觀念，而是本地區客家女性的傳統思維，從年紀最輕的 J（41 歲）到年紀最大的 P（82 歲），所有受訪者都在重複強調一個觀念，就是女人應該要有工作，不能只待在家裡依靠先生撫養，這個觀念循著母女與婆媳關係世代傳承，成為客家村落相當普遍的女性思維。內灣村幾位年長的受訪個案在年輕時代與她們家族上一代婦女一樣，靠著林礦業及其週邊商業活動維生。個案 L10 幾歲時就到火車站賣米食給通勤礦工，個案自己曾與先生到尖石煤礦做挑夫，其夫家阿婆則於民國 40-50 年間在內灣街上擺攤，賣粄給礦工、林工等，一直賣到 80 多歲。居住於鄰近內灣沙坑村中的個案 D 與 F 都出生於茶農家族，從小就幫忙農務、採茶種菜，婚後則協助夫家農事，並在農閒期間幫著鄰居辦桌，逐漸建立自己的外燴事業。D 與 F 都說，她們並不喜歡一直待在家裡做事，寧可累一點也要到外頭做事賺錢。年輕一代的受訪者 G、I、J 與 K 都表達相似的想法，認為在兼顧子女照護的前提下，最好能夠有一份屬於自己的工作。個案 G 告訴我們，她的母親與婆婆（均為客家籍）即使教育程度不高，但一直都有收入，母親是工廠勞工，婆婆在鄉公所打掃，她說，「客家人不能閒」，這是她從小習慣的女性工作模式。兩位年長女性也都支持 G 自己做生意的創業決定，除了幫 G 分擔家務，還幫忙介紹客戶。

如 Gentry（2007）在貝里茲的研究所言，家庭領域之外的勞動可以增加婦女的能動性，即使從事類似於家務勞動的工作，必須面對菲薄利潤、專業不被重視、以及雙重工作時間等諸種挑戰，她所訪問的個案絕大多數依然樂於自己當老闆，認為能夠自己做主是最大的成就感。同樣的，對於本研究的受訪者而言，家庭之外的工作具有多重意義，除了經濟收入，更重要的是伴隨收入而來的自主性，以及隨著工作所建立的社會網絡。雖然除了個案 A、B 與 C 之外，其他受訪者並沒有強烈意願或足夠時間投入公共事務，更遑論擔任社區領袖，但她們在營業過程中藉由勞務、金錢、原料與產品的交換，建立了超越家族關係的社會連帶，也在自己辛勤經營哺育的事業與家庭之間，得到對於自身生命價值的圓滿肯定。

參考文獻

成露茜、熊秉純，1993，〈婦女、外銷導向成長和國家〉。《臺灣社會季刊》14：39-69。

行政院客委會，2008，《97 年度全國客家人口基礎資料調查研究報告》。臺北：行政院客家委員會。

呂玉瑕，2001，〈性別、家庭與經濟：分析小型家庭企業老闆娘的地位〉。《臺灣社會學》2：163-217。

______，2005，〈評 Scott Simon, Sweet and Sour: Life-Worlds of Taipei Women Entrepreneurs〉。《臺灣社會學刊》35：223-231。

______，2006，〈家庭企業女主人的勞動參與因素之分析：家庭策略之考量〉。《臺灣社會學刊》37：79-131。

______，2010，〈社會變遷中客家女性經濟資源與家庭地位〉。收錄於莊英章、簡美玲主編，《客家的形成與變遷》。新竹：國立交通大學出版社。

呂欣怡，2009，〈觀光產業與地方性形構：以新竹縣內灣地區為例〉。《客家研究》3（2）：1-48。

呂欣怡、蔡世群，2010，〈客家地方社區的發展策略研究：以內灣與九讚頭為例〉。頁 151-189，收錄於莊英章、簡美玲主編，《客家的形成與變遷》上冊。新竹：國立交通大學出版社。

李悅端、柯志明，1994，〈小型企業的經營與性別分工：以五分埔成衣業社區為案例的分析〉。《臺灣社會研究季刊》17：41-81。

林鶴玲、李香潔，1999，〈臺灣閩、客、外省族群家庭中之性別資源、配置〉。《人文及社會科學集刊》11（4）：475-528。

洪馨蘭，2010，〈六堆地區外祖敬拜與地方社會形成之初探：一個姻親關係實踐的土著觀點〉。頁 667-692，收錄於莊英章、簡美玲主編，《客家的形成與變遷》（下冊）。新竹：國立交通大學出版社。

高承恕，1999，《頭家娘：臺灣中小企業「頭家娘」的經濟活動與社會意義》。臺北：聯經出版事業公司。

徐正光，1991，《徘徊於族群與現實之間》。臺北：正中書局。

陳玉華等，2000，〈婦女家庭地位之研究〉。《臺灣社會學刊》24：1-56。

陳　板，2007，〈社區營造篇〉。頁 503-533，收錄於徐正光主編，《臺灣客家研究概論》。臺北：南天書局。

張維安，2001，〈客家婦女地位：以閩南族群為對照的分析〉。頁 79-109，收錄於曾彩金總編，《六堆客家社會文化發展與變遷之研究》。屏東六堆文教基金會。

張典婉，2004，《臺灣客家女性》。臺北：玉山社。

張晉芬，1996，〈女性員工在出口產業待遇的探討：以臺灣 1980 年代為例〉。《臺灣社會研究季刊》22：59-81。

張慧君，2009，《客家採茶婦女的勞動意識：以新竹縣峨眉鄉為例〉。國立中央大學客家社會文化研究所碩士論文。

張翰璧，2007，〈客家婦女篇〉。頁 111-131，收錄於徐正光編，《臺灣客家研究概論》。臺北：行政院客家委員會。

莊英章，1994，《家族與婚姻：臺灣北部兩個閩客村落之研究》。臺北：中央研究院民族學研究所。

彭桂枝，2004，《女人與工作：一群客家農村中年女工的工作經驗》。國立清華大學社會學研究所碩士論文。

新竹縣政府，2007，《橫山大山背整體規劃設計：期末報告》。新竹：新竹縣政府。

詹雲雅，2009，《客家地區生態觀光規劃與思維的探究：以新竹縣橫山鄉大山背地區產業轉型為例》。國立交通大學客家社會與文化在職專班碩士論文。

劉女豪，2006，《新竹縣橫山鄉內灣聚落的社會經濟變遷》。國立臺灣師範大學地理學研究所碩士論文。

潘美玲、黃怡菁，2010，〈茶鄉客家婦女的勞動：峨眉採茶班員的勞動圖像〉。頁 287-318，收錄於連瑞枝、莊英章編，《客家 ‧ 女性與邊陲》。新竹：國立交通大學人文與社會科學研究中心。

橫山鄉公所，2002，《新竹縣橫山鄉生態旅遊發展計畫》。新竹：橫山鄉公所。

謝重光，2005，《客家文化與婦女生活：12-20 世紀客家婦女研究》。上海：古籍。

謝國雄，1997，《純勞動：臺灣勞動體制諸論》。臺北：南港中央研究院社會學研究所籌備處，專書第二號。

簡美玲、吳宓蓉，2010，〈客庄阿婆的沒閒（mo han）：山歌經驗敘事裡的女人勞動〉。頁 317-346，收錄於連瑞枝、莊英章編，《客家 ‧ 女性與邊陲性》。臺北：南天書局。

薛雲峰，2008，《快讀臺灣客家》。臺北：行政院客家委員會。

羅香林，1993，《客家研究導論》。臺北：南天書局。

McKercher, Bob & Hilary du Cros 原著，劉以德審譯，2010，《文化觀光：觀光與文他遺產管理》。臺北：桂魯。

Brown, Katherine, E., 2000,"Work Style and Network Management: Gendered Patterns and Economic Consequences in Martinique."*Gender & Society,* 14(3): 435-456.

Dahles, Heidi and Karin Bras, 1999,"Massage, Miss? Women Entrepreneurs and Beach Tourism in Bali."Pp.153-162 in *Tourism & Small Entrepreneurs Development, National Policy, and Entrepreneurial Culture: Indonesian Cases*, edited by Heidi Dahles and Karin Bras. New York: Cognizant Communication Corp.

Diamond, Norma, 1979,"Women and Industry in Taiwan." *Modern China,* 5: 317-340.

Freeman, Carla, 2007, "The'Reputation'of Neoliberalism." *American Ethnologist,* 34(2): 252-267.

Gates, Hill, 1991,"Narrow Hearts and Petty Capitalism: Small Business Women of Chengdu, China."Pp.13-36 in *Marxist Approaches in Economic Anthropology*, edited by Alice Littlefield & Hill Gates. Lanham, MD: University Press of America.

______, 1996,"Owner, Worker, Mother, Wife: Taibei and Chengdu Family Businesswomen. "Pp.127-166 in *Putting Class in Its Place: Worker Identities in East Asia*, edited by Elizabeth J. Perry. Berkeley. CA: University of California Press.

Gentry, Kristine McKenzie, 2007, "Belizean Women and Tourism Work: Opportunity or Impediment?"*Annals of Tourism Research*, 54(2): 477-496.

Greenhalgh, Susan, 1994,"De-Orientalizing the Chinese Family Firm."*American Ethnologist*, 21(4): 746-775.

Kinnaird, Vivian, Kothari, U., and Hall, D., 1994,"Tourism: Gender Perspectives."Pp.1-34 in *Tourism: A Gender Analysis*, edited by Kinnaird, V., and Hall, D. New York: Wiley.

Kung, Lydia, 1995, Factory *Women in Taiwan*. New York: Columbia University Press.

Lee, Anru, 2004, *In the Name of Harmony and Prosperity. Labor and Gender Politics in Taiwan's Economic Restructuring*. New York: State University of New York Press.

Moodie, Megan, 2008,"Enter Microcredit: A New Culture of Women's Empowerment in Rajasthan?"*American Ethnologist*, 35(3): 454-465.

Russell, Roseley & Bill Faulkner, 2004,"Entrepreneurship, Chaos and the Tourism Area Lifecycle."*Annals of Tourism Research*, 31(3): 556-579.

Sen, Amartya, 1999, *Development as Freedom*. New York: Anchor Books.

Schumpeter, Joseph A., 1949, *Economic Theory and Entrepreneurial History-Change and the Entrepreneur, Postulates and Patterns for Entrepreneurial History*. Cambridge, MA: Harvard University Press.

Simon, Scott, 2000,"Work and Gender in Taiwan: Between Patriarchy and the Marketplace."*Anthropology of Work Review*, 21(3): 1-3.

______, 2003, *Sweet and Sour: Life-Worlds of Taipei Women Entrepreneurs*. Lanham, MD: Rowman & Littlefield Publishers.

Swain, Margaret Byrne, 1995,"Gender in Tourism." *Annals of Tourism Research*, 22 (2): 247-266.

東南亞女性婚姻移民與客家文化傳承：越南與印尼籍女性的飲食烹調策略*

張亭婷、張翰璧

一、前言

作為跨文化疆界的行動者，女性婚姻移民在日常生活中，不但維持家庭與社會生活的運作，也在瑣碎的實務操作中，承載並轉換文化的內涵。然而，女性婚姻移民扮演的究竟是被動的承載者，抑或是一種帶有策略性質的實作者，在文化脈絡中動態地回應不同的情境？作為社會生活的象徵領域，文化生產場域是交織於其物質存在條件（Bourdieu 1990），抽象的文化概念必然要與實際的生活行為相互依存的，並且具體反映出動態的權力關係。本文希望經由女性婚姻移民在私領域家庭範疇中的日常生活經驗，透過日常生活文化實作場域之一：[1] 飲食烹飪，分析身處客家社群的女性婚姻移民如何在日常細緻的文化實作行為上，對客家文化的發展過程產生影響。進一步說明，文化的再生產，尤

* 本文原刊登於《臺灣東南亞學刊》，2008，5 卷 1 期，頁 93-145。因收錄於本專書，略做增刪，謹此說明。作者張亭婷為國立中央大學客家社會文化研究所碩士；張翰璧現任國立中央大學客家語文暨社會科學學系教授。

1 根據 Bourdieu 對場域的理解，場域並非一般有嚴格的空間界線。在 Bourdieu 看來，社會場域是漫長和緩慢的自主化過程的產物。「社會行動者的策略是依其在場域的位置，也就是特定資本的分配所決定的」（劉維公 1998）。

其是在不同文化相遇之下的再生產過程，都細微且複雜地和權力關係[2]交織在一起，在飲食的呈現與飲食的製作過程，不同的動態權力關係使得飲食文化呈現出不同或相同的結果。

透過日常生活中的飲食文化面向來探討女性婚姻移民如何藉由在客家庄中的文化實作與客家文化進行各種互動，包括協商、順從、抗拒等等，最終又傳承了什麼樣的客家飲食文化內涵。為了說明不同國籍的女性婚姻在面對客家文化體系時，原生文化的親近性是否會造成女性婚姻移民在傳承客家文化上的差異，又如何呈現在飲食習慣部分，本文也希望比較印尼籍與越南籍女性婚姻移民在原鄉的飲食習慣、烹飪方式，夫家在傳授飲食料理知識的部分以及她們各自的策略運用等。

二、女性婚姻移民的日常生活研究

在女性婚姻移民貼近日常生活的實作，甚至其對於自我認同、文化傳承的影響相關研究領域中，目前的研究發現與成果尚不多見。沈倖如、王宏仁（2003）研究發現，面對在地文化脈絡，身在其中的女性婚姻移民在認知自己的位置，並且面對「融入」臺灣社會的社會壓力後，會發展出某些逃脫與抵抗的策略，以幫助自己適應／或脫離夫家的生活，本文強調的是女性婚姻移民與嫁入家庭之支配—反抗的過程，未進一步說明經過「支配—反抗」的過程後，家庭文化如何改變。除了透過不同的策略，突破社會條件限制外，林開（2006）以食物為例，檢視女性婚姻移民如何利用飲食烹飪劃下國／族群邊界與凝聚其對原生國的認同感，探討越南籍婚姻移民如何透過飲食方式維持其原生文化的

2 此處指的家庭結構中權力關係的雙方主要為婆媳關係、夫妻關係、（國）族群關係。之所以為動態的權力關係，乃因此結構中的互動關係並不單純的僅以其中一種權力關係為主，而是在時間歷程中相互影響消長的動態關係。

邊界。上述的研究都指出婚姻移民作為社會行動者的能動性，不是被動的受到社會環境的限制，反而會利用有限的資源助自己適應臺灣社會，又維持相當程度的主體性。

張翰璧、柯瓊芳（2005）則將「族群」變項放入女性婚姻移民的研究中，指出女性婚姻移民在日常生活實踐中，對於自我認同的形塑與族群文化傳承具有相當影響力，以語言使用為例，印尼籍女性婚姻移民在客家文化的傳承上扮演關鍵性的角色。張翰璧（2007：5）指出，作為「文化傳遞者」，女性婚姻移民會將自身的價值觀編織在日常生活實踐中，傳遞給下一代。然而，傳遞什麼樣的文化內容卻不是女性婚姻移民可以完全掌控的，其中牽涉到是否與先生的家人同住（尤其是公公、婆婆）、丈夫的支持程度、婆媳關係等複雜互動關係的影響，過去研究並沒有處理相關的議題，本文希望從日常生活的角度分析女性婚姻移民文化再生產的過程，此種文化再生產的過程不但受到女性婚姻移民的族群（國族）文化背景的影響，也和家庭內部權力關係的動態發展相關。

家庭內部權力關係指的是一般的社會關係和社會力量在家庭場域中的表現，此種關係的展現並非單純地行使權力與接受權力，而是在文化、經濟、知識、性等關係中，所產生的不對等位置，使得有權力的一方得以強加意志於某人身上，使其順從而成事並取得特定場域內有價值的利益與資源。換言之，場域內部具有不同的社會位置，占據不同社會位置的人就擁有不同程度的各種資本，形成權力關係，社會行動者的策略是依其在場域的位置所決定的（Bourdieu 1993：30-32）。例如有些女性婚姻移民指出，和婆婆同住時，受限於大家庭家族文化的影響，會學習祭祖的儀式與食物準備，一但搬離成立核心家庭，就不會繼續祭祖的活動與相關儀式的學習。換言之，由於文化的親近性，越南與印尼華人和臺灣一樣，保有父系系譜為核心的家庭結構文化（柯瓊芳、張翰璧 2007：91），我們還是可以看到不同的家庭關係中，不同文化傳遞內容的改變，一但家中的權力核心改變（位階可能是男性長者、女性長者、先生等），文化傳遞的內容就可能隨之改變。

三、族群飲食文化

Beardsworth 與 Keil（1997）指出，當人們進食的時候，用心吃進去的跟用口吃進去的一樣多。首先，飲食與族群性之間有著密切的關係，一個人吃什麼往往代表著他是誰，經由飲食也可以透露出許多關於這個族群的各種文化線索；其次，飲食烹調習慣往往會是劃下族群邊界以及鞏固族群認同的有效工具，尤其是在像女性婚姻移民這樣的移民者身上尤其顯著，當女性婚姻移民作為家庭飲食的主要準備者時，準備三餐看似如此一般的日常飲食文化實踐的背後，是什麼力量，又是如何影響著客家飲食文化的傳承？

（一）我食故我在：飲食與族群性

Felipe Fernandez-Armesto 在《食物的歷史》一書中對於飲食與族群邊界認同的關係有一番生動的描述：

> 傳統菜色必然包含有關地區盛產的幾種主要食物和調味料，這些材料早已滲入大眾集體的口味，一再讓味蕾嘗到瀰漫在記憶中的同樣滋味，終而使人們普遍對其他的味道無動於衷，甚或受不了其他的味道。在可以取得同樣物品的地區當中，就連調理方法也能變成當地的文化特徵或認同象徵。（2005：213）

飲食習慣是一個群體認同的表徵：

> 食物本身是意義的承載者，我們可以透過食物的研究來了解人類的行爲與文化的意涵。每個人都必須吃，因此我們吃什麼（what we eat）變成是我們是誰（who we are）的一個非常重要的表徵，也就是說當你認同某個群體時，你會遵守該群體對食物的規範——何者可食，何者得禁。（林開忠 2006：74）

的確，人的口、鼻、眼作為身體的一部分，對於食物，它們有著不同的記憶方式，影響著人們對於自身存在與認同，並且進一步對族群邊界產生了影響。飲食，作為族群文化外顯的標誌，「有對祖先記憶的痕跡，亦是該族群長期實踐而成的生活內涵，這其中或許尚存有族群原始的生活飲食習性，但更多數的表現應該是族群在生存的過程中與所處的土地、環境、不同族群互動中產生的改變與沉澱的文化」（楊昭景、邱文彬 2005：73）。

（二）女性婚姻移民、飲食與權力關係

然而，食物不僅僅是食物，食物可以「被當作政治工具，其味道外觀以及消費的型態也有助於恐外症與種族主義的衝突」（Kershen 2002：2-7），特別是在私領域的家庭空間中，食物最常被人們認為具有保存族群認同的功用，因為在私領域裡進食與對族群食物之慶典才能保留人們對於家鄉與親戚的記憶。對移民而言，如何吃或吃什麼更成為維持文化界線的重要指標。「移民往往抗拒地主社群的食物，卻也可能被迫適應」（Fernandez-Armesto 2005：223），作為一個移民者的角色，其適應當地飲食的生存策略「就是模仿他們接觸到的飲食習慣或是接受當地的紀念儀式食品」。尤其是因為婚姻移民而遠渡重洋的女性婚姻移民在面對異文化時，當其對外的社會人際網絡尚未建立時，許多文化實踐的層面幾乎是在家庭場域中展演，此中除了語言的溝通之外，最大且直接的衝擊莫過於下廚這件事了，對於夫家的飲食習慣，這些女性往往必須先努

力摸索，最終找出一條適於自身與夫家飲食方式的相處之道。

由 Lewin 對於族群飲食習慣發展出的「管道理論」（channel theory）以及守門員（gatekeepers）[3] 概念，我們可得知，這些扮演守門員角色的行動者，對於象徵族群文化意義與族群邊界的族群飲食似乎具有很大的影響力。也因此，這些 Lewin 所謂的「守門員」與「管道」若放在女性婚姻移民與客家夫家的家庭脈絡中，「who is the gatekeepers？」的問題，也使得家庭場域中權力關係的問題，將顯得更加複雜。在臺灣客家家庭的文化脈絡之下，廚房這個具有實際地理空間界線的場域中，表面上處理食物的實踐活動是女性婚姻移民本身，然而實則背後或許隱含了更深層的權力位階，婆婆可能是「守門員」或「守門員的代理者」，會教導女性婚姻移民「該」怎麼煮菜、放些什麼調味料，負責採買的或許也不是女性婚姻移民本人，女性婚姻移民個人又是如何來因應這些情境做出某些策略？上述的各種可能性都必須置於特定脈絡中檢視，不能只單純的觀察廚房這個實際地理空間，由這個場域延伸出來的各式抽象關係更應做細緻的探討。

父系親屬結構是臺灣漢人家庭的特有文化結構，在這樣的父系結構之下，廚房往往是男性的禁地，正所謂「君子遠庖廚」，「在廚房的勞動位置中，煮食者主要是女性，然而，在食物生產的過程中，男人多半站在一個資源監督與控制的角色」（許聖倫等 2004：58），因此，女性在飲食文化上似乎扮演著尷尬的角色，在廚房這個小小天地中，女性儘管看似掌管了一個家庭的食物分配以及食用，但實情卻不然。

3 心理學家 Kurt Lewin（1943）的「管道理論」（channel theory）認為所有族群的飲食習慣都是透過各種「管道」逐步改變，而「管道」的本質與數量在不同的族群都可能不同。這些「管道」包括狩獵、農作、運輸及行銷方式，以及食物處理、準備與儲存方式等。個人層面的「管道」則受到其所處文化的制約，Lewin 稱之為「守門員」。這些「守門員」包括影響食物購買、處理的主要決策者（轉引自許木柱等 1994：68）。

作為行動主體的女性婚姻移民在面對家庭飲食烹調裡這樣微妙的權力關係時，並非一成不變的進行文化再複製，而是依據其在場域中的位置，根據各種情勢採取各種可能的策略運用，[4] 策略不可能單獨存在，策略伴隨場域和慣習一起發生，與實作相生。不同的行動者必須根據自身在等級體系中的位置，在家庭中的地位或是他們的性別，來提供不同的解決辦法，而這些辦法的根源都是包含在慣習之中，因為慣習是它要再生產的結構的產物。

綜上所述，有關女性婚姻移民在食物的選擇、烹飪上，我們已知內化於行動者慣習中的性別權力關係在其中發揮影響力。然而，女性婚姻移民對於臺灣夫家而言，還多了一個「外來者」的他者身分。因此，儘管根據資源論的看法，掌握經濟資源的一方對於女性在家中食物處理的決定上勢必將產生影響，然而實際造成此種結果的因素顯然並不僅止於經濟因素，Counihan 與 Van Esterik（1997：3）曾說到：「在臺灣家庭這個私領域裡，食物的控制與抉擇，更可能反映的是家庭內婆媳權力關係的角力結果。」這個婆媳關係究竟呈現出什麼樣的角力結果？其中是否包涵了複雜的族群／國族互動關係交織在不同的情境裡頭，而不單純僅是婆媳間屬於女性的角力鬥爭？或許食物策略的操作以及運用空間其實是與家庭場域中多層次的權力運作有關？這些亦是本文企圖回答的問題。

4 略概念對 Bourdieu 而言，是「實作意義的產物，是對遊戲的感覺，是對特別的、由歷史性決定了的遊戲的感覺」（Bourdieu 1997：62）。其（1996）在討論文化再生產的策略時便指出策略不會只有一種，行動者會根據他的結構位置，生產不同的再生產的策略。但是卻經常只有一種策略被使用的原因，則是因為慣習。因此，行動者在進行再生產時的生存策略，是在一種機會結構之下發展的有限靈活策略，勢必依據著行動者自身的慣習與所處之場域一同進行。

（三）資料來源

本文的分析資料主要是筆者於 2006 年 7 月至 2007 年 5 月間在新竹客家鄉鎮進行的訪談，分別訪談越南籍（非客籍）與印尼籍（客籍）女性婚姻移民各 10 位，共 20 位的受訪者。在夫家族群變項上，受訪者的婚配對象必須為客家男性，[5] 且目前或是曾經與公婆同住。本文中的越南籍婚姻移民有 7 個來自南越，3 個來自北越，婚齡則從 3 年到 10 年不等，平均婚齡為 6.2 年；印尼籍婚姻移民有 9 個來自印尼西加里曼達（坤甸與三口洋），一個來自勿里洞，婚齡則從兩年到 31 年不等，平均婚齡為 10.5 年（受訪者基本資料請參看附錄）。希望比較跨國且跨界（族群文化界線）和跨國未跨界的婚姻中，同為客家族群的身分以及其客語的優勢之下，是否會造成印尼籍婚姻移民在傳承臺灣客家飲食文化上與越南籍婚姻移民有所差異。

四、飲食烹調知識的傳承

（一）女性婚姻移民的客家飲食習得

不論是印尼籍或是越南籍婚姻移民，在與公婆同住的家庭裡，面對的客觀環境是相同的，第一，婆婆相對於外籍媳婦而言，是扮演文化傳承的主要角色；第二，家庭成員的飲食喜好會影響女性婚姻移民的烹調方式與內容，上述兩點是與公婆同住的女性婚姻移民幾乎都必須面對的情況。

5 所謂客家人的定義：根據客委會於 2004 年「全國客家人口基礎資料調查研究」報告中對於客家族群的定義中，「認定客家身分的方法主要為語言、血統、文化及單純自我族群認定等方式。但對於客家人而言，由於族譜取得不易，紀錄也不見得詳實，縱使是最簡單的血統認定，一般人也難以立即確認，故一般最常用的還是『自我族群認定』（主觀認定），因此，本文採取的族群認定方式為主觀認定：『自我族群認定為客家人』可能源於其有客家血統，可能因為會說客語，但最重要的，可能具有較強烈的客家認同意識。」

1. 夫家的飲食傳授

對於印尼籍媳婦或是越南籍媳婦而言，婆婆均是飲食烹調的主要傳授者，除了掌握「客家菜」的知識，也熟悉家中男性的口味偏好，這也強化了婆媳間的位階關係，與公婆同住的女性婚姻移民面對新婚後隨之而來的廚房初體驗，通常都是選擇扮演從旁協助的角色，例如切菜、洗碗等，一來可能在家鄉也是不曾走入廚房的小姐，二來若在家鄉已有一套自己的烹調知識，面對的是在新的家庭裡不同於自己過往所習得的飲食文化，因此更須注意夫家掌廚者的烹調方式。有些受訪者（個案 I3、I5、V12、V14、V15、V16）表示初次進廚房時，都是擔任副手角色，在旁觀察往往都是他們踏入廚房的第一步，這通常是在傳統父系社會下，媳婦初入陌生的夫家飲食文化脈絡時，所採取的第一步策略，個案 V12 的夫家是大家庭，因此廚房會出現的除了婆婆之外，尚有另外兩位妯娌，剛開始個案 V12 在廚房裡正是扮演從旁協助的角色，待上手之後則由個案 V12 與另兩位妯娌輪流煮晚飯，而婆婆則成為從旁協助的角色。「第一次來的時候，那時候我就在旁邊看啊，第一次我都還沒煮，就幫她們洗碗、洗菜，幫忙她們煮啊，就看她們怎麼煮，就這樣啊」（個案 V12）。[6]

一旦真的要由女性婚姻移民親自下廚時，共同使用廚房的婆婆通常是這個家庭飲食文化的直接傳授者，婆婆可能邊煮邊傳遞飲食知識，「我叫她做，該什麼東西要先放，怎樣怎樣……」（個案 V13 婆婆），也有可能是由婆婆掌廚，外籍媳婦在旁學習或者是媳婦煮食，婆婆在旁教導（個案 V18、I10、V13、I3、V16）。「不清楚就都問我婆婆啊，問怎麼樣煮，只是我不會煮菜，要煮什麼菜我們就要問，如果是平常吃的我就會，想炒青菜啊、煮湯什麼的啊，煮

6 本文引述於行文中的逐字稿個案編號以「V」（Vietnam）代表越南籍婚姻移民，個案編號由 V11 到 V20；以「I」（Indonesia）代表印尼籍婚姻移民，個案編號則由 I1 到 I10。

湯的話像要煮雞湯，我們不會就問婆婆。」（個案I3）

不論是以自行觀察習得亦或是婆婆教授，都顯示了外籍媳婦在面對夫家的飲食料理時的第一個應對策略，「我會問我媽媽啊，剛開始會緊張啊，因爲沒炒過，怕不好吃」（個案I10）、「就是她（指婆婆）教什麼，學什麼啊」（個案V16），無論如何，都絕對不會是貿貿然的在第一次進廚房時，就先採取依照自己自身既有的飲食認知來烹調食物這樣的方式。

本文中的個案均有與婆婆同住的經驗，婆婆去世後，女性婚姻移民習得食物烹調知識的管道便不再是來自傳統的婆婆，除了丈夫或是其他姑嫂等是可能的飲食知識來源之外，大眾傳播亦可能展現強大的影響力，成為女性婚姻移民習得的主要管道之一。例如個案V19的婆婆過世之後，她的飲食學習對象除了小姑之外，電子媒體的烹飪節目也成為她的飲食知識管道之一。

> 嗯，然後我也會看電視啊，看電視他也教你怎樣煮嘛，那個32台嘛，我有空我就看，五點的時候就開始有嘛，我就常看那個，然後慢慢的，就是看他怎樣煮啊，放什麼就學啊，買回來試試看到底是什麼味道。（個案V19）

當婆婆不是女性婚姻移民唯一的飲食烹調學習對象之後，女性婚姻移民學到的料理知識便顯得更多元、更創新，而非僅僅是傳統客家飲食文化脈絡下的烹飪知識。

女性婚姻移民直接在烹調過程中習得的飲食知識，包括了客家家庭料理方式以及口味上的調整。一般而言，客家料理可分為兩個範疇，一為宴客料理；二則為家庭料理，在口味方面，女性婚姻移民往往會依照夫家的飲食喜好來評估炒菜時口味的調整。婆婆在教授女性婚姻移民食物烹調時，也是以家中常吃的三餐料理作法為主，像個案 V13 的婆婆便是傳授越南媳婦平日家中常吃的菜色與湯類。

何謂客家菜？關於這個問題，客家研究學者楊彥杰曾指出：

> 客家飲食文化不僅體現在日常的飲食生活之中，而且突出表現在逢年過節婚喪喜慶神明祭祀等重大民俗活動裡。……從某種意義上說，飲食文化是客家文化的重要組成部分，在傳統社會裡，它構成了客家文化的基礎和核心內容。（楊彥杰 2000：378）

官方版的客家飲食文化，亦透露出了客家菜傳統的一面，觀光局對於客家菜色[7]所做的介紹是客家飲食文化對外形象的一種形塑方式，這類看法也是一般大眾對於客家飲食的印象，例如一些傳統特色：重實際、輕形式；重山珍、輕海味；乾醃臘製品與粄類製品等等。一般多以傳統的「鹹、香、肥」三個原則，描述客家人的飲食特色，然而，這或許是非客家人在客家庄作客時，體會到的慶典式飲食場面，至於傳統客家人的家常飲食，反而是具備了非客家人較少觸碰的簡單與素樸風貌（黃啟仁 2005：12），當問及「對客家菜有什麼看法」這樣的問題時，受訪者的回答勾勒出了客家菜在她們心中的圖像，同時顯示了她們建構客家菜圖像的管道不必然會是在家中的廚房。

---

7 中華民國交通部觀光局介紹的客家菜特色：「因為早期客家人到處遷徙，為了使糧食易於攜帶與長期保存，曬乾和醃漬在客家菜中占相當重要的地位，客家主婦處理蘿蔔乾尤其有名。客家菜口味較重，也比較鹹，更重視香味，「客家小炒」足為代表。較有名的客家菜包括：梅乾扣肉、梅菜蹄膀、鹽焗雞、薑絲肥腸、炒毛肚、釀豆腐等。」中華民國交通部觀光局：http://www.taiwan.net.tw/lan/Cht/about_taiwan/general.asp?id=6。

有啊，去外面吃常常會吃到，……當然會做啊，只是看煮好不好吃而已啊，自己在外面就吃回來，你就自己那個啊，口味比較沒有他們那麼好吃。（個案 V17）

答：客家菜啊，就好像那個芹菜嘛、豆干、魷魚、豬肉，還有那種香菇就可以啊，香菇、辣椒那個綠色的可以放進去啊。

問：誰教你的？

答：我自己啊，我眞的我自己學，沒有，我想到就是客家菜，我想到喔在這裡的人很喜歡吃啊。（個案 I2）

個案 V12 的婆婆在回答客家菜時，很快就回答「客家小炒」，也描述了客家小炒的作法，不過，她之後卻提到家人不太愛吃這道菜，平日料理是以時蔬為主，有什麼菜就炒什麼菜，顯示出了在臺灣現代社會中，象徵客家文化內涵的客家菜，同時是一種抽象的族群文化標誌，也是一種日常生活文化再生產的結果。

問：妳覺得什麼叫做客家菜？

答：客家菜就是那個魷魚炒那個，魷魚和三層肉，炒蒜苗就是客家菜啊，和魷魚啊，那就叫做客家菜啊，炒我會炒啊，魷魚切一切，魷魚買到來切切進去，然後蒜苗放進去炒，魷魚先爆一爆，蒜苗再放就好啦，不過我家裡沒什麼在吃。

問：那你家裡最常炒什麼？

答：我就有菜就煮啊，玻璃菜（高麗菜）、芹菜、白菜……。（個案 V12 婆婆）

同樣的，何謂客家菜，個案 V13 的婆婆首先想到的是薑絲炒大腸。弔詭的是，她自己本身其實並不愛吃這道料理，在日常三餐中更不會出現這道料理，更不用說是傳授給她的越南媳婦，至於一些醃漬的菜類則是她平日會煮的料理，她的媳婦現在也學會醃製醬瓜。

> 我自己都很隨便喔，像什麼薑絲炒大腸，因爲我自己不吃的東西，我就根本不會去煮它，要的話去外面買啊，就這樣啊，很簡單啊。我們客家人就是應時的啊，就是說我們看什麼，這個季節有酸菜啊、蘿蔔啊，看有什麼比方說……，我們當然要換啊，冬瓜之類的啊，或豆干啊，晒乾那個豆干啊，也可以啊。……對啊，醃醬瓜什麼，我們要弄什麼交給她，她就會做了。（個案 V13 婆婆）

行動者本身對於所謂的家家菜似乎有一套既定的標準答案，無關乎實作，在這兩位客家婆婆的身上，我們可以明顯體認到，族群飲食文化的並不全然是透過日常生活中的飲食實踐來實現，還牽涉到族群文化的社會建構過程。

日常生活中所食用的家常菜是客家飲食文化內涵的實際基礎，女性婚姻移民在家中廚房，透過實際的烹調行為所習得的料理似乎更可以反映出當代客家族群的飲食文化在現代社會中究竟是什麼樣的面貌。個案 V19 提到了竹筍湯是客家人的口味，她婆婆很會煮竹筍湯，雖然婆婆已往生無法傳授其作法，不過她還是想要學煮客家人口味的筍湯，因此詢問小姑關於筍湯的作法。

> 那小姑她教我，像我不會煮那個竹筍啊，竹筍湯是客家人的口味嘛，那我不會煮啊，那跟小姑說：「小姑，這個怎麼煮？」，她說，我小姑她說：「這個是以前媽媽很會煮，煮很好吃。」我婆婆她煮很

好吃，那我說：「那好啦，那你教我怎樣煮啊」，她就慢慢教，竹筍湯要有什麼東西，要放什麼東西，她就慢慢教……，就是就要有那個排骨啊，然後煮煮滾了讓它很那個，放竹筍進去，因爲那個竹筍湯要煮很久嘛，越久越好吃嘛，那就要煮久一點，煮滾一點比較好吃這樣子，可是我覺得現在比較好了，會煮了啦，現在我都是自己煮啊。（個案 V19）

由於喜愛烹飪的緣故，因此無論是臺灣客家的炒米粉、鹹湯圓或是雞酒，個案 I2 均表示全都會煮，詳細的說明了每一種料理的煮法並且在敘述中常順道提到印尼客家人如何作這些料理，她甚至還會自製臺灣客家紅糟，乍聽之下個案 I2 似乎「很徹底的」學到了各式在地客家家常料理，不過，若進一步詢問其作法與使用的食材與配料，所謂的臺灣客家料理將有所變異。在飲食烹調上，若她認為印尼家鄉那邊的煮法比較好，她就會維持印尼那邊原有的煮法，在策略的運用上，只要不超出家人無法接受的最低限度（譬如不吃辣），過年過節她照樣能應景的煮出一桌帶有「印尼客家風味的臺式客家菜」。

答：會啊，米粉那炒米粉也會啊，印尼也有，只是炒的方法不一樣啊，那邊加比較多料啦，我來這自己還是會放啊。

問：那妳煮的菜不就很像印尼那邊的菜？

答：對啊，我像我有炒，全部都一樣啦，我照樣煮出來澎派、澎派（指豐盛的意思）這樣啦，像過年做七、八樣菜我也煮耶，我過年喔，會煎魚嘛，年年有餘嘛，豬肉吃ㄗㄡˋㄇㄚ（紅糟）嘛，我也會做ㄗㄡˋㄇㄚ（紅糟）。（個案 I2）

婆婆的角色在個案 I2 談論如何煮食在地食物時幾乎是隱形的，顯然後來未與婆婆同住這點對於她在（印尼客家和臺灣客家）飲食烹調的操作上有很大的影響。

至於客家年節祭拜用的糕餅、粄類或是客家族群日常食用的菜包，由於一次製作的分量較多，在如今家庭成員數不多的情形下，往往形成浪費，許多客家婆婆早已改買現成的來充數，「哼！現在的人都不吃啊，現在也是，以後那個後代的他要拜的話也是很方便啊，我們街上都有可以買啊」（個案 I3 婆婆）、「沒有，完全都沒有了，不知道幾年前就沒有了，因爲小孩子不吃啊，我幹麻做那個，過年買的到現在還有啊，都沒有做，我是會做我不要做」（個案 V13 婆婆），因此大多數女性婚姻移民幾乎沒有這方面知識的傳承。除非是很傳統的婆婆或者是打算做好拿去市場販賣的，才會保留在家中做這類米食的習慣，如此一來女性婚姻移民才有習得的機會。因為個案 V12 的婆婆過去身體還算硬朗時曾在市場賣過菜包，而且也會在家自製年節米食，因此個案 V12 便有機會學習到客家菜包以及客家米食的作法。

問：XX 和我說妳有在賣菜包是嗎？

答：沒有了，現在沒賣了，生意不好了，以前好年節喔，有人要，我就打多一點，菜包、粽子我也會包來賣啊，年節的時候，過年的時候出去，甜粄、鹹甜粄、菜頭粄，我也全部有做來賣，現在耐不住了，身體不好。

問：那 XX 會嗎？

答：她耐得住喔，她可以教，教她就會做喔，有時會教她做啊。（個案 V12 婆婆）

我婆婆有在賣菜包啊，平常就要幫她做啊，她再拿去賣，……

這邊就包粽子，裡面有那個菜脯、那個豬肉那些有沒有，菜脯炒一炒有沒有。（個案 V12）

個案 I9 和 V12 相同，因為婆婆在各種年節仍有自行製粄的習慣，因此也學會了許多客家米食的作法，像端午節時，婆婆仍會在家自行包粽子烹煮，因此她也學到了客家粽子的作法，並且由於婆婆年事已高，製作端午包粽子或年節米食時已由輔助性質漸漸成為她的份內事。

煮什麼，有時候啊，看她（指婆婆）包粽子啊，現在她比較多歲了嘛，粽子都我包啊，以前我那邊我不會包喔。……她會說啊，她會說可以學啊，下次學著做啊，你說菜頭粄我今年過年的時候就炊啊，我嫂她小孩子說要吃啊，弄大部分我都弄比較多啦，菜頭粄不會難啊，你看那粄的，那米拿去磨啊，就可以了啊，我這後面還有用柴燒火。……，那過年那磨那甜粄啊，那它那米拿去磨嘛，那不是弄乾來，弄乾來放著，那她（婆婆）要做事啊，那她會放糖進去啊，放著啊，那才叫我再過去磨啊，弄乾燥來，那油紙袋弄著，那在那炊啊。（個案 I9）

這似乎反映出了婆婆是否有意願將客家米食的作法傳承給外籍媳婦，會是影響臺灣客家料理傳承的關鍵因素，當婆婆不再掌管家中廚房或者是未教授其臺灣客家米食的作法時，將給予外籍媳婦在飲食上更大的策略空間，如同個案 I2 這樣的例子，將使臺灣客家的傳統米食或料理不論在作法上或者是外觀上都摻入了不同的元素。

2. 家庭成員的飲食喜好

除了婆媳權力關係以及男性為主的文化邏輯，家庭成員的喜好，包括了飲食口味的偏好以及對女性婚姻移民家鄉食物料理的觀感，在外籍媳婦的烹調過程中會產生某種程度的影響。訪談資料顯示（個案 V11、V12、I9、V13），很多時候婆婆在教導煮食一般家常菜的口味上，是否能以客語溝通對婆婆與媳婦來說並沒有很大的影響，最主要的還是由食物端上桌後，家庭成員的反應得知。「會啊，他會說啊，我先生會說他喜歡吃什麼啊，我婆婆就我煮什麼她就吃什麼。」（個案 I9）

而夫家成員對於異國料理的看法與接受度往往會是影響女性婚姻移民之後能否煮、如何煮、何時煮食家鄉菜等策略運用的關鍵因素，換言之，也就是會影響女性婚姻移民在傳承客家飲食文化時策略運用的機會結構。根據訪談資料，夫家成員對於異國料理（不論是印尼料理或是越南料理）的接受度普遍不高，「她們那邊煮的東西我們大部分都不習慣啦，口味啦，我煮的咖哩還比較好吃喔。」（個案 I10 老公）這也說明了即便是來自印尼客家的飲食文化，或許因為受到印尼當地原住民的飲食習慣影響而與臺灣客家有很大的差異，像印尼咖哩與椰奶就是夫家較無法接受的，這也顯示出了儘管夫家認同媳婦為客家人，卻無法認同她們的「印尼菜」。「像我們這邊家裡人都沒有什麼人要吃（指印尼咖哩）。」（個案 I5）

個案 I6 曾經嘗試買印尼食物給小孩嘗試，但是小孩無法適應印尼的口味而喜歡臺灣的口味，因此她在家裡頭也不會煮印尼咖哩，因為小孩不吃。這顯示了家中成員，尤其是孩子對於飲食的喜好，在個案 I6 判斷要不要煮印尼料理時，起了一定的作用。個案 I3 的婆婆也表示在嘗試媳婦去印尼店買回來的印尼菜之後，感到無法適應、怪怪的。

我們這週遭也很多印尼的啊，她都會買那個印尼的便當，有時候她吃那個印尼菜啊……（比出不好吃的表情），不是，它有一道那個像人家的長年菜，他煮那個很像是咖哩粉，我吃到是這樣子的啊，她是說不是啦，它像吃起來有那個椰果啊，裡面有果啊，我們吃到覺得怪怪的，它裡面還有一種類似蠶豆這樣子的啦，但是她說是肉，我也不知道，不好吃。（個案 I3 婆婆）

至於越南食物，夫家較能接受的多屬於小點心，例如春捲，河粉等，但是對於魚露作為沾醬或調味多無法接受，「可是我煮那個越南菜她們不吃，人家不喜歡當然不接受」（個案 V12），有些越南籍婚姻移民表示家人對於越南料理的反應顯然呈現出一種對於異國風味的嚐鮮感（個案 V19、V18、V11、V13、V12），像個案 V11 和個案 V18 都提到了丈夫願意嘗試異國料理的態度，儘管有些受訪者表示夫家對越南料理的排斥態度，表現在對魚露的反感（個案 V13、V17、V18）。

有啊，他很少（指吃越南菜），可是他有一次回去（指去越南）的時候有吃過啊，他說那個牛肉河粉很好吃啊，然後我就自己煮啊，煮到他說不好吃。（個案 V18）

有時候煮，可是一個人吃，我先生都不吃，就是有時候叫他就你吃看看到底好不好吃，他就吃幾口兩口，因爲他看了就好像不順眼，我覺得他過去那邊他吃的很好吃喔，可是到這邊我煮他就不吃了，我也搞不清楚爲什麼。（個案 V19）

個案 V13 的婆婆談到嘗試媳婦的越南料理時，一再強調一開始實在沒有勇氣嘗試，不過，在嘗試之後，對於媳婦在家曾做過的越南料理顯得相當有心得，滔滔不絕的說了好幾道她吃過的越南料理，例如越南春捲、煎肉、河粉以及越南涼拌木瓜，並且一一給予評價。

> 會會會，偶爾會做一些她們越南炸的啊，春捲啊，春捲是炸的還可以，還可以接受啦，因爲她跟我們這邊差不多類似大同小異啊，皮衣它是用米做的。之前我是不敢嘗試，因爲沒有吃過的東西當然會害怕啊，到底是什麼口味會害怕啊，還有她有一種那個什麼葉子，像不知道什麼有一種不知道什麼葉子，她就是煎肉啊，她那個豬肉就絞肉啊，瘦的，就去放一點鹽巴調味啊，弄好了，然後她就去弄那個葉子包好，包好就像這麼大塊有啦，這麼大塊有啦，就然後慢火去煎啊，好吃喔，之前我也是不太敢嘗試，那口味重是稍微鹹，哈哈哈，稍微鹹，因爲她越南人比較說她煎的東西比較稍微鹹一點的，炒的之類又比較淡，她煎的東西都比較重口味，比較鹹，它可能是那個……越南湯，它像河粉啊，炒的都有，涼拌的都有，煮湯的也有，吃起來不太好吃。（個案 V13 婆婆）

個案 V13 的婆婆因為嚐鮮的好奇心，因此對於媳婦所煮越南料理的作法相當注意，嘗試之下有些覺得不錯，有些則覺得還好，不過這是否正反映了越南媳婦已慢慢讓夫家習慣她們家鄉的異國料理，還很難下斷論。

（二）女性婚姻移民感受到的飲食文化差異

飲食烹調知識的接收與體認到飲食文化上的差異並不相同，前者談的是夫家成員傳承給其的飲食烹調方式，後者則是在接收知識之後，自我主觀認知到與自身飲食慣習不同之處。女性婚姻移民所習得的客家飲食知識若與自身既有的飲食慣習之間有著差異性，將體現在女性婚姻移民對食物的認知上，也就是外籍媳婦在學習夫家料理之後，所感受到的飲食文化差異與衝突，印尼籍與越南籍婚姻移民各自有著不同的飲食文化背景，透過她們的敘述，體現出兩種很不一樣的飲食文化不適應的情形，從中也可窺知海內外客家族群在飲食上的確存有差異性，以及越南相對於臺灣客家的異國風味。

1. 印尼籍婚姻移民的飲食慣習

印尼籍婚姻移民的慣習展現在飲食文化上呈現出與臺灣客家飲食文化截然不同的面貌，根據受訪者提到與臺灣夫家的差異處可歸納出下面幾點：印尼人嗜辣、愛吃咖哩且煮食印尼食物時常以椰奶佐味，炒菜時習慣加入很多配料，米食的製作以及對於醃漬菜的運用也有差異，此外，臺灣客家雞酒和印尼客家人坐月子時所食用的雞酒煮法也大異其趣。

當筆者請印尼籍婚姻移民介紹一道她們愛吃的印尼菜時，許多受訪者都提到了印尼咖哩（個案 I1、I2、I3、I4、I5、I6、I9、I10），印尼咖哩屬於東南亞風味的咖哩，主要輔以椰奶入味，因此帶有椰奶香味，「印尼菜大部分都會用椰奶比較多啊。」（個案 I9）而且口感偏辣，個案 I5 與個案 I9 皆強調印尼咖哩的辛辣口感，而當筆者詢問個案 I9 在印尼當地有什麼客家菜，以及舉出一道印尼菜時，受訪者對這兩個問題的答案竟然都是咖哩，對於個案 I9 而言，咖哩似乎就是她所認為的客家菜，這是相當令人玩味的地方。

> 咖哩喜歡啊，我們都有吃咖哩啊，我們都會煮啊，一定要辣，沒辣不香、好吃，有辣才好吃。（個案 I5）
>
> 印尼菜，咖哩菜啊，煮法不一樣喔，有的會他煮，還是黃色嘛，黃色那種的，那邊煮是會比較辣啦。……嗯，印尼的客家菜喔，我覺得那邊吃那個什麼，煮咖哩比較多。（個案 I9）

來自坤甸的個案 I2 操著帶有印尼腔的四縣客家話，述說印尼咖哩的美味，以及家鄉料理廣泛使用椰奶的情形和她對椰奶的熱愛。

> 用那個（椰奶）煮那個咖哩啊，我們印尼有咖哩，煮咖哩啊，雞肉啦，在這裡沒有，在這裡煮咖哩沒有放，在這裡臺灣的吃的咖哩沒有放，放那個蘿蔔啦、雞肉啦、又放馬鈴薯啦，還有那個咖哩粉啊，就這樣而已耶，味道就不一樣啊，這裡沒有放，是我們印尼的有放啦，常常，要煮那個，印尼煮那個咖哩常常要放，我不喜歡吃耶，這裡的，我們印尼的喔，我喜歡。（個案 I2）

印尼籍婚姻移民對於印尼咖哩情有獨鍾的同時，這道她們認為代表印尼飲食的料理卻也是夫家較無法接受的，在筆者訪談到的所有提到印尼咖哩的受訪者中，她們的夫家幾乎都無法接受印尼咖哩，少數的例外是個案 I4，家人慢慢接受她的愛吃辣，也習慣了印尼咖哩的存在，不過這是她歷經長年與夫家的飲食磨合、協商策略，直到她的公婆去世之後，也就是她對於家中飲食有較高的主控權時，她的原生飲食慣習才有更大的發揮空間。

印尼籍婚姻移民回憶家鄉在過年時也和臺灣夫家一樣會製作應景的米食，不過和在臺灣夫家所吃到的口味不甚相同，個案 I9 提到了印尼粽子的作法與她在夫家習得的粽子做法不同之處，此外，印尼的湯圓多煮成甜的，和臺灣夫家的鹹湯圓煮法不同。

> 有啊，那不一樣，那邊就那米啊，米就是說像這樣子炒，炒過來這邊就像人比較黃色有放醬油啊，客家人的喔，炒炒來，那米拿來炊，那不是白白的，那裡面用那個料就是用豬肉啊、炒醬油啊，腳的那

> 個豬肉啊，雞肉也是可以啊。（個案 I9）
>
> 湯圓也是在外面看啊，以前來的時候沒有什麼煮，印尼沒有煮湯圓鹹的，是甜的，還有薑啊，薑不是煮滾了之後加點糖進去，我一年吃一次，沒有每天吃。（個案 I1）

「吃的比較辣」，也是印尼客家媳婦在描述家鄉料理以及自身的口味習慣時最常出現的一大特色（個案 I2、I3、I4、I5、I9），同時也提到臺灣夫家的口味相對來說就無法適應吃的這麼辣。

> 煮菜的話會啊，不一樣，印尼菜和臺灣的菜煮法不一樣，我在印尼一般我煮辣辣，煮辣。（個案 I3）
>
> 我那邊的人吃的啊，都專門吃辣的啊，那這裡的人就不吃辣這樣啦，我婆婆又不喜歡吃辣啊，一般都不喜歡吃辣啊。（個案 I4）

此外，相較於印尼菜往往會加入許多配料，印尼籍婚姻移民眼中的臺灣客家料理顯得簡單、單調。

> 還有就是煮法不一樣啊，像煮加很多那個料這樣子啊，像你煮青菜我們臺灣我們家不是爆蒜頭仁就好了，像我在印尼那要加很多料，加什麼料、什麼料。每個青菜我們都會加小魚脯啊（指在印尼炒菜時）。（個案 I3）

客家飲食重鹹、重口味，肉類與葉菜、根、莖等蔬菜類常會用「鹽」醃製起來，以確保能長期保存（黃啟仁 2005：12），醃漬菜類似乎是無論海內外客家人都會使用到的一種食物保存方式，不過使用方式上卻略有差異，個案I9表示在她的家鄉（勿里洞）也有這些醃漬食品，但是她在印尼對於這些醃漬菜的運用卻和她在夫家習得的方式不同，在印尼常以炒的方式運用這些菜類，臺灣客家人卻拿來煮湯。

> 很不一樣啊，有的菜還是一樣啦，煮法不一樣啦，像福菜（覆菜）也有啊，白菜啊，什麼小黃瓜啊，花菜啊、紅蘿蔔那些都一樣啦，作法是用炒的喔，福菜我們那邊叫梅菜（客語），那邊煮的不一樣喔，那邊煮的喔，像控肉啊，不然就三層肉這樣炒喔。這邊就不然就煮竹筍啊，排骨竹筍啊，現在不是很多桂竹筍，對啊，那煮湯啊，那就可以放，那邊不一樣，我覺得大部分都是用炒的，這邊就又是煮湯，用炒的我很愛吃，炒的比較多，不曾看過煮湯的耶，用炒比較多。（個案I9）

此外，和印尼客家的雞酒相比之下，臺灣客家雞酒給印尼籍婚姻移民最大的印象就是很油，許多受訪者在談到婆婆幫其坐月子的回憶時，都提到印尼客家人在烹調印尼客家雞酒時，會使用一種磨成碎片的葉片，而且是炒成乾的雞肉，要吃的時候再放點酒進去，雖然和臺灣客家雞酒同樣有放米酒，但是卻不油，帶有特殊葉子的味道。透過上述印尼籍婚姻移民對自身飲食習慣的剖析以及與夫家飲食的比較可以發現，印尼籍婚姻移民與其夫家雖然在語言的族群認同上相當一致，「一樣啦，我們都是客家人啊」、「我們都是講客家話的啊」，但是，顯然兩者在飲食上的族群認同完全不是這麼一回事。

2. 越南籍婚姻移民的飲食慣習

越南籍與印尼籍婚姻移民在飲食的適應上，有著很不一樣的感受，不同於印尼籍婚姻移民在描述夫家飲食時很常透過比較的方式，都會提到夫家與家鄉在同樣一道料理上不同烹調的比較，對其而言是在作法上的不同。越南籍婚姻移民接觸到的夫家飲食許多是過去在家鄉全然未曾接觸過的料理，跨國且跨界的國族文化差異使得夫家的飲食習慣對其而言顯然更加陌生。

有些越南籍婚姻移民也提到了夫家炒菜的配料不多，她們和印尼籍婚姻移民同樣都表示了在她們的飲食文化裡，不論是在炒菜或者是湯類方面均加入了許多配料，夫家的料理方式對她們而言相對單調許多（個案 V12、V13）儘管個案 V12 面對口味的適應上，選擇配合夫家的煮菜方式，夫家怎麼吃，她就怎麼煮，但是在敘述夫家的炒菜方式時卻帶有些許無奈，顯然對於夫家炒菜時的單調仍是無法認同，覺得自己家鄉的煮法比較好吃。

> 這個是那個煮東西，我們那邊是有鹹、有酸，什麼都有啊。這邊是淡淡的，只有這樣少而已。像我們煮魚湯有沒有，有鹹菜有番茄，還有那個香菜。妳們就是清湯，薑絲就好了，還有那個，我們這個炒青菜也不一樣啊，對啊，炒什麼都要放蕃茄啦，炒高麗菜也要放番茄進去炒啊，就放蕃茄啊，放蔥啊，放香菜啊，又蠻好吃，也不會不好吃。你們的就是蒜頭跟那個炒而已啊，就沒有放什麼東西。像我們炒豆芽有沒有，有時候可以炒雞腸啊，跟絲瓜在一起炒啊，對啊，不只豆芽。還有雞那個胗，那個雞腸啊，還有那個絲瓜放一點進去就炒起來蠻好的。（個案 V12）

魚露可以說是越南食物很明顯的標記之一，然而越南料理中的魚露味道通常較難被臺灣人接受，在臺灣一般習慣使用醬油做調味，個案 V12 為了強調臺灣人不喜歡吃魚露，表情之生動簡直是說唱俱佳。

> 在這邊吃這樣就是普通啦，也不會就是說那麼難吃啊，因爲我們就特別不一樣（指越南食物），因爲你們吃一吃，那個醬油都沒有味道，主要沒有味道啦，像我，我煮魚露，我拿去樓上喔，整個房間都是那個味道。因爲我們那裡就聞了不會覺得很臭啊，還有一種很臭，你那個什麼，那個蝦醬有沒有。這種才更臭喔，我不會騙你，眞的，那個醬油也沒有味道，什麼都一樣啦。像我們啊，很多東西怪怪的、臭臭的，你們打開來……（做嫌惡狀）。（個案 V12）

越南人一般很少食用醬油，魚露是烹飪時和餐桌上必不可少的佐料（徐紹麗、利國、張訓常 2005：72），有些越南籍婚姻移民在提到滷或煎的料理以及醬料的處理時，表達了在越南使用魚露，到了臺灣卻是改用醬油的差異（個案 V15、V16、V12、V13）。

> 對，不是用魚露煎，是那個應該在臺灣有，那個叫滷魚吧，煎，先煎魚好了，再那個加醬油進去，先煎魚煎好嘛，那個什麼黃黃那種煎好再加醬油進去啊這樣子，加薑絲啊、九層塔啊，那種應該你知道吧？我婆婆是她煎好她還加醬油進去，給你除那個腥味，再加醬油、加九層塔、薑絲除腥味，那是客家的小菜吧？（個案 V16）

個案 V13 提到了如何用魚露作成春捲的沾醬，但是家中卻沒人敢吃露。

> 嗯，有，我有煮那個越南春捲啊，是沾魚露，那平常魚露我們家沒人敢吃，那是要包那個越南春捲啊，有冬粉、豬肉啊，包好，然後沾魚露，但是你不是直接這樣吃，加一點蒜頭啊，糖啊，檸檬汁啊，沾醬。（個案 V13）

無論滷、煎或涼拌，越南籍婚姻移民在談到飲食文化的差異時，關鍵都在於越南魚露與臺灣醬油的差別，這也顯示了魚露作為越南飲食文化的鮮明標誌。此外，越南婦女在生產完後雖然同樣有食補的觀念，但並沒有坐月子吃雞酒的習慣，在日常生活中也無雞酒這道料理，坐月子飲食規範上的差異，致使越南籍婚姻移民在坐月子期間在食補上往往難以適應，在家鄉坐月子和在臺灣夫家坐月子對其來說完全是兩回事，女性婚姻移民在夫家坐月子時，面臨的權力關係與飲食策略在下文中會有更進一步的探討。

研究發現，是否與公婆同住對於女性婚姻移民的飲食習得內容有很大的影響，就女性婚姻移民學習客家飲食烹飪的過程來看，婆婆無疑扮演了很重要的角色，是女性婚姻移民的主要學習對象，一般說來，客家婆婆多會傳授客家家庭中常見的家常料理知識給媳婦，包括了口味與客家菜式的教導，顯然的，何謂客家菜其實是有待討論的，同時，婆婆對於教授飲食烹調的態度至關重要，婆婆是否會給予其教導將會直接影響到女性婚姻移民學習客家飲食烹調的情形，當女性婚姻移民主要學習的對象不是婆婆之後，其他飲食烹調的知識管道將會使得女性婚姻移民的飲食烹調摻入更多不同的元素，進而影響客家飲食文化的傳承，這也顯示出了客家飲食文化在傳承的過程中是充滿變數的。

五、客家飲食文化的傳承：女性婚姻移民的傳承與抵抗

族群關係以及族群文化因素對客家飲食文化傳承以及女性婚姻移民本身策略運用的影響程度有多大？為了回答這個問題，接下來將進一步探討在這樣的傳承過程之中，女性婚姻移民自身的慣習在與夫家其他行動者的慣習相衝突時，女性婚姻移民如何在場域之中進行各種順應、協商或權宜策略，印尼籍與越南籍婚姻移民是否呈現出差異性，又是什麼因素導致差異的存在？

文化學習的過程往往牽涉到透過經驗使知識流動，女性婚姻移民的原鄉生

活經驗形塑了她的慣習，當女性婚姻移民帶著她既有的慣習進入客家文化最基層的文化空間——家庭時，女性婚姻移民作為一個文化行動者如何依據其後來所習得的飲食內容來實踐其飲食烹調行為，談的也就是女性婚姻移民的因應之道。下文將以女性婚姻移民為主體，分析她們在夫家的文化再生產過程中，如何在機會結構中發展各種生存策略，使客家文化傳承呈現出多元的樣貌。關鍵在於，印尼籍婚姻移民與客家夫家之間的結合是跨國未跨界的相同族群背景，越南籍婚姻移民與客家夫家的結合則是跨國又跨不同族群邊界的背景，兩種不同的婚姻類型似乎影響了各自在面對不同飲食慣習的衝突或矛盾上有不同的因應之道，甚至因此產生不同的客家飲食文化內涵。

飲食承載著豐富的社會文化意涵，而客家文化中最具有代表性的也莫過於客家料理。當女性婚姻移民進入廚房空間時，飲食料理的採買、選擇、烹飪等實作過程，牽涉到女性婚姻移民作為一個行動主體，自身對於客家飲食的評價，以及其他行動者和整個家庭環境等結構性因素，均會影響她之後的飲食實作活動。客家飲食文化的框架依舊，然而當中的元素卻可能因此而有了變異。

儘管女性依舊是扮演家庭飲食「準備者」的主要角色，然而日常生活中的文化實踐絕非僅僅是透過對表象的描述便能夠理解的。我們可以這麼說，行動者在進行文化再生產時所運用的生存策略，是在一種機會結構之下發展的有限靈活策略，勢必是依據行動者自身既有的慣習與所處之場域一同進行。換言之，欲觀察客家家庭飲食文化內涵的變或是不變、傳統或創新還是揉合，將隨著場域中的行動者是越南籍婚姻移民亦或是印尼籍婚姻移民，以及行動者所面對的家庭結構而有所差異。

（一）飲食的權力在誰手上

探討女性婚姻移民在廚房內外的權力關係，以及女性婚姻移民如何準備食物的相關權力論述，在這個問題上，主要的變項在於有無與公婆居住，和公婆同住時，外籍媳婦往往要面對的是來自婆婆關於飲食料理的各種可能要求，顯然的在這之間顯示出某種權力關係的不對等。當廚房的擁有者不只一人，就發生灶權的不同層級互動，女性的自我認同的程度，必須視廚房空間的使用能力（如烹煮能力）以及透過私密空間所創造、改進的網絡關係而定（許聖倫等 2004：57）。此處之所以要剖析家庭中的權力關係，主要是為了說明在這樣的既有家庭權力關係之下，加入另一個新的（位階）關係——異族群文化背景的兩造，女性婚姻移民作為一個承載著異飲食文化慣習的行動主體，如何運用她在婆婆那所習得的飲食知識來進行飲食烹調的工作，又或者如何將自身慣習呈現在飲食的部分、採取什麼樣的飲食烹調策略來面對夫家的飲食慣習。

關係中處於弱勢的行動主體，其策略運用與場域權力的關係亦及影響能動力的差異，是與在多元真實情境中的地點與位置的重要性相關：換言之，這是種相對性關係情境，關乎場域中相對位置的雙方之間的互動，占據公婆、丈夫的臺灣夫家如何發揮其權威或影響力，占據媳婦、妻子位置的婚姻移民女性主體，作為一個異文化他者，是否完全遵從或是採取抵抗，此中的分寸拿捏與其在權力場域中的位置有關；飲食口味以誰為主亦與女性婚姻移民對原生文化環境習得的一切生活知識的堅持、放棄或與新文化環境的協商態度有關，若將上述這整體看作是一個機會結構，當公婆或是丈夫或可藉由語言上對飲食習慣的表達諸如太鹹、太油、沒味道、不喜歡等之類的言詞來影響或要求女性婚姻移民對於煮菜的決策過程時，女性婚姻移民對於這樣的「非議」[8] 所採取的究竟是完全配合、商量或是抗拒的策略和其所處的機會結構有很大的關連性。

---

8 Connerton（2000：91）在闡述身體實踐時，認為非議是教化他人的能力之一：「對文化特有姿勢的記憶是身體化實踐的一個例子，在努力建立一種可傳播文化時，非議的能力一定屬於最先有的教人能力之一，……用一些詞彙說出符合文化的姿勢，結合指出具體的正確和錯誤的姿態，將實現進一步的完善。」

一般人的權力被他們所身處的日常生活世界所框限，然而，不管是在工作、家庭或是住所之中，他們似乎都經常被既無法理解、也無法掌控的力量所驅使（Mills 1994：3），女性婚姻移民所面對的正是這樣的機會結構，上述種種因素會對女性婚姻移民在飲食料理的策略上產生影響，進而對客家飲食傳承產生影響。

人們在執行自己意願時可能必須拒絕或違反他人的意願，權力大之人在做決策時往往可依自己的意思而去拒絕他人的意願來執行，而權力小之人則多半是決策的順從者而非主控者（蘇芳儀 2007：26），面對客家婆婆要求學會煮客家雞酒，或是家庭成員中有人習慣吃甚至是喜愛吃客家雞酒時，不少受訪者表示他們也學會了煮臺灣客家式的雞酒（根據訪談資料顯示，有的印尼籍婚姻移民並不愛吃臺灣的雞酒，而是偏好自己家鄉的雞酒；越南籍婚姻移民也不適應雞酒這道料理），這樣的飲食烹調學習，反映出了外籍媳婦在學習夫家烹調料理時，會因為來自婆婆的要求，而非以自身的口味偏好作為是否要學習某道客家料理決策時的主要考量。

個案 V15 順從婆婆的要求學會煮雞酒，但是她採取只在婆婆來吃飯時才煮，婆婆沒來時便不會煮。「會煮（雞酒），但是很少吃，……婆婆說要學啊，有時候會來婆婆家吃飯啊，就煮啊，我在這邊，我一個人就不煮。」（個案 V15）

個案 V14 對於雞酒更是敬謝不敏，坐月子時甚至還想方設法把雞酒「處理掉」，但是因為婆婆愛吃她煮的雞酒，所以她也學會了，但是她堅持只煮不吃的策略。「我會煮，會，我都煮，我婆婆說我煮很好吃，每次她買雞回來我自己就會把麻油、薑、雞給它切好一下，倒酒，我都會煮，可是我都不要吃。」（個案 V14）

個案 V14 和婆婆曾經歷嚴重的衝突到後來的磨合期，皆由於婆婆的威權性格，以及個案 V14 一開始不願屈從的態度，婆婆的權威性格不僅展現在飲食喜好上，生活中的大小事，尤其是關於個案 V14 的人際關係、外出自由，婆婆無一不展現出其控制與影響力，然而，不同的時間與情境下，即使對同一件事物，其權力的結構也有所不同，故權力的結構並非一成不變（黃迺毓等 1998；轉引自蘇芳儀 2007）。她的例子清楚顯示家庭內部的權力位階、壓迫者與被壓迫者的反抗、協商到彼此互相依賴的過程。

婆婆在教授之後若仍無法達至「盡善盡美」，有時候婆婆或其他家庭成員反而會自尋其他調適的方式，這和婆婆與帶有不同飲食習慣的媳婦之互動以及個人特質也有很大關係，個案 V11 便透漏她的婆婆儘管有教過她如何烹調，但是無論她怎麼煮就是會有一種屬於她「自己的口味」，無法讓婆婆滿意，最後婆婆只好採取自己煮自己要吃的部分，個案 V14 則認為是夫家習慣她越南一點加臺灣一點的煮法，而不是她習慣夫家。

> 有啊，她有教我啊，她也有教我炒菜，她也會吃，可是她不喜歡啦，就吃一點點，還是會有我自己的……（指口味），所以就看媽媽要吃什麼就去買來吃，對，要吃什麼自己煮來吃，因爲我煮口味跟她又不一樣，又沒有放鹽巴，又沒有放什麼（指婆婆的煮法），她煮一煮有味道的骨頭來吃這樣子，她不是說像我們放味精啊，還有那一些的，我們有放一點啦。（個案 V11）

綜上所述，婆婆在女性婚姻移民烹調食物時，除了是廚房裡烹調知識的主要傳授者，婆婆在家中的權威性也會展現在對於家中飲食的要求上。

不論印尼籍或越南籍媳婦，不論是大家庭或是小家庭中的外籍媳婦均以夫家口味為主，逐步調整自身的口味習慣，婆婆雖是主要的飲食知識傳授者，但在教授飲食烹調上往往也是以家中男性口味偏好為主，因此在三餐打理上，女性婚姻移民多會料理夫家偏愛的客家飲食，「會知道，來哪一邊，你就要習慣哪一邊，因爲要注意人家怎麼樣煮這樣。」（個案 V12）口味適應的權宜之計往往出現在剛開始的階段，之後則慢慢習慣夫家飲食口味。

> 對啊，本來這樣，他煮東西有沒有，像我就每餐是不管怎麼樣有一點魚、或者一點肉鹹鹹的我吃得下，就沒有，餐餐都青菜我眞的吃不下去，我一定會去弄醬油或者弄幹嘛幹嘛，他們家都吃的習慣，就我吃不習慣而已，還是一樣吃啊，吃不習慣也是要吃，慢慢就會習慣。因爲我煮他們不吃（指越南料理），平常吃飯我沒有作那個東西，作那個很麻煩耶。我會煮他們這邊吃怎麼煮，你這個，因爲你吃淡、我吃鹹也不一樣啦，可是我就大概，就不會很鹹也不會很淡這樣，不然我喜歡吃鹹啊，就重啊、酸啊，可是就沒辦法，這裡不用去煮這樣啦。就是也不會很鹹，也不會很淡這樣啦，看誰吃得下就吃這樣啦，就平常這樣子煮而已啊。（個案 V12）

老公、小孩是女性婚姻移民在煮食三餐時最常提到的飲食參考人物，「依我先生啊、小孩啊，不然就煮來吃，小孩會說：『喔，我才不要吃』」（個案 I9），往往以他們愛吃什麼料理、什麼口味為是否需要學習的考量，個案 I9 在談到和婆婆學習料理的經驗時，常常在言談中有意無意的提到「我小孩」或「我老公」，並且表示會依據小孩愛吃與否來決定是否要學習此道料理。

> 你們這邊就會包（指粽子），這邊就是說料放的比較多，越多越香啊，對啊，包到我小孩都很喜歡吃啊，……她（指婆婆）會弄啊（指

紅糟肉），我還沒學到，他們沒很喜歡吃（指小孩）……，菜頭粄（蘿蔔糕）看著炊啊，我和她說啊，我說你弄我看啊，我學啊，我小孩子又喜歡吃啊，你說喜歡吃，簡單的，看就好了。（個案 I9）

個案 V19 與 I2 同樣也是以老公的喜好為主，個案 V19 會觀察老公哪種菜吃的比較多、哪種菜吃的比較少，來判斷下次該煮些什麼是她老公喜歡吃的，個案 I2 之所以自製蘿蔔糕是因為老公喜歡吃，也常買回來吃，所以她就依樣畫葫蘆，再加點自己的想法作成帶有獨特口味的菜頭粄。

問：那妳現在煮的東西妳先生覺得？

答：不會，現在已經習慣了，他習慣了，沒有，我也是煮東西我也是很挑，如果他喜歡我才煮，他不是說，他不會挑食，他就你煮什麼他就吃什麼，我是覺得說今天我煮這種菜，如果他喜歡，他就吃很多，我就知道他是喜歡這個，我就常煮。……我就最怕吃豬肉太肥了，我就是不敢吃，我很少吃豬肉啊，買回來煮都是我先生在吃，我都是買五花肉啊。

問：五花肉太肥了啦。

答：可是他喜歡吃啊。（個案 V19）

此外，大家庭中最容易出現人多嘴雜，意見紛歧的情況，此時，煮食者往往會以她所認知家中權力最大者的口味為依歸，當然這也有可能是與家人互動有關，像個案 V12 與家中其他妯娌在日常生活的相處上並不融洽，與老公的感情也不是很好，但是和婆婆的互動關係不錯，因此儘管在料理三餐時的口味意見分歧，個案 V12 仍以婆婆的口味為主。

> 我婆婆喔，她跟我吃比較差不多合口味啊，因爲她們吃有的，像小嬸那邊吃比較不一樣的，小姐不一樣的。我婆婆，煮她不會說吃好或不好的，管他們怎麼講對不對，因爲不可能你煮合每個人的口味啊，像有時候她煮（指小嬸）我也不合口味啊，因爲她煮什麼都煮的淡淡的，隨便，煮怎麼樣就吃怎麼樣。因爲我們輪著煮嘛，她（指其他妯娌）煮好她們吃飯，我也下去煮，全部一起煮我是不行啦，我煮什麼樣她們就吃怎麼樣，她煮什麼樣，她們也這樣吃啊。（個案 V12）

與丈夫、婆婆建立良好親密關係的程度對於女性婚姻移民在文化傳承上的策略運用似乎有某種程度的影響。對於女性婚姻移民的在地連結，王明輝（2005）曾透過親密連結這一運作機制，藉以檢視女性婚姻移民如何進行在地鑲嵌的過程，其認為親密聯結可看做是研究者的考察架構，在地鑲嵌的過程則可看做是在考察此架構時的主要運作機制度重點，跨國婚姻移民者在各社會層級的鑲嵌內涵，最重要的部分在於其是否與他人建立親密的關係。這種親密關係不僅是其家庭生活的核心內容，也是其在家庭以外社會生活的必要因素，在地鑲嵌的過程中，王明輝也提到了初期的重要範疇便是家庭場域。

與老公的互動若是良好，往往有助於女性婚姻移民更自由的發揮自身的飲食策略，女性婚姻移民在飲食文化上的傳承較會是一種出於自發性的實踐。

> 之前我不知道跟媽媽在一起怎麼（樣），可是從他娶我來到現在，如果媽媽有在煮，太油他不吃，然後冷冷他也不吃，有吃可是很少，他媽媽就生氣，因爲我洗一洗，然後他回來洗澡，洗好我再炒起來吃，我也不喜歡吃很油嘛，我也跟他都一樣，媽媽吃比較油，有時

候煮東西媽媽很油⋯⋯，如果她煮一個豬肉嘛，那個油的媽媽吃，那個沒油的他夾來給我吃。（個案 V11）

反觀個案 V12 的老公屬於傳統以夫家家族和諧為重的男性，因此在個案 V12 與其他家人發生爭執時，總將個案 V12 當成外人看待，這常使她感受到孤立無援的情況，夫妻間的互動不多，因此在整個訪談過程中，始終未曾聽其提及老公的偏好，反而是常提到與婆婆的相處，以及向婆婆學料理的經驗、婆婆的口味。「那家裡所有的事他（老公）都知道，我跟你講，這邊的人，他們不會去幫忙，我老公也不會幫我，他也是這樣的人，都聽他們的。」（個案 V12）

個案 V12 作為大家庭的一員，這樣的對立與衝突呈現在輪煮晚餐時，顯得更為鮮明，個案 V12 將婆婆幫助其他媳婦準備晚餐，卻未幫忙她準備晚餐的情形解讀為是因為其他媳婦的能力與勤奮不如她。

她（指婆婆）還好啦，什麼都不用管，她隨便啦，她不管誰的。像煮飯有沒有，有時候很忙啊，輪到我煮飯，她不會幫我，她們煮飯她會幫（忙）全部煮好好，因爲爲什麼，因爲她認爲她們很懶啊，所以她不幫她弄好的話，她（指妯娌）不知道要煮什麼給我們吃啊。因爲她疼很多的孫子，如果輪到她煮飯，她不幫她準備好，我們就不知道吃什麼啊。是我我不一樣，我人來喔，人很多我也一樣要煮。（個案 V12）

個案 V12 秉持「講理」的理念，在強調家庭的團結、和諧而非強調個人正義的臺灣家庭裡據理力爭的結果是與老公以及其他家庭成員的相處充滿摩擦，但由於和婆婆的互動良好，因此她覺得顧好婆婆就可以了。在與婆婆訪談的過程中，婆婆亦多次稱讚個案 V12 是一個很勤奮、乖巧又很會煮菜的媳婦，在飲食烹調知識的習得上，個案 V12 提到許多婆婆教授她的煮法，而她也同時認為這是作為一個大媳婦該有的「本分」。

同樣身為大媳婦的個案 I6 也談到了大媳婦的「本分」，家裡頭不管人來得再多，都得負責煮出一張桌，「大媳婦本分」的框架似乎都在規範著印尼籍或是越南籍婚姻移民的行為，然而，不同於個案 V12 的據理力爭，個案 I6 自身對於家庭和諧、不爭、不搶的想法和傳統客家婦女的形象很相似。無論是據理力爭還是以和為貴，族群性格的差異顯然不敵「作人媳婦」應有的角色認知。

> 我嫁過來十幾個要吃飯耶，嬸嬸那些那麼多，看到你會怕喔，大張桌喔，妳做大媳婦妳不幫忙做，妳看妳要怎樣。有時候他們大部分晚上會回來吃喔，上班族，專門我在家裡，後來我做一做家裡待幾個月，我出去工作囉，我下班回去還不是一樣要煮飯，哈哈！（個案 I6）

綜上所述，在夫家飲食要求這部分，女性婚姻移民的策略大多是順應夫家，而放棄原生文化的飲食習慣，或者是再另想其他變通方式。換言之，女性婚姻移民家鄉的料理以及口味很難在正式的三餐中出現，那麼女性婚姻移民在家鄉飲食上的能動性是否就此消失了呢？關於這部分將在下文進行討論。

（二）異國風味在夫家飲食文化中展演的可能性

女性婚姻移民對於飲食烹調的策略，除了可以透過女性婚姻移民在面對夫家飲食文化要求時所做出的最後決策看出端倪，還可以由其家鄉異國料理在夫家中的能見度來窺知一二。前文在探討家庭成員的飲食喜好時，顯示了夫家成員對於異國料理的接受度普遍不高，在如此有限的機會結構中，印尼籍與越南籍婚姻移民各自如何運用她們的生存策略呢？

1. 印尼籍婚姻移民的生存策略：同為「客家人」？！

由於印尼籍婚姻移民在語言認同上和臺灣客家人呈現一致，在族群文化上，無論夫家或其本身都較容易將印尼籍婚姻移民劃為「我群」，在這樣的前提下，透過食物以及由此延伸而來的同鄉網絡來維持族群邊界便顯得較無迫切性，然而實際上，透過印尼客家受訪者的訪談資料顯示，印尼原鄉的飲食文化與臺灣客家飲食文化的差異性卻又的確存在，在同為客家料理的框框下，與公婆同住的印尼籍媳婦往往選擇學習夫家的「客家料理」，印尼口味的特殊性通常不被強調，甚至被忽略。「印尼菜早就忘記囉，十幾年囉，很久沒煮囉，自己也不知道啊，什麼青菜那些菜喔……，差不多和臺灣一樣啦，煮那些肉那些差比較多啦，料理不一樣啊，那邊比較喜歡吃雞啊，辣辣的，這邊比較不吃雞，還有咖哩也很好吃。」（個案 I6）

不過，在同為「客家人」的前提之下，印尼籍婚姻移民對於臺灣客家飲食文化的傳承上是否會顯得更為「有利」，以及其對於原鄉食物慣習的展演程度多大，主要仍是依據家庭結構的大小而定。印尼籍婚姻移民在面對原生飲食慣習的調整與否上，有各自不同的策略，與家庭結構有著高度相關，像與婆婆同居的個案 I9 比較印尼客家發粄和夫家炊的發粄，覺得自己反而比較喜歡吃夫家的甜粄口味對其而言，接受夫家的甜粄是相當輕而易舉的，但是對未與婆婆同住的個案 I2 而言，印尼發粄顯然比臺灣的好吃許多，對其而言，習慣臺灣發粄的口味不是件必然的事，甚至，除了在家自己做印尼式發粄給家人嘗試，她還堅持在拜拜時，一定要到印尼客家華僑的商店買印尼發粄來當作牲禮。

發粄印尼有啦，應該是做，它那有點不一樣啦，因為我在那邊，我，

就像甜粄我就比較不喜歡吃啦，不過那發粄那些我也不喜歡吃，過來這邊我卻感覺到你說這樣炊到很好吃。（個案 I9）

問：你在印尼就會了？

答：對，我自己做的，我自己學的喔，人家說我做的很好吃，我也不知道，看我爸爸、他弟弟他們說好吃啊。……發粄，年糕比較麻煩，炊那麼麻煩，買比較好，買喔也蠻好吃的，我們這邊印尼人會炊，我常跟他買兩個買到來拜拜。

問：你去買印尼人做的，你不會買臺灣人做的嗎？

答：我不會，我很少，我不要，是一樣啊，但我就是不要耶，就吃慣了吧。（個案 I2）

個案 I2 之所以能夠如此「強勢」的選擇以印尼發粄作為祭品，很大原因是在於婆婆已搬離家中，她作為家中唯一的煮食者，對於食物的選擇便有高度主控權，尤其是像發粄這種非正餐的食物，女性婚姻移民能夠自由決定而不受夫家影響的能力便相對大很多。

有些印尼籍婚姻移民表示，在配合夫家飲食口味的前提之下，有時也會採取某些權宜之計，好讓夫家吃的滿意，她也吃得暢快（個案 I2、I4）。例如個案 I2 面對自身嗜辣與家人不吃辣的衝突，一方面無法使家人接受吃辣，另一方面自己卻又無法忘懷時，採取了另外炒一盤有辣的菜或者是裝一碟辣椒供自己使用的策略，有時甚至還會因為覺得臺灣的辣椒不夠辣，而自製辣椒醬或者是到鄉鎮上的印尼商店購買印尼辣椒醬（個案 I1、I2）。

不是，我會看，因爲在這裡的人不喜歡吃辣啊，我們就不要煮辣，我喜歡吃辣我就自己放辣，像這種啊（指她自己做的辣椒醬）我喜

歡吃的啊，我就自己放啊，自己煮自己吃啊。（個案 I2）

對，我來到這邊，有印尼店可以買辣椒醬啊，因爲這邊的不會太辣，這邊辣是不會太辣。（個案 I1）

嫁到夫家 30 多年的個案 I4 在印尼家鄉習慣吃的很辣，回憶剛開始在夫家煮飯時的經驗，也是很不能夠適應夫家不吃辣的習慣，她選擇了分成兩頓煮，不過時間一久，夫家的成員也慢慢習慣吃辣了，連剛結婚不久的女婿也開始習慣這種口味，個案 I4 透過時間慢慢逐步改變夫家的飲食口味。

所以我要煮辣的，我每次都分開煮這樣子啊，先煮給他們吃一頓，我再拿另外一些煮來吃，自己煮來吃啊。現在不會了，現在他習慣了，像我女婿他剛來也不習慣，現在他也慣囉，吃辣囉，他以前說我煮的菜喔，他說：「媽煮的菜不好吃，爸煮的菜比較好吃。」我說，他現在每天早上也吃我煮的菜，我說，沒有，他要吃囉（指女婿接受、願意吃了）。（個案 I4）

這也顯示了雖然同樣來自客家聚落的印尼籍媳婦，在展現原生文化的飲食慣習上並不見得會因此而擁有比越南籍婚姻移民更大的操作空間。

2. 越南籍婚姻移民的生存策略：日常三餐中的策略

夫家成員通常對於異國料理都會採取抗拒或排斥的態度，有些越南籍婚姻移民便提到雖能夠在家中煮越南菜，可是一個人吃感到既無趣，且食物又吃不完，最後只好放棄。個案 V12 的家庭成員有十幾個，每晚要忙煮一大家子的飯就很傷腦筋，若要分成兩種煮起來更加費時、費力，更何況家中只有婆婆覺得越南料理還不錯，所以個案 V12 只好放棄在日常三餐中煮食越南料理，個案 V11 則是因為無法適應臺灣的醬油，便改買越南的醬油來調味。

答：習慣當然是習慣啊，可是有時候想煮來吃也是一樣啊，想煮酸酸辣辣的，還是很想吃啊，就是煮麻煩而已啦。

問：平常三餐會煮嗎？

答：不是，麻煩啦，是說在家裡一個人很難煮啦，煮一鍋又吃不完。（個案 V12）

因爲我從小在越南吃東西都在越南，後來在這邊，東西有的我之前我來唷，我一天都沒吃飯，都吃不習慣的，我都去買一瓶我們那邊越南的醬油這樣子吃。（個案 V11）

儘管平日三餐出現越南料理的機率很小，在偶一為之的心態下或者是越南小點心的嘗鮮感，相對於印尼籍媳婦喜好的咖哩、椰奶與嗜辣，顯然更容易進入夫家的飲食文化脈絡中。

食物往往是族群認同凝聚與族群邊界維持的重要媒介，個案 V12 的家人中除了婆婆頗能接受她煮的越南食物以外，其餘家庭成員對於越南食物都不太能接受，如此一來，在食材的準備上就有食用人數的限制，準備起來頗不易，因此在日常三餐中很少有煮越南食物的機會，除了偶爾朋友來家中聚會或者是像筆者來訪時，她才會煮些越南的家常料理與點心，個案 V18 則是工作閒暇之餘會去朋友家一起煮彼此喜歡吃的越南料理。

米線那個很好吃啊，我會買來煮啊，米線和春捲，我這個我朋友來我才會煮。還有那個，像這種（指訪談時喝的南瓜湯），魚湯啊、越南的酸辣湯啊，今天一個人我不會煮啊。（個案 V12）

有啊，有時候休息的話會跟朋友在一起，然後就休息啊，就去找朋友啊，煮東西來吃啊，嗯，看我們喜歡吃什麼，我們那邊就是比較喜歡吃那種稀飯煮那個雞肉，然後有一些煮那個牛肉河粉那些，還有豬腳那些。（個案 V18）

平常由於家人不常吃越南料理，因此，個案 V13 則是到學校聚會時才比較會煮較為繁複的越南料理。

沒有沒有，對，沒有常常煮，就很想很想吃的時候才煮，還有我們，我還在讀書嘛，在學校嘛，因爲我們今年畢業嘛，那老師還有我朋友她們也是喜歡吃啊，老師就跟我們講說，每個月最後一個禮拜四煮我們想吃的帶去學校吃，那時候我才煮。（個案 V13）

相較於印尼籍婚姻移民因為語言優勢更容易建立在地人際網絡，越南籍婚姻移民對於家鄉飲食以及隨之形成的飲食社群有更大的迫切性，正如林開忠（2006：76）所言：

有關「越南新娘」的飲食方式的確在她們的族群認同上扮演標誌的角色，但是這些認同的展演並非在她們夫家的場域內，經過共食、儀式以及其他的社會文化情境下產生；相反的卻是在家庭的領域內被排斥或壓抑，而只有在特定的空間，譬如雨後春筍的越南小吃料理店或村莊內某「越南新娘」的家裡，才可以大剌剌地（再）生產。

夫家對於異國風味的好奇心帶來的可能性，個案 V13 的婆婆詳細的說明了越南煎肉餅、越南涼拌木瓜的製作過程。然而，知道如何烹調，並不代表會採用媳婦由越南帶來的涼拌木瓜的作法。個案 V13 的婆婆話鋒一轉，表明就算知道製作方式，她之後也不會做，她寧可採用她自己「客家人」的方式，越南料理由她媳婦煮給她吃就可以了，個案 V13 的婆婆之所以仍舊堅持客家式涼拌木瓜作法，關鍵就在於越南涼拌木瓜所使用的「魚露」。

> 因為她弄那個魚露我也是不知道要弄多少，我沒有學她啊，我還是吃，她弄出來我還是有吃啦，但是我不會說去吃很多，畢竟放魚露的東西我還是少吃一點，好像那個魚露人家說魚露是什麼做的啊，爛魚蝦去做起來的啊，所以說我盡量不要吃那個，所以說你叫我自己去買那個來弄我不會，我寧願我們自己客家人的有沒有，用鹽巴醃一醃，如果太鹹我們洗掉不要喔，然後再去開水再洗過，然後弄起來我們加糖、加醬油，加那個什麼加辣椒啊、加香油下去就好了，我們自己吃法不一樣。（個案 V13 婆婆）

當客家婆婆排斥越南魚露，堅持客家本色時，越南籍媳婦的涼拌木瓜縱使連小姑都想學，還是很難獲得婆婆完全的接受與認同，小姑對於越式涼拌木瓜的接受度顯然較她母親來的高，大姑向個案 V13 的討教，顯示出個案 V13 慢慢地使家人習慣異國料理的過程。

透過越南籍與印尼客家婚姻移民各自對於家鄉料理在日常三餐中的飲食操作的敘述，可以發現到在原生飲食慣習展演的這個部分，對於臺灣的夫家來說，越南籍媳婦是既非同國也非同族的「外國人」，因此似乎較會以異國料理的觀點去容忍或接受越南籍媳婦煮越南菜，但是相反的，來自同樣方言群的印尼籍婚姻移民，基本上就已被夫家人認定為同樣是「客家人」，而她們自身也認同自己為講客語的族群，既然是客家人，那似乎就應該會煮「客家菜」，而不是什麼異國風味，因此反而忽略了海外客家與臺灣客家飲食文化中存在的「異質性」。

在家庭的層次上，印尼籍婚姻移民的家鄉料理往往被夫家所排斥，或許是因為這些帶有異國風味的料理會是突顯印尼籍婚姻移民與夫家實際差異性的標誌，進而淡化了同族群的色彩，因此而被夫家忽略，又或者是與公婆同住的印尼籍婚姻移民本身也選擇了認同夫家的客家菜。相對而言，越南籍婚姻移民對於故鄉的滋味便顯得念茲在茲，其越南料理在家中飲食烹調的展演獲得夫家成員給予更多的空間。

綜上所述，家庭結構的大小，亦即有無與公婆同住對於女性婚姻移民如何傳承客家飲食文化很重要，家庭結構之所以重要在於其內部的權力關係，欲觀察文化的動態過程，婆媳關係、親密政治等權力關係是必須被注意的，女性婚姻移民在習得飲食知識之後，如何去看待飲食這件事，或是會以誰的口味為主上面，來自婆婆權威的一方對於飲食的要求，可能會對其烹調食物的過程產生影響，在口味上的權衡考量上，此時家中的男性可能就顯得更重要，研究發現，大部分的女性婚姻移民在選擇以誰的口味為主時，都會提到老公，親密政治也可能會影響女性婚姻移民對於食物烹調的決策。此外，家庭成員對於異國料理的態度，亦會影響異國飲食元素是否會被女性婚姻移民納入飲食烹調實作的考量。研究發現，在印尼籍與越南籍婚姻移民這兩個類型中，「是否跨越族群界限」的因素，使得後者比前者更容易在夫家的飲食慣習中加入原生文化中的料理元素。

女性婚姻移民的家鄉料理對於客家飲食烹調也是一種可能的創新元素，無論是印尼籍還是越南籍婚姻移民的家庭成員，對於女性婚姻移民家鄉料理的接受度普遍不高，不過在其中仍可看出跨界與未跨界之間的差異性。在同為客家人的想法之下，來自印尼這樣的一個事實經常會被夫家所忽略，因此，印尼籍婚姻移民在家鄉所認知的客家菜實際上充滿印尼風味，更加難以被臺灣的客家夫家所接受，相對來看，越南籍婚姻移民的家鄉料理顯然更容易被夫家當作具有異國風味來看待，推論夫家偶爾嘗鮮的心態將會使得越南籍婚姻移民在飲食烹調的過程中加入自身飲食元素的機會增加。然而在學習飲食烹調之後，跳脫出煮食的純粹領域，女性婚姻移民如何看待飲食這件事，或是她會以誰的口味為主，則是牽涉家庭權力的另一個權衡觀點。

3. 臺灣異國風味小吃店的出現

探討女性婚姻移民原生飲食文化在夫家文化裡頭的展演場所，除了家中廚房之外，最突出的莫過於在鄉鎮間異軍突起的異國小吃店。儘管不是正餐時間，在越南小吃店或者是印尼小吃店裡總是可以看到三三兩兩的女性婚姻移民利用去市場買菜的空檔聚在裡頭吃些點心，聊天、抬槓，同鄉的小吃店不僅滿足了味蕾也安慰了漂泊的心靈，對於跨國／界的女性婚姻移民而言，「故鄉之食」還是一帖最好的鎮靜劑——「人們越覺不安，越需要故鄉的慰藉」（鄧景衡 2002：85）。

就女性婚姻移民本身而言，開設家鄉異國料理店，一方面能一解思鄉之苦，一方面小本生意的形式對於生活經濟的舒緩上亦有幫助，就臺灣本土飲食文化的模糊與脆弱性而言，異國品味的穿透輕而易舉，因此異國小吃店便如雨後春筍般在鄉鎮間林立，以往路過異國小吃店時的驚訝感曾幾何時早已被習以為常所取代。

像個案 I2 這樣自己出來開印尼家鄉風味小吃店的女性婚姻移民，透過商業行為將自身的慣習呈現在飲食文化上的實踐方式，顯然就較不須擔心會和夫家的慣習衝突，因為她所要突顯的就是印尼小吃店的特色，販賣的正是印尼食品中異國風味的元素。像這樣的小吃店或是雜貨店在北埔鄉，光是筆者打聽到的便有四、五家，個案 I2 的小吃店呈現的是混雜著印尼風味與客家風味的料理，有在臺灣習得的一般家常菜，也有印尼小點心、食品的販售，印尼姐妹還能夠前一天打電話預約，隔天中午個案 I2 便會準備一頓專屬她們的道地印尼菜色的簡易自助餐。

個案 V11 更是因為嫁來臺灣之後，有時會到越南朋友所開設的小吃店幫忙，結果反而比在越南時還要會煮越南料理，個案 V19 在不適應臺灣飲食時，亦能夠去越南店買鴨仔蛋一解思鄉之苦。

> 對啊，後來結婚來這邊，慢慢學一點啦，四、五年了，不是說很會煮啦，有的人叫我去開越南店來賣喔，因爲我常常去我朋友那邊（越南小吃店）幫忙他，我常常去啊，可是我老公他不太喜歡，在關東橋喔，我常常去，我都和同事去啊。（個案 V11）

> 一開始會想吃啦，剛過來這邊的時候我還去叫我老公去找越南店買回來給我吃啊那個鴨仔蛋的那種，因爲我們那邊說吃那個很補，我們很多喔，我們越南人每個人也都喜歡，從小到大。（個案 V19）

異國小吃店的出現，讓女性婚姻移民無法在家中透過食物獲得紓解的思鄉之情有了發洩的管道，同時，許多研究也發現越南籍婚姻移民較熱衷於同鄉網絡的建立，尤其是以在某某越南籍婚姻移民的家中煮食越南料理的方式或相約越南小吃店（沈倖如、王宏仁 2003；林開忠 2006；陳庭芸 2002），透過家鄉料理對自身的異國認同有著更進一步的強化。

（三）坐月子：適應或反抗策略的好時機？

東方社會傳統中都較重視有關生育的禮俗，希望藉由這些禮俗來呈現對家族延續新生命的祝賀之外，亦希望藉著這些禮俗來對產婦的慰勞之意，更何況東方人坐月子的傳統被認為是一項有利於產後婦女健康的習俗（洪志秀 2001；Pillsbury 1978）。「坐月子」是漢人婦女產後必經的一種儀式行為。從孩子呱呱落地開始到行滿月禮為止，為期整整一個月，因而名之為坐月子。依照傳統習俗，產婦在長達一個月的坐月子期間，不但完全不事生產勞動，而且還要耗費金錢及其他家庭成員的勞動力來為其服務，與已婚婦女平日的生活規範頗有差異（翁玲玲 1994：2）。因此，坐月子可說是臺灣婦女生命中除了生孩子之外的另一件大事，在這段歷時一個月的時間裡，婦女在夫家的地位可以說是「暫時」呈現翻轉狀態，成為家中被眾人服侍的對象，雖然其儀式行為中有「許多規範與禁忌，如：不可洗頭洗澡、不可祭祀、不可勞動、講究飲食補身等等」（翁玲玲 1994：2）。

這個過程同時也可能是女性婚姻移民所擁有協商空間最大的時刻，換言之，此時女性婚姻移民若採取各種反抗策略最容易成功，因此，對於女性婚姻移民而言，也是「喬事情」的最佳時機，尤其展現在坐月子食補上的策略運用。無論是印尼籍媳婦或是越南籍媳婦的原生文化，均強調婦女坐月子時的各種飲食與行為上的規範與禁忌，她們與夫家同樣都具有婦女產後必須坐月子的觀念。根據訪談資料顯示，女性婚姻移民在家鄉所習得的關於坐月子的行為規範與禁忌和夫家幾乎相同，呈現出較大差異性的則是在食補的觀念與內容上，也就是「怎麼補？」關乎各自不同的飲食文化邏輯。

訪談資料顯示，坐月子的這段時間往往是女性婚姻移民較能展現各式飲食策略而夫家也較能夠妥協的時機，面對客家婆婆幾乎每天一鍋雞酒，以及想念家鄉坐月子的食補方式，女性婚姻移民的策略運用顯示了她們對於在地飲食文化的順從、抵抗或協商。當女性婚姻移民處於一生中的過渡儀式時，還必須面臨與夫家飲食慣習上的不適應，面對這樣的處境，印尼籍和越南籍婚姻移民各自有不同的應對方式。若以坐月子的場域來觀察家庭中文化傳承的過程，婆媳在如何坐月子這件事上的互動就具有不可忽略的重要性。

由於在越南家鄉坐月子的食補上並沒有雞酒這種料理方式，因此個案 V11 對於客家雞酒相當無法適應，若只是心理上的抗拒，她自己本身或許能夠克服，或者婆婆會運用權力要求媳婦進食，不過個案 V11 對雞酒的不適應卻是反映在她的生理狀況上，婆婆即使認為坐月子不吃雞酒不行，但是媳婦若因此上吐下瀉，對於產後婦女的身體復原相當不利，在莫可奈何之下，只得出錢請其同鄉烹煮越南坐月子的食補給媳婦補身體。

> 吃啊，在這邊媽媽煮雞酒啊，雞湯啊，中藥什麼藥的很多的，我們那邊不是這樣子吃的。可是媽媽她知道，她煮湯啊，豬腳跟那個…油，我就把油撈起來，沒吃不行啊，我有那個越南朋友她們會來煮給我吃啊，越南那個坐月子，那個豬腳嘛，跟那個紅蘿蔔啊，不然就馬鈴薯，然後就一起來煮，也一樣很補，……她煮來給我吃，然後我媽媽知道我喜歡，她說她給我朋友錢，然後叫她買煮來給我吃，煮好了她就放在那拜天公那裡（應是指神桌），我要吃她才弄燒燒給我吃，那時候她還有煮雞酒給我吃，她說你要吃雞酒，沒有吃雞酒不行，在臺灣和越南不一樣，然後我吃雞酒不習慣，我吃就吐了，就拉肚子啊。對啊，然後我媽媽就不敢煮給我吃，然後那時候還要去醫院啊，那時候怕死喔，她就不曾再煮雞酒來吃。我朋友啊，她買雞啊，來叫媽媽煮來給我吃啊，煮雞酒我又不能吃，然後就不煮雞酒了。（個案 V11）

個案 V14 對雞酒的不適應就無法像個案 V11 這樣獲得紓解，由於婆婆較為權威，因此她採取的策略是陽奉陰違，等婆婆下樓後，便將雞酒倒在小孩的尿布裡，好讓婆婆以為她已經把雞酒吃完了，但是實際上她卻因為不適應客家婆婆的坐月子料理而幾乎沒有進食，這樣激烈的手段不僅使得她自己感到身體沒有在坐月子期間顧好導致產生許多病痛，婆婆發現後也震怒不已，後來個案 V14 在婆婆的要求下學會了煮雞酒，但她採取只煮不吃的策略，這是一種變相的協商過程，顯示了對於雞酒這道料理，個案 V14 仍舊是採取抗拒的態度，因此，可以猜測往後當她成為廚房中唯一的煮食者後，雞酒這道料理恐怕將不會再出現在她的菜單之中。

可能這樣啊，現在我身體很不健康，我婆婆都說我腰痠背痛一整天，坐月子我婆婆都說作不好，她每次她煮雞酒上來給我，我都一直，我倒掉我婆婆看到會罵，我就拿尿布小孩子都還沒用到尿布，我放在裡面我包起來，不能吃，我都不能吃，坐月子東西都不能吃，對啊，都沒有吃，沒有作好，可是我有補中藥，都吃中藥，她（指婆婆）一直罵啦，我老公也買回來弄，我都，唉，……我也坐月子我也不知道想吃什麼，我都沒有吃飯，對啊。（個案 V14）

個案 V19 與個案 V15 面對婆婆端來的雞酒，則運用了較委婉的策略，而不致造成她們與夫家兩面俱傷的情形。

答：會，因爲坐月子吃一個月已經習慣了，呵呵。

問：都吃雞酒喔？

答：對，一開始都不敢吃啊，慢慢啊，叫她不要放太多酒喔，要不然她出去買東西了，然後水就多放一些進去煮，哈哈！（個案 V19）

問：那你愛吃雞酒嗎？

答：我也不愛吃耶，我吃雞，湯不要吃。（個案 V15）

此外，懷孕有時也會出現策略運用的空間，個案 V13 的婆婆無法接受魚露的味道，個案 V13 也知道家人對魚露的看法，因此平常家中不太可能出現魚露的蹤跡，但是在個案 V13 懷孕時，因為生理的反應（害喜），竟獲得了吃魚露的機會空間，婆婆在這時做出了妥協。

她們的口味是有些是說放魚露啊，喔，尤其是什麼東西她們那個，她剛好懷孕她的時候，懷孕她會害喜啊，喜歡吃那個魷魚啊，她們從越南帶過來的那個魷魚，魷魚有沒有，有時候我們拜拜曬乾的那種魷魚啊，她們越南的比較小條，她魷魚乾就拿來直接用那個瓦斯上面就這樣烘一烘，烘一烘就加魚露，眞的整間很臭很臭，ㄏㄡ！受不了，但是我也不會講她啊，因爲她害喜沒辦法，就讓她去、隨她去，我也不會去講她，就是聞到這味道就走開一點就好了，味道很臭。（個案 V13 婆婆）

越南籍婚姻移民的多種策略顯示了她們在適應夫家的飲食慣習上，較無法接受所謂的客家雞酒，尤其是在坐月子時必須經常性的食用雞酒，許多越南籍婚姻移民都表示這與她們在越南習得的坐月子飲食慣習差異很大（個案 V11、V12、V13、V14、V16、V17、V19），口味上的要吃鹹與不可吃鹹，則是越南坐月子飲食與夫家坐月子飲食的第二個差異，此中孰是孰非的爭論，似乎各自都有一套能夠合理解釋的飲食文化依據在裡頭，在這場文化論述的爭奪戰中，誰會是「正統」，誰又會成為「異端」關乎兩造的權力關係。

相較之下，印尼籍婚姻移民對於雞酒似乎沒有這麼多的不適應，或者該說沒有這麼多的策略，根據訪談資料顯示，客家印尼婚姻移民雖然都提到了家鄉坐月子時也有吃雞酒，但是和夫家的雞酒完全不能畫上等號，除了同樣有雞肉、酒和薑這些食材，在料理方式上完全不同，也提到了在夫家吃婆婆煮的雞酒時的不習慣，但是在整個適應過程中，印尼籍婚姻移民鮮少提及任何明顯的反抗策略。

> 那有吃就會有（指奶水），你說吃豬腳燉花生就比較多奶水，對，會比較多。吃酒，酒我又那邊也不喜歡酒啊。好苦喔，那不吃也不行，不然會沒奶，雞酒還是要吃啦，不能說完全沒吃，不喜歡也要吃啊，叫她不要煮這麼濃啊。（個案 I9）

印尼籍婚姻移民面對臺灣客家雞酒最常有的心態都是：「沒辦法，不吃不行啊！」、「多少吃一點啦！」似乎有一種以此來規訓自己脾胃的作用，或許這與她們認為同是客家人的身分有關，認為自己對於客家飲食上應該很快就能適應，或者應該都會習慣吃客家菜，因此沒有抗拒的理由。

在談到歷時一個月的坐月子適應狀況時，談到由不喜歡、習慣甚至到喜愛，或者還是無法接受的飲食適應經驗者，幾乎全都是越南籍婚姻移民（個案 V12、V13、V14、V16），印尼婚姻移民的反差則沒有這麼大，既沒有特別喜歡，也沒有特別不喜歡，對其而言，就是得習慣罷了。

> 喔，我很愛吃吶，我坐月子的時候一天一隻雞，我一開始不會，一開始不會坐月子，慢慢來就會一點點，後來坐月子我婆婆說你不吃雞酒那個身體不健康喔，那後來就慢慢吃，坐月子的時候一天一隻

雞，很厲害耶，我想起來我眞的很厲害耶，生小孩還有五十斤，慢慢瘦下來，我也不知道自己慢慢瘦。（個案 V16）

問：像雞酒呢？

答：我不敢吃，到現在我還不敢吃。（個案 V14）

透過上述客家婆婆在幫越南籍和印尼籍婚姻移民坐月子時的比較，以客家族群坐月子時的食補——雞酒為例，印尼籍婚姻移民由於被認定同為客家族群，因此即便是在坐月子時的飲食策略上亦較無發揮的空間，相對於印尼籍婚姻移民，越南籍婚姻移民不同國族的飲食界線，使其在坐月子時相對呈現出較大的抗拒心態，例如個案 V11 對雞酒表現出的生理反應，就迫使客家婆婆放棄煮食雞酒，改請個案 V11 越南朋友來煮食越南坐月子的食補料理。

前文曾提到，Counihan 與 Van Esterik（1997: 3）認為在臺灣家庭這個私領域裡，食物的控制與抉擇，往往更可能反映的是家庭內婆媳權力關係的角力結果。然而，家庭飲食文化的動態過程，其實並不僅僅是婆媳角力的結果，更涉及多組不同權力關係的運作，諸如夫妻關係、異（國族或族群）文化間的位階認定等等，呈現出複雜的內容。在飲食烹飪知識的傳承這個部分上，家庭結構是很重要的，亦即有無與公婆同住最重要，首先，和公婆同住的女性婚姻移民在客家菜的學習上會較快也較多，女性婚姻移民學習飲食烹調的主要對象會是婆婆，而不是家中的其他男性。其次是女性婚姻移民在學習之後的實際烹調過程，烹調過程會有某些因素影響女性婚姻移民的飲食烹調，例如女性婚姻移民本身的喜好，女性婚姻移民雖然學會了客家菜卻不代表她就會煮這道客家菜，譬如當這道菜並非投其所好時，也許女性婚姻移民根本就不會烹煮這道菜，但是最後決定女性婚姻移民煮或不煮的決定，卻往往還會受到其他權力因素的影響，例如公婆的喜好會是女性婚姻移民之所以學會某到料理的原因，而這必須是和公婆同住，女性婚姻移民才會得知公婆愛吃的食物為何，似乎進一步推論未與公婆同住便無法得知公婆的喜好與要求，也因此便覺得不需要學習。是以，這其中影響最大的關鍵應該就是在於有沒有跟公婆同住，然而本文的個案設定都是有和公婆同住的經驗，將來可進一步加入未和公婆同住的對照組來做一比較。此外，當女性婚姻移民變成家庭文化再生產的核心角色時，先生的口味會是影響是否烹飪客家菜的重要因素。此外，影響飲食文化傳承的可能因素，還包括來臺時間的長短、親密政治的改變等。

女性婚姻移民在飲食烹飪上可能採取的策略，除了模仿他們所接觸的陌生飲食習慣或是讓夫家成員習慣異國風味飲食料理、也可能在過程中創新或混合新食材或料理方法於原有族群飲食，無論是採取哪一種策略，均展現了女性婚姻移民在飲食習慣上的能動性，以及其與公婆或是丈夫之間協商性的動態權力關係。在分析印尼籍和越南籍女性婚姻移民對於飲食文化的傳承時，跨界與未跨界的差異對於女性婚姻移民如何傳承文化是一個重要的指標。臺灣客家人隔海婚娶印尼籍婚姻移民，相同的族群身分使得夫家不會去想像印尼籍婚姻移民是來自「印尼」這樣一個陌生的國家，而是將印尼籍婚姻移民視為熟悉的「客家人」，再加上印尼籍婚姻移民也認同自身的客家族群身分，因此，基本上不太可能在家中煮食帶有異國特色的印尼菜，對其家庭而言並沒有所謂異國風味這件事。然而，對越南籍婚姻移民來說，相當程度上她被夫家視為是飲食文化具有異國風味的外國人，越南籍婚姻移民本身的族群認同與邊界也都是定位在「越南人」的國族基調上，食物是她們區分與在地文化以及強化自身國族認同的必要標誌。

六、結論

當東南亞的女性婚姻移民在面對原生社會或客家社會雙方的文化認同時，

這些女性並非以完全的圈內人或局外人自居，而是 Collins（1986）所說內部的圈外人（outsider-within）這種策略性地角色扮演。此種內部的圈外人意義在於賦予多重劣勢者一種在日常生活中的策略性應用，女性移民將接待社會與原生社會的文化都當成一種「生存的利用手段」，也就是對原生社會與接待社會的文化「同時保持」相對化與距離化，不是兩者擇一（either or）的放棄或靠攏，而是透過雙方文化持續地解構與重構來定義自我（邱琡雯 2001：101）。雖然，行動者的策略運用與場域權力關係的變化和她們在家中所處的社會位置息息相關，共同的信仰體系卻是權力鬥爭的「阿基米德點」（archimedische Punkt）（Bourdieu 1995：18-19），性別化之親屬意識形態和親屬關係是臺灣、越南和印尼三個社會共享的價值觀，也正是家庭場域文化傳承之象徵性鬥爭，得以運轉的基礎。象徵性鬥爭的目標是希望維持或改變既存的族群（國族）文化、家庭互動模式等。

女性婚姻移民各自的族群文化慣習在客家文化傳承上產生的影響程度、影響方式各有不同。對臺灣社會而言，越南籍和印尼籍婚姻移民雖同樣是跨國界的女性婚姻移民，但在族群內涵上，越南婚姻移民和印尼客家婚姻移民基本上卻是兩個非常不一樣的群體，前者不僅跨國界也跨越了族群界線，後者雖跨國界卻未跨越族群界線。因此，（1）在家庭飲食場域中，女性婚姻移民自身飲食慣習展現在家中的飲食決策上受限於機會結構的影響，例如夫家成員對異國料理看法、婚姻移民懷孕和生產時所具有的飲食特權、家中的親密關係等，不同的機會結構組成會促使她們運用不同的飲食策略。（2）與公婆同住之家庭關係，對越南或印尼籍婚姻移民是否或如何傳承客家飲食文化具有關鍵性的影響力，婆婆會透過每日的三餐實作，教導夫家慣用的客家家常料理。第一點可看出客家飲食文化的創新與揉合面向；第二點則可看作是飲食文化傳承的傳統面向，這同時也顯示了日常餐桌上的食物背後，其實隱涵了婆媳位階的權力關係以及以公公和丈夫為主的男性邏輯。

遠嫁來臺的女性婚姻移民在影響客家飲食文化在臺灣的傳承與發展同時，也是認同在個人、性別、族群乃至於國族層次的拉扯。由於「客家族群」理念，印尼籍婚姻移民對夫家而言，是客家人而非外國人的身分，因此一開始即被夫家視為「自己人」（這也是當初夫家的婚姻動機之一），語言的共通性雖有利於印尼客家婚姻移民在地社會網絡、社會支持的形成，然而印尼客家族群與臺灣客家族群在飲食文化上實際存在的「異質性」卻也因此被有意或無意的忽略掉，「印尼的客家人就是客家人，怎麼會有異國風味這樣的東西存在」、「既然是客家人，那就應該會煮客家菜」諸如此類的既定想法使得印尼籍婚姻移民展現原生飲食慣習的空間幾乎完全被壓縮。事實是，原生文化與夫家的親近性卻反而使得這群嫁入臺灣客家社區的印尼客家人很難形成一個單一社群，所以她們基本上是在這樣的脈絡之下，被他人也被自己認定成是一個客家媳婦，總是安份認命的在家中扮演好客家媳婦的角色，盡力適應和學習臺灣客家的菜色，比較不會採取反抗的策略。相較於越南籍婚姻移民較容易結成社群，印尼籍婚姻移民則顯得較以順從婆婆的想法為主，由於婆婆不喜歡她們去找印尼同鄉，因此她們自己亦覺得這樣做不太妥當。

對夫家來說，越南籍婚姻移民的族群身分是「越南人」而非「客家人」，似乎會使夫家較能夠包容族群的差異性，進而從異國料理的觀點去容忍越南婚姻移民在飲食上的異國風味，越南婚姻移民本身也較傾向強調自身的國族差異，這樣的區分顯然有利於越南婚姻移民原生飲食慣習在家庭層次中的展現，亦及越南婚姻移民在相同的客觀結構（與公婆同住）之中，相對獲得較大的策略運用空間，相對於印尼客家婚姻移民可藉由語言獲得外在的社會支持，語言不相通的越南婚姻移民便幾乎完全沒有社會支持，因此更需要透過食物烹調來形成屬於她們的社群，以界定她們的國族身分，食物之於她們有更大的迫切性。許多研究也顯示像越南婚姻移民這樣跨國族背景的女性婚姻移民更容易透過某些策略形成網絡，例如利用手機形成「空中網絡」、識字班形成聯誼場所，或在某位越南婚姻移民的家中共同煮食越南料理，以食會友（沈倖如、王宏仁2003；林開忠2006）。

臺灣夫家在看待越南飲食文化的觀點和看待印尼飲食文化的觀點其實就已經存有「國族」或「族群」的差異，因為越南婚姻移民和臺灣與客家的夫家分屬不同國與不同族群，夫家往往將越南食物與調味料視為帶有「異國風味」的飲食。印尼婚姻移民雖然與夫家分屬不同國，卻屬於相同「客家族群」，只要口味上不要過辣，都視為臺灣或客家的家常飲食。同時，這個族群界線也反映在印尼籍和越南籍婚姻移民如何適應臺灣社會的方式。對於越南籍婚姻移民而言，缺乏在地連結致使其有結成社群的需求，但並不見得純粹是因為飲食的因素，也可能是因為她們需要語言相同的同伴。然而，印尼籍婚姻移民並不需要透過相同的飲食來結成社群，因為與在地相通的語言使其較越南籍婚姻移民更容易獲得社會支持，結成社群的需求便相對弱。換言之，不論是家庭成員對「食物」的觀感或婚姻移民本身對「家鄉味」或「我族情感的連帶」的需求，可以看出越南婚姻移民會明確的認為自己是越南人，也會表達想吃越南菜的慾望以及越南菜和臺灣菜之間的差異。印尼婚姻移民雖則相對較不會提及自己是印尼人，反而較常強調「我們客家人如何如何」、「我們都是客家人」等等，若進一步談到印尼料理的「重要配角」椰奶或印尼咖哩時，似乎又有印尼人的認同感出現。

然而「傳承」並不意味著「複製」，臺灣客家食物的內涵勢必會隨著這一群數量不斷增多的外籍婚姻移民日積月累長期的飲食實作影響而有所改變，有些會是很細微的變化，有些會是明顯的變化。細微的變化，主要是在配料上的多一樣，或是改變其中一樣，又或者是同樣的一道客家菜，口味上卻完全不同，主要呈現在印尼籍婚姻移民的飲食實作上。完全創新元素的一面，則有可能發生在越南婚姻移民的飲食實作，例如魚露涼拌木瓜、越南春捲，因為她們的飲食文化幾乎是與客家文化完全不同的，倘若真的能夠成功的在夫家家庭餐桌上端出越南菜，那麼她們的下一代將會習得這類「曾經」是越南菜，「當下」卻成為客家日常飲食的一部分。當族群遇上婚姻、家庭與女性時，從日常生活中看似瑣碎的實作中，我們不但看到客家文化的傳遞與變遷，看到家庭關係衝突與和諧，也看到不同行動者所在有限的機會空間中畫出的族群／國族邊界。

參考文獻

一、中文部分

王明輝，2005，〈多層鑲嵌與親密聯結：女性新移民者在地社會聯結分析〉。發表於「2005 年臺灣社會學年會暨研討會：社會學與臺灣社會的反思」，臺北：臺灣社會學會暨臺北大學，11 月 19 日 -20 日。

包亞明譯，Bourdieu, Pierre，1997，《布爾迪厄訪談錄：文化資本與社會煉金術》。上海：上海人民出版社。

米爾斯（Mills, C. Wright），王逸舟譯，1994，《權力菁英》（The Power Elite）。臺北：桂冠。

行政院客家委員會委託研究報告，2004，《全國客家人口基礎資料調查研究》。行政院客家委員會印製。

沈倖如、王宏仁，2003，〈「融入」或「逃離」？：「越南新娘」的在地反抗策略〉。頁 249-284，收錄於蕭新煌主編《臺灣與東南亞：南向政策與越南新娘》。

林開忠，2006，〈跨界越南女性族群邊界的維持：食物角色的探究〉。《臺灣東南亞學刊》3（1）：63-82。

邱琡雯，2001，〈女性移民：文化邊界標誌與認同〉。《當代》164：92-104。

柯瓊芳、張翰璧，2007，〈越南、印尼與臺灣社會價值觀的比較研究〉。《臺灣東南亞學刊》4（1）：91-112。

洪志秀，2001，〈婦女在不同坐月子地點和時段之產後壓力及社會支持程度〉。《公共衛生》28（3）：241-254。

徐紹麗、利國、張訓常，2005，《越南》。大陸：越南社會科學文獻出版社。

納日碧力戈譯，Connerton, Paul，2000，《社會如何記憶》（How Societies Remember）。上海：上海人民出版社。

翁玲玲，1994，《麻油雞之外：婦女坐月子的種種情事》。臺北：稻香出版社。

張翰璧，2007，《東南亞女性移民與臺灣客家社會》。臺北：中研院亞太區域研究中心。

張翰璧、柯瓊芳，2005，〈客家如何記憶〉。發表於「2005年臺灣社會學年會暨研討會：社會學與臺灣社會的反思」。臺北：臺北大學，11月19-20日。

許木柱、簡美玲，1994，〈飲食與文化：人類學觀點的回顧與展望〉。頁65-82，收錄於林慶弧主編《第四屆中國飲食文化學術研討會論文集》。

許聖倫、夏鑄九、翁註重，2004，〈傳統廚房爐灶的性別、空間與權力〉。《婦研縱橫》72：50-65。

陳庭芸，2002，《澎湖地區國際婚姻調適之研究：以印尼與越南新娘為例之比較》。國立臺灣師範大學地理研究所碩士論文。

黃迺毓、黃馨慧、蘇雪玉、唐先梅、李淑娟編著，1998，《家庭概論》。臺北：國立空中大學。

黃啟仁，2005，〈從客家飲食談醬缸醃製文化〉。《中華飲食文化基金會會訊》11（3）：12-18。

楊彥杰，2000，〈客家菜與客家飲食文化〉。頁363-380，收錄於林慶弧主編《第四屆中國飲食文化學術研討會論文集》。

楊昭景、邱文彬，2005，〈生存、覺知與存在：客家飲食內涵與發展〉。《餐旅暨家政學刊》2（1）：71-81。

劉維公，1998，〈習性（Habitus）與偶成性（Kontingenz）：P. Bourdieu與N. Luhmann的理論介紹〉。《臺大社會學刊》26：1-51。

鄧景衡，2002，《符號、意象、奇觀：臺灣飲食文化系譜（上冊）》。臺北：田園城市文化。

韓良憶譯，Fernandez-Armesto, Felipe，2005，《食物的歷史：透視人類的飲食與文明》（Food：A History）。臺北：左岸文化。

蘇芳儀，2007，《一樣的婆婆，不一樣的媳婦：臺灣籍婆婆與其外籍媳婦的相處互動之研究》。國立臺南大學社會科教育學系碩士論文。

二、西文部分

Beardsworth and Keil, 1997, *Sociology on the Menu*: *An Invitation to the Study of Food and Society*. London: Routledge.

Bourdieu, Pierre, 1987, *Soziale Sinn*. Frankfurt am Main: Suhrkamp.

______, 1990, *The Logic of Practice.* Stanford, Calif.: Stanford University Press.

______, 1993, *The Field of Cultural Production*. New York: Columbia University Press.

______, 1995, *Sozialer Raum und Klassen*. Frankfurt am Main: Suhrkamp.

______, 1996, *The State Nobility*. Cambridge: Polity Press.

Collins, Patricia Hill, 1986, "Learning from the outsider within: The sociological significance of Black feminist thought."*Social Problems*, 33(6):14-32。

Counihan, Carole and Penny Van Esterik, 1997, *Food and Culture: A Reader*. New York: Routledge.

Kershen, Anne J., 2002,"Introduction：Food in the Migrant Experience." in Anne J. Kershen Hamoshire, ed., *Food in the Migrant Experience*. Hampshire, England: Ashgate. pp.1-13.

Lewin, Kurt, 1943,"Forces Behind Food Habits and Methods of Change."*The Problem of Changing Food Habits*, Bulletin no.108. Washington.D.C.: National Academy of Science, National Research Council. pp.36-65.

Pillsbury, B. L., 1978,"Doing the Month: Confinement and Convalescence of Chinese Women after Childbirth." *Social Science & Medicine*, 12(1B):11-22.

三、網路資料

《中華民國交通部觀光局》。

網址：http://www.tbroc.gov.tw/Cht/search/index.asp（2007/1/28）

附錄 1：受訪者基本資料

個案編號	婚／年齡	原生國籍	婚嫁管道	工作	子女數	公婆同住	邀約管道	備註
I1	7／27	印尼華僑（三口洋）	仲介	有	1 男	目前有	識字班、村長介紹	曾拒訪
I2	15／38	印尼華僑（坤甸）	仲介	有	3 女	曾經有	I1 介紹	
I3	3／	印尼華僑（加里曼達）	仲介	家管	1 男	目前有	識字班認識	
I3-2	*	北埔客家	*	有	3 男 1 女	*	I3 介紹	
I4	31／56	印尼華僑（坤甸）	來台旅遊	有	1 女	公婆往生	父親客戶介紹	
I5	7／30	印尼華僑（三口洋）	仲介	有	女	目前有	I1 介紹	
I6	13／31	印尼華僑（三口洋）	朋友作媒	家管	1 男	目前有	幼稚園園長安排	
I7	7／28	印尼華僑（三口洋）	仲介	有		目前有	同上	
I8	11／34	印尼華僑（三口洋）	仲介	有		住附近	同上	
I9	7／25	印尼華僑（勿里洞）	仲介	家管	1 女 2 男	目前有	自行聯絡	幼稚園名單

個案編號	婚／年齡	原生國籍	婚嫁管道	工作	子女數	公婆同住	邀約管道	備註
I10	6／29	印尼華僑（三口洋）	仲介	家管	2女	有	同上	同上
I10-2	*	北埔客家	*	家管	6男	*	I10介紹	
V11	4／29	南越	仲介	家管	2	公婆往生	餐飲店老闆娘介紹	
V12	7／35	北越	仲介	有	2男	目前有	同上	
V12-2	*	北埔客家	*	家管	3男 1女	*	V12介紹	
V13	3／37	北越	朋友介紹	有	2女	目前有	L介紹	
V13-2	*	竹東客家	*	有	1男 2女	*	V13介紹	
V14	8／30	南越	老闆介紹	家管	1男 1女	目前有	園長安排	
V15	6／26	南越	仲介	有	1男	住隔壁	同上	
V16	6／31	南越	仲介	有	1男	目前有	同上	
V16-2	*	竹東客家	*	家管	2男 1女	*	V16介紹	
V17	9／28	南越	仲介	有	1男 1女	目前有	自行聯絡	幼稚園名單
V18	10／29	南越	仲介	有	1男 1女	目前有	同上	同上
V19	3／29	北越	表姐介紹	有	1男 1女	公婆往生	餐飲店老闆娘介紹	L的表妹
V20	4／26	南越	仲介	有	1男	目前有	自行聯絡	幼稚園名單

註：個案編號I3-2、I10-2、V12-2、V13-2、V16-2共五位受訪者為婆婆

國家圖書館出版品預行編目 (CIP) 資料

客家婦女與性別 / 張翰璧主編 .
-- 初版 . -- 新竹市 : 交大出版社 , 民 108.01
面；　公分 . -- (臺灣客家研究論文選輯 ; 8)
ISBN 978-986-97198-2-7(平裝)

1. 客家 2. 性別研究 3. 文集

536.21107　　　　107020265

臺灣客家研究論文選輯 8

客家婦女與性別

主　　編：張翰璧
叢書總主編：張維安
執 行 編 輯：陳韻婷、程惠芳
封 面 設 計：萬亞雰
內 頁 美 編：黃春香

出 版 者：國立交通大學出版社
發 行 人：陳信宏
社　　長：盧鴻興
執 行 長：陳永昇
執行主編：程惠芳
編務行政：陳建安、劉柏廷
製版印刷：中茂分色製版印刷事業股份有限公司
地　　址：新竹市大學路 1001 號
讀者服務：03-5736308、03-5131542 （週一至週五上午 8:30 至下午 5:00）
傳　　眞：03-5731764
網　　址：http://press.nctu.edu.tw
e-mail：press@nctu.edu.tw
出版日期：108 年 1 月初版一刷、108 年 11 月初版二刷
定　　價：350 元
ISBN：978-986-97198-2-7
GPN：1010800015

展售門市查詢：

交通大學出版社 http://press.nctu.edu.tw
三民書局（臺北市重慶南路一段 61 號））
網址：http://www.sanmin.com.tw　電話：02-23617511

或洽政府出版品集中展售門市：

國家書店（臺北市松江路 209 號 1 樓）
網址：http://www.govbooks.com.tw 電話：02-25180207
五南文化廣場臺中總店（臺中市中山路 6 號）
網址：http://www.wunanbooks.com.tw　電話：04-22260330

本書獲客家委員會補助出版